中国法院司法案例智能评价
——体系、技术与模型

王锐　主编

INTELLIGENT EVALUATION OF JUDICIAL CASES IN CHINESE COURTS
——SYSTEM, TECHNOLOGY AND MODEL

法律出版社 LAW PRESS · CHINA | 北京

图书在版编目（CIP）数据

中国法院司法案例智能评价：体系、技术与模型 / 王锐主编. -- 北京：法律出版社，2025. -- ISBN 978-7-5244-0388-3

Ⅰ. D925.05

中国国家版本馆 CIP 数据核字第 20254EX167 号

中国法院司法案例智能评价
——体系、技术与模型
ZHONGGUO FAYUAN SIFA ANLI ZHINENG PINGJIA
—TIXI、JISHU YU MOXING

王 锐 主编

策划编辑 朱 峰
责任编辑 苗 婕
装帧设计 贾丹丹

出版发行 法律出版社
编辑统筹 辞书·融出版编辑部
责任校对 李慧艳
责任印制 吕亚莉
经　　销 新华书店

开本 710 毫米 ×1000 毫米 1/16
印张 17.5 **字数** 205 千
版本 2025 年 8 月第 1 版
印次 2025 年 8 月第 1 次印刷
印刷 北京盛通印刷股份有限公司

地址：北京市丰台区莲花池西里 7 号（100073）
网址：www.lawpress.com.cn
投稿邮箱：info@lawpress.com.cn
举报盗版邮箱：jbwq@lawpress.com.cn

销售电话：010-83938349
客服电话：010-83938350
咨询电话：010-63939796

书号：ISBN 978-7-5244-0388-3
定价：68.00 元

凡购买本社图书，如有印装错误，我社负责退换。电话：010-83938349

本书系国家重点研发计划“泛在化司法案例与涉外法治智能研判关键技术研究”(课题编号:2022YFC3303400)的阶段性成果。

主　编

王　锐

执行主编

张夏昱

参编人员

（按姓氏笔画排序）

马润艺　王　飞　王　超　王　锐

王玉华　艾清遥　刘奕群　刘雷明

闫　鑫　闫纪铮　孙　宁　苏元贺

李　眈　李红平　李海涛　李嘉冕

杨　枭　怀　浩　张夏昱　周丽华

皇甫敏娜　秦　勤　徐　军　徐　磊

高　琳

前　　言

一、选题背景

数据要素是国家发展的“基础性战略资源”，具有“基础资源作用”。数据作为新型生产要素，是数字化、网络化、智能化的基础。党的十八大以来，习近平总书记对数据基础制度和数据使用利用提出一系列新观点、新论断，多次强调“运用大数据提升国家治理现代化水平”，“建立健全大数据辅助科学决策和社会治理的机制，推进政府管理和社会治理模式创新，实现政府决策科学化、社会治理精准化、公共服务高效化”。〔1〕为深入贯彻习近平法治思想和习近平总书记关于“推动大数据、人工智能等科技创新成果同司法工作深度融合”的重要指示精神，在全国法院第八次网络安全和信息化工作会议上，最高人民法院党组要求，“要深入推进智慧法院建设，加快推进审判体系和审判能力现代化，坚持创新驱动，以司法数据中台、智慧法院大脑、在线法院建设为牵引，推动科技创新和司法工作深度融合”〔2〕。最高人民法院党组书记、院长张军在第十四届全国人民代表大会第二次会议上所作的工作报告中指出，“推进全国法院‘一张网’建设，以数字法院助力提质增效”〔3〕。

---

〔1〕 参见宋艳丽主编：《学而时习之——读懂新时代的100个关键词》，人民出版社2018年版，第76页。

〔2〕《周强：深入推进智慧法院建设和互联网司法工作　加快推进审判体系和审判能力现代化》，载最高人民法院网2022年12月1日，https://enipc.court.gov.cn/zh-cn/news/view-2123.html。

〔3〕《最高人民法院工作报告——2024年3月8日在第十四届全国人民代表大会第二次会议上》，载最高人民法院公报，http://gongbao.court.gov.cn/Details/91879661d9288abc72798a23b1ecec.html。

国家重点研发计划社会治理专项于“十四五”期间专门发布课题指南，要求“构建面向审判、培训、研究、涉外法治、普法宣传等不少于 5 个维度的案例质量评价体系 1 套，覆盖法官、其他司法从业人员、研究人员、法学生、社会公众等不少于 5 类主体，构建服务涉外法治发展的案例质量评价模型 1 套，评价准确率不低于 90%，构建基于多主体协同案例质量评价的司法案例智能服务平台 1 个，在国家法官学院和不少于 2 家法官学院分院开展应用示范”。为切实贯彻党和国家提出的以数据应用推动科学决策与社会治理的要求，高质量完成国家提出的如上科研任务，课题组开展“泛在化司法案例与涉外法治智能研判关键技术研究”，其中“多主体协同司法案件质量评价指标体系”作为课题四的第一项研究任务，将为后续模型设置与完善奠定研究基础。

二、选题基础

泛在化司法案例是指具备学习、参考、引导、传播、示范、教育、警示及检视经济社会运行状态等功能，承载政治价值、司法价值、社会价值的一切具体法律关系的载体。未来的司法大数据应用，将秉持“服务司法实践、服务公众需求、服务社会发展”的理念，立足提高司法大数据的应用效能，在助力提升审判体系和审判能力现代化水平以及社会协同治理能力、优化社会治理模式方面发挥更大作用。

课题组基于前期充分调研，广泛征求意见，研究论证了最高人民法院和各级法院的相关文件，经走访江苏省高级人民法院、南通市中级人民法院、常州市中级人民法院、南京市江北新区人民法院、常州市武进区司法局洛阳司法所、北京恒都律师事务所、常州市人民检察院和社会公众，与中国司法案例网、最高人民法院案例研究院进行多次讨论；并与北京互联网法院、杭州市中级人民法院、陕西省高级人民法院、北京市西城区人民法院、内蒙古自治区呼伦贝尔市中级人民法院、广州市中级人民法院、三亚市中级人民法院、北京市第四中级人民法院等多单位的法官与法官助理，以及复旦大学法学院、湖南大学法学院、对外经济贸易大学法学院、中央民族大学法学院等多所高等院校法学生及法学研究者等八类主体，进行了 14 轮内部讨论、12 次外部研讨，形成初稿、第二稿、第三稿、审议稿、审议内部复核稿、审议内部修订稿，历经不少于 7 次修改，形成当前评价体系文本。

最高人民法院院长张军强调“为大局服务，为人民司法，促进厚植党执政的政治根基，这是人民法院的职责使命”，[1]也是司法案例研究与应用工作的根本遵循。按照国家重点研发计划的要求，为充分贯彻落实张军院长讲话精神，拟设置的智能辅助司法案例评价模型，在司法数据对裁判文书的依法采集基础上，以司法案例文本为研究对象，基于文本格式应用、法律适用统一、论证说理质量等设置通用评价体系；同时，为服务党和国家当前重点工作需求，基于裁判时空影响、权威程度、关注范围、社会评价、人民对公平正义的感知等设置服务不同任务目标的专项评价体系，进行多维度、宽领域、标准化评价，并按国家重点研发计划要求构建不少于三层级 30 项评价指标的智能辅助司法案例评价模型，科学量化评判表征，智慧辅助应用观察所需。在每项三级指标内完成精细化标准化的智能辅助司法案例评价模型搭建，为法院工作提供一种不同于以往的、基于信息技术支撑的、广泛吸纳人民参与的、深刻体现并践行人民性的司法案例评价指引。

三、选题意义

党的十八届三中全会提出“建立科学的法治建设指标体系和考核标准”，

〔1〕 邢进生：《不断厚植党的执政根基》，载中国法院网 2023 年 8 月 7 日，https://www.chinacourt.org/article/detail/2023/08/id/7459638.shtml。

案件评查也是人民法院长期开展的法治评价内容之一。在依法治国方略的实施中，司法案例工作是至关重要的一环。“一个案例胜过一沓文件”，以案例为依据的裁判文书是公平正义的具象化载体，案例能够将抽象的法律适用过程转化为多元化主体普遍接受和理解的“故事”，进而使法律规则更加贴近社会现实和公众生活。但案例也需要接受不同主体基于不同维度的评价，尤其是泛在化司法案例的编纂主体不同、层级不同、权威性不同等因素，导致案例质量评价成为必需。而作为案例质量评价方案与模型的基础——基于多主体协同的司法案例质量评价指标体系的建设，具有填补司法判决现代化建设技术空白，延长司法治理半径的指导作用。

案例评价与案件评查不同，其更聚焦裁判文书本身的文本与价值功能发挥，各级法院评选典型案例、规则指引性案例、十大商事 / 刑事 / 金融案例等均为案例评价的实践形态。随着智慧法院建设的推进与司法大数据的积累，利用信息技术对案例进行智能辅助评价，筛选出服务社会治理需求不同面向的优质案例，逐渐具备了可行性。国家重点研发计划迅速反应并布置这一课题，正是从国家科研顶层设计上对司法工作者提出要求。与此同时，最高人民法院院长张军提出要围绕“公正和效率”这个主题，抓住审判工作这个“实处”，这对全国四级法院，尤其是承担了大量案件审理任务的中基层法院的审判工作又提出了高标准高要求。此时，以信息技术参与、辅助案例评价成为从基层治理角度衡量高标准司法工作的重要抓手。

基于司法大数据实现技术与法律的适度融合，可以提高司法审判效率，降低社会法治成本，而多主体协同的案例评价则为实现透明便民的司法服务、公平高效的审判执行、全面科学的司法管理提供了重要分析基础。本研究所梳理形成的多主体协同司法案例质量评价指标体系，结合司法案例涉及的不同面向、不同维度、不同主体等，兼顾法律权威性与指标实操性，对各项指数进行量化表征化设计，以拓展案例质量评价参与者范围，实现案例质量评价中的“全过程人民民主”；其能够辅助各级法院筛选出高质量司法案例，强化司法案例服务社会治理的广度与深度；并能优化案例质量评价程序，助力裁判尺度的统一与社会认同，更好地服务经济社会发展大局。

（一）提升人民群众对司法的认同感

习近平总书记在首都各界纪念现行宪法公布施行30周年大会上的讲话中指出：“我们要依法公正对待人民群众的诉求，努力让人民群众在每一个司法案件中都能感受到公平正义，决不能让不公正的审判伤害人民群众感情、损害人民群众权益。”[1]党的二十大报告明确提出“坚持以人民为中心的发展思想”是前进道路上必须牢牢把握的五条重大原则之一。“坚持以人民为中心”是习近平法治思想的重要内容，人民性是习近平法治思想的鲜亮底色。人民群众是司法工作与案例工作服务的重要对象，也是参与案例评价的重要主体。推动包括社会公众在内的多主体参与司法案例内容体系化与评价体系化建设等，同时向包含社会公众在内的多主体提供案例评价应用成果，是对人民群众全面参与司法的保障，也是对其公平正义诉求的回应。充分践行司法民主化要求，让人民群众亲身参与司法案例评价工作进程，参与案例评价体系的建设，既可以增强人民群众对司法工作的了解与理解，又能提升人民群众对人民司法的认同感与获得感。

（二）服务涉外法治发展大局

党的二十大提出将统筹推进国内法治和涉外法治作为新时代全面依法治国的战略任务，习近平总书记在2023年11月中共中央政治局第十次集体学习时指出：“加强涉外法治建设既是以中国式现代化全面推进强国建设、民族复兴伟业的长远所需，也是推进高水平对外开放、应对外部风险挑战的当务之急。

〔1〕《习近平关于全面依法治国论述摘编》，中央编译出版社2017年版，第77页。

要从更好统筹国内国际两个大局、更好统筹发展和安全的高度，深刻认识做好涉外法治工作的重要性和紧迫性，建设同高质量发展、高水平开放要求相适应的涉外法治体系和能力，为中国式现代化行稳致远营造有利法治条件和外部环境。”[1]涉外司法是涉外法治建设不可或缺的重要组成部分，将涉外法治发展目标纳入司法案例评价体系，既可以为统筹推进涉外法治建设工作提供知识与信息辅助，又可以为涉外法治人才培养提供先进技术工具与研究方法，进而实现以智能化案例研究应用服务涉外法治发展大局的目标。

（三）提升司法案例泛在化应用价值

本研究通过司法案例数据的高效收集与泛在参与，形成数据在业务逻辑下的信息结构化提取，推动案例数据整合共享，实现“一次形成、综合利用”。多主体协同参与的多维度案例评价技术研究，再造智能化、融合化的司法案例评价流程与方法，可实现案例质量智能评价的自动部署运行，大幅降低传统案例评价中的沟通、学习、共享、整合等成本并提升评价效率。本研究进一步基于司法案例智能服务平台构建，为各课题成果提供统一技术基础底座与分布式融合可视化前端，推进案例资源整合、拓展案例功能发挥、挖掘案例衍生价值，提供面向法官、检察官、律师、其他司法实务人员、法学研究者、法学生、基层工作者、社会公众等主体的多主体多维度知识资源与案例服务，通过明晰法律适用尺度与司法裁判规则，降低社会交易成本与社会治理成本。

（四）赋能司法审判现代化

基于司法大数据实现技术与法律的适度融合，可以提高司法审判效率和减少社会法治成本，而司法案例质量评价是对司法审判工作成果的重要检验方

[1] 《习近平在中共中央政治局第十次集体学习时强调　加强涉外法制建设　营造有利法治条件和外部环境》，载环球网 2023 年 11 月 28 日，https://china.huanqiu.com/article/4FXjcDC78NT。

式，是实现透明便民的司法服务、公平高效的审判执行、全面科学的司法管理的重要分析基础。本研究充分利用人工智能强大的记忆和检索功能，通过指标体系对司法案例进行分析评价，赋能司法审判现代化建设与法治建设。

然而，必须认识到，信息技术在迅猛发展的同时也带来严峻的社会挑战，这是本研究必须面对并加以回应的问题。司法案例注重司法与社会关系的沟通，注重情、理、法的交会与统一。司法判决要实现“三个效果”统一，要将社会主义核心价值观融入审判实践之中，让司法真正发挥维护社会公平正义最后一道防线的作用。2022 年 12 月，最高人民法院发布《关于规范和加强人工智能司法应用的意见》明确提出“坚持对审判工作的辅助性定位和用户自主决策权，无论技术发展到何种水平，人工智能都不得代替法官裁判，人工智能辅助结果仅可作为审判工作或审判监督管理的参考”。这为本研究成果应用指明了方向：依据目前技术现状，人工智能无法做到与人类情感共鸣，无法替代人类作出准确的价值判断，更无法基于情、理、法的统一提供妥善解决群众矛盾的决策建议。由此，本研究中的智能评价技术定位于一种服务人民法院案例评价的智能辅助工具，旨在减轻工作开展中的大量人工重复劳动，减轻工作人员的事务性工作负担，增加参与评价主体的多主体多维度性与评价程序的公开性透明性等；亦即本研究将彻底贯彻“以人为本”的研究思路，以技术为人民法院司法案例数据分析及评价工作提供辅助与保障。

目　录

contents

第一章

以信息技术辅助司法案例多主体多维度质量评价

以信息技术辅助司法案例多主体多维度质量评价有助于筛选优质案例，服务司法案例的生成与推荐。因此，在新时期应进一步提升司法案例推荐、审查、应用、研究等工作的现代化水平，通过构建司法案例质量评价体系、研究多主体协同司法案例质量评价要素语义认知技术、构建多主体协同司法案例质量评价模型及智能服务平台，从而完成包含涉外司法案例在内的具有高度智能辅助的案例生成、案例指导、案例研究、案例评价、案例交流等司法案例全域服务体系的构建，有助于提高司法审判效率和降低社会法治成本，实现透明便民的司法服务、公平高效的审判执行、全面科学的司法管理。

党的十八大以来，习近平总书记对数据基础制度和数据使用利用提出一系列新观点、新论断，多次强调运用大数据提升国家治理现代化水平，并明确提出推动大数据、人工智能等科技创新成果同司法工作深度融合。党的二十届三中全会对完善中国特色社会主义法治体系和数字发展作出战略部署。近年来，大数据应用在司法领域取得重大进展，我国已经成为司法大数据应用大国，中国法院信息化建设水平已然处于世界领先地位。与此同时，司法案例的评价却长期依赖人工方式进行，借助信息技术对司法案例进行多主体多维度质量评价的研究目前仍存空白。本研究秉持“以人为本”的研究思路，通过对司法案例多主体多维度质量评价的问题梳理、智慧启示分析、构建路径研究，依托人工智能、大数据等技术为司法案例多主体多维度质量评价工作提供辅助与支撑。

一、为什么司法案例需要被多主体、基于多维度评价

（一）为什么司法案例需要被评价

司法案例，简称案例，通常是指法院处理过的案件或案子。[1]广义的案例一般包括一个案件的所有裁判文书和证据资料，它们都可以成为案例研究的对象。而狭义的案例则基于法院生效的裁判文书生成，换言之，是基于一定体例

〔1〕 参见胡云腾：《案例是什么？》，载《法律适用（司法案例）》2017 年第 6 期。

编纂加工过的裁判文书。如案例库案例、指导性案例、人民法院年度案例、优选案例等，无不是基于一定的格式与体例，从生效文书中加工转化而来。包含裁判文书在内的司法产品，大多蕴含向公众普及法律、在法律职业共同体内形成统一法律预期的功能。但有些裁判文书因涉及法律问题较多而过于复杂，或者出于面面俱到回应当事人主张而略显冗长，尤其是部分条线或案由下的裁判文书动辄几百页，并不利于阅读者尤其是普通公众去快速判断案件法律适用要旨，准确理解法官讲的法理事理。此时，就需要将文书转化成更为凝练简洁的案例。老百姓来打官司，固然期待案结事了，但也希望自己胜负输赢得明明白白。现实中，不乏败诉仍向法官送锦旗的事例，可见把道理说透、以理服人的重要性，也印证了以有限篇幅简要精确地阐述法理事理的必要性。据此可知，裁判文书与案例既有内在同一性，又存在形式和功能上的区别。由此，本书以下所称案例，均指代这种基于生效裁判文书、经某种格式或体例要求转化生成的司法产品文本，通常较为精炼简洁。

案例与裁判文书一样，都是司法程序的终端产品，也是一种公共产品，构成司法服务品质的载体。裁判文书出自全国十余万员额法官之手，案例的撰写加工者范围可以更广泛，如法院内部参与办案的法官助理、研究室等综合部门的工作人员，法院、检察院外部的法律研究者、社会公众等。裁判文书一旦进入公共领域后即可被各类主体依据各自关注点进行编辑与加工，只要忠实于裁判文书原文意旨，均可成例。实践中，各级法院、有关部门和专家学者编选的案例不断涌现；各类微博、微信公众号等自媒体对于已生效裁判文书的各种编辑与要旨提炼，本身也是一个加工形成案例的过程，同样具有一定的普及法律适用的价值与功能。然而，正因如此，编纂加工案例的主体众多，机关单位层级不同，从文书向案例的转化过程的严谨程度与权威性不同，[1]案例之间自然会产生分

〔1〕 比如案例库参考案例往往由审理法官亲自编纂，后经层层审核汇聚于最高人民法院，又经条线主管业务庭室审核、案例主管部门审核等，最终才正式转化为参考案例并对外公布，其权威性、准确度等与其他案例尤其是自媒体发布的案例相比，存在较大不同。

层效应，由此产生案例评价之需求。加之编纂者对案例的剪裁与构建方向不同、所关注的焦点与法律问题不同、对案例各面向价值的呈现与选择不同等，案例评价绝不应该是简单的、线性的，而应是把案例置身于一个充分考虑多主体需求、基于多维度考察的评价体系之中才能实现。

（二）为什么司法案例需要接受多主体评价

“不论你是干什么的，你从哪个角度观察，案例都可能成为你关注或感兴趣的对象”。[1]

1. 服务对象——当事人的评价

随着当代司法越来越多地被视为一种公共服务，服务的品质就需要服务对象的评价。人民法院一直高度关注的息诉服判问题，其实质在于关心当事人对判决或案例的态度。由此可见，当事人是司法案例评价的当然主体。例如，《人民法院报》的一则报道[2]：

2024 年的最后一天，张某某收到最高人民法院的判决书——自己的案子胜诉了。跨年夜，伴着屋外传来的阵阵烟花声，难掩激动心情的张某某打开了电脑，在跳动的光标后输入了三个大字——“感谢信”。“我叫张某某，是一名资深开源软件开发者。”“令我感到惊讶的是，对于一件没有争议金额、当事人是自然人的权属纠纷‘小案’，最高人民法院依然进行了认真细致的审理。”“我相信法官一定为这个案件做了很多工作，才能让我深刻体会到公平与正义。”

这是一起计算机软件著作权权属及侵权纠纷案件，当事人在一审败诉后，作为开源软件开发者的张某某向最高人民法院知识产权法庭提起上诉，法官通过对劳动合同的准确解释，支持了张某某作为公民的自由创作权利。案子判得好不好，当事人的主观评价当然很重要。

---

〔1〕 胡云腾:《案例是什么？》，载《法律适用（司法案例）》2017 年第 6 期。
〔2〕 参见《为“开源”自由拨云见日》，载《人民法院报》2025 年 3 月 2 日，第 1 版。

也许有人会说，两造诉讼，必有输赢，即使一方高度评价，难免另一方会持批评态度，其实不尽如此。

一起劳务合同纠纷案件的败诉方——河南某实业公司法定代表人郑某将一面写着“执法如山扶正义 办案廉洁为人民”烫金大字的锦旗送到河南省新郑市人民法院，败诉当事人说：“虽然我输了官司，但这官司我输的心服口服。法官真是太细心、太敬业了，不厌其烦、不偏不袒，一片公心为我们解决矛盾，我打心里感谢！”〔1〕

这是一起劳务合同纠纷案，涉及建设工程的发包分包以及农民工的合法收入保障问题。审理法官耐心细致，判后亦作答疑，败诉方认为自己虽然输了官司，但“法院判决有理有据，也深刻认识到公司应该承担的义务，更充分感受到了法官耐心细致的工作态度和人文关怀，感受到了司法的公正与温度”。

2. 社会公众——潜在的当事人的评价

长期以来，司法案例的阅读者、评价者多为法律职业共同体的成员，非法律背景的主体乃至普通群众对于案例的评价难以获得关注，甚至会被法律人轻哂一句“不懂法”一笑而过。然而信息社会的发展与移动互联网的普及，智慧法院建设与司法公开引导带来的巨大变化，使司法案例的获取更为便捷，展示形式更为多样且平易近人，公众获取案例的成本大幅降低。加之所有社会公众都可能成为司法案件的当事人，尽管我国存在一定的“厌讼”传统，但随着工业文明的发展与现代社会的进步，人际交往的密度显著增加，促使公众的权利意识不断萌发增强，诉讼成为私主体之间乃至私主体与公权力机关之间所生争议的重要解决方式，由此引发部分社会公众热切关心那些可能与自己有关的“别人的案子”，从中发现自己心中的正义与法官裁量之间是否存在差异，进而或对自我的法律认知进行矫正，或对法律适用甚至法律本身提出建议。这一过程既是

〔1〕 参见《官司输得心服口服 被告败诉锦旗致谢》，载河南省新郑市人民法院网 2024 年 9 月 6 日，https://xzsfy.hncourt.gov.cn/public/detail.php?id=2350。

“全过程人民民主”在司法领域的体现，也是在适度矫正司法认知与公众朴素的“公平正义观”相背离的现象。在“江歌案”等一系列引发大量公众讨论的案件中，潜在的当事人的评价都得以充分呈现。

司法案例被潜在的诉讼当事人——社会公众所评价，有助于实现司法公正，提升法治水平，维护社会稳定和增强司法公信力，是推进法治建设和社会治理现代化的重要环节。首先，公众评价可以有效促进司法公正与公开。公众评价是对司法工作进行监督的重要方式，有助于发现司法过程中可能存在的问题，促使司法机关不断改进工作，确保司法权力在阳光下运行，防止司法腐败和滥用职权。同时，公众对司法案例的关注和评价，促使司法机关更加重视裁判文书的说理性和透明度，以清晰、易懂的方式阐释裁判依据和理由，让公众了解司法判决的过程及结果。

其次，公众评价可以助推提升法治建设水平。一方面可以普及法律知识。典型案例的评价过程是向公众普及法律知识、传播法治理念的有效途径。公众通过对案例的了解和讨论，能够学习相关法律法规，增强法律意识，提升法治素养。另一方面可以完善法律体系。公众的评价可以为立法机关和司法机关提供宝贵的反馈意见，反映法律在实践中的适用情况和存在的问题，为法律的修改与完善提供参考，助力法律体系的持续完善和发展。

再次，公众评价可以维护社会和谐稳定。一方面可以引导社会行为。司法案例的评价具有示范和指引作用，能够明确社会行为的边界和规范，引导公众自觉遵守法律，形成良好的社会风尚和行为习惯。另一方面可以化解社会矛盾。通过对司法案例的评价，公众可以了解司法机关在处理各类纠纷时的立场和原则，从而增强对司法判决的理解和认同，减少因对司法判决不满而引发的社会矛盾和冲突。

最后，公众评价可以增强司法公信力。一方面可以增进公众信任。公众对司法案例的评价是司法机关与公众进行互动和交流的重要方式。司法机关积极回应公众关切，认真听取公众意见，不断改进工作，由此增强公众对司法的信任和支持。另一方面可以树立司法权威。公正、公开、透明的司法案例评价有助于树立司法机关的权威和公信力，使司法判决得到社会的广泛认可和尊重，维护法律的尊严和权威。

3. 法律职业共同体的评价

法律职业共同体主要指法官、检察官、律师、法学研究者等以法律事务为职业的群体，司法案例需要职业共同体的评价。当前，各级法院已经有意识地引入职业共同体评价，例如，最高人民法院与最高人民检察院（以下简称“两高”）联合发布的多领域典型案例，如行政公益诉讼典型案例、依法从严打击私募基金犯罪典型案例等。除了具有明确司法标准、加强办案指导等功能，案例发布本身即意味着法律职业共同体内较为一致的积极评价。以吉林省敦化市人民检察院诉敦化市文化广播电视和旅游局（以下简称敦化市文旅局）不履行文物保护监管职责公益诉讼案为例。〔1〕

义勇英灵塔坐落于敦化市翰章乡翰章村，系 1946 年由当地民众集资为抗日英烈于宪睿建立的纪念塔，2007 年被定为延边朝鲜族自治州文物保护单位。保护范围为遗址外延 30 米，建设控制地带为保护范围外延 100 米。2021 年 9 月 26 日，敦化市人民检察院经现场勘查发现，义勇英灵塔周边 2 米左右建有彩钢房临时建筑物，导致该塔所在地块被非法侵占，遗址存在被破坏的风险。检察机关认为敦化市文旅局存在怠于履行文物保护监管职责的情形，致使国家利益和社会公共利益受到侵害。

敦化市人民检察院对敦化市文旅局立案调查后，于 2021 年 10 月 20 日向其发出检察建议，建议其在 15 日内履行法定职责，对义勇英灵塔设立界桩，划定保护范围。但回复期限届满后，敦化市文旅局仍未履行法定职责，敦化市人

〔1〕 参见《吉林省敦化市人民检察院诉敦化市文化广播电视和旅游局不履行文物保护监管职责公益诉讼案》，载曲阜市人民法院网 2023 年 12 月 14 日，https://www.sdcourt.gov.cn/jningqffy/385451/453381/14501210/index.html。

民检察院遂以敦化市文旅局为被告，于2021年11月25日向延吉市人民法院提起行政公益诉讼，请求判令被告继续履行职责，依法对义勇英灵塔设立界桩，划定保护范围。

延吉市人民法院审理认为，义勇英灵塔作为具有重要革命教育意义的代表性建筑，已被列为自治州级重点文物保护单位，不得在其保护范围内添建任何建筑物。由于主管行政机关履责不力，致使义勇英灵塔的地块被侵占，文物存在被破坏的风险，社会公共利益受到侵害，据此判决责令敦化市文旅局继续履行职责，对义勇英灵塔划定保护范围，设立界桩。判决生效后，敦化市文旅局迅速依法清除了涉案彩钢房临时建筑，对义勇英灵塔周边环境进行了整治，并划定了保护范围，设立了界桩。

该案例的典型意义在于，革命文物承载党和人民英勇奋斗的光荣历史，是党和国家的宝贵财富，是弘扬革命传统和革命文化、激发爱国热情、振奋民族精神的生动教材。习近平总书记多次强调，加强革命文物保护利用，弘扬革命文化，传承红色基因，是全党全社会的共同责任。文物保护部门对已列入重点文物保护名录的具有革命教育意义的建筑，应尽到监督管理职责，设立标志碑、界桩，明确保护区域，划定保护范围。该案中，检察机关对怠于监管的行政机关发出检察建议，在其作出承诺后紧盯不放，在整改未果后适时提起行政公益诉讼；人民法院本着尊重英烈、弘扬传统的原则依法裁判，督促文物保护部门依法履责，及时抢救濒临灭失的文物，切实保护了义勇英灵塔这一革命建筑。法检两院以特有方式宣扬了爱国主义与革命传统，具有重要的现实和长远意义。

近年来，人民法院将律协或律师引入司法评估的举措也较为普遍。例如，河北省青县人民法院与沧州市律师协会共同推进案件评查工作，[1]从法院角度，律协与律师的引入可以从不同视角发现案件办理中存在的问题，不仅有助

〔1〕 参见《青县法院与沧州市律师协会举行“推进案件评查工作”签约仪式》，载中国法院网2024年10月23日，https://www.chinacourt.org/article/detail/2024/10/id/8162891.shtml。

于进一步规范司法行为，落实办案责任，也体现了法院主动接受社会各界监督的坦诚和着力提高办案质量的决心。从律协角度，参与案例评价本身既是法律职业人践行法治理想、强化责任担当的有力举措，又能与法官深化交流，共同提升职业素养和能力，相互监督、增进互信。

总体而言，法律职业共同体作为案例评价的主体具有多重意义。首先，法律知识与司法活动具备一定的技术门槛，法律条文、程序规则、证据认定、法律推理等具有相当程度的专业性，非专业人士因缺乏系统性法律训练可能误解司法行为及其后果，包括裁判文书与案例。由此，法律职业共同体能够从专业视角解读裁判逻辑，可以有效对冲公众因信息不对称或情绪化等因素而产生的误判。其次，公众情绪或舆论可能对司法裁判施加压力，导致出现"舆论审判"现象，而法律职业共同体通过专业评价可以平衡非理性声音。同时，职业共同体可以通过同行评议、司法伦理规范等方式，形成对司法行为的内部监督。再次，法律职业共同体内部亦可呈现多维视角的平衡，如律师代表当事人权益、检察官代表公共利益、法官居中裁判、学者提供理论支撑等，职业共同体的多元角色能够从不同角度审视司法活动及其案例成果，确保案例评价的全面性。最后，法律职业共同体的评价有利于统一法律适用标准，法律职业共同体通过学术研讨、案例评析等方式，可以有效促进对法律条文的统一理解，减少司法评价中的主观臆断，并在这一过程中传播法治理念，传递规则意识，推动社会向好向善。

4. 法官的评价

尽管法官也是职业共同体的组成部分，但鉴于其是裁判文书的制作者与重要的案例编纂者，故法官作为案例评价者的意义可以单独讨论。法官的评价包含法官对自己案例的评价与对同行案例的评价两类。后者与职业共同体内其他主体的评价相近，不再赘述。此处的重点在于法官对自己案例的评价。法官对案例的自我评价并不少见，因大量典型案例都由承办人撰写，其价值或意义也由本人所总结提炼。此时不禁有人发问，这种自我评价的意义何在，是否存在自说自话之嫌？其实并非如此。作为案件承办人的法官通过对案件的梳理与剪裁、总结与提炼，形成典型案例，这一过程在司法实践和法治建设中具有多维度的深层意义，既是司法经验的技术性转化，也是法律体系自我完善的机制性安排。

第一，统一法律适用，消除"同案不同判"的实践差异。一方面，能够精准提炼裁判规则。法官在文书中清晰梳理事实认定、法律解释及价值衡量的逻辑，实质上实现了个案中隐含裁判规则的显性化。例如，在新型网络侵权案件中，法官通过总结裁判思路，明确"虚拟财产权属认定标准"，为后续类案提供可复用的分析框架。另一方面，能够有效建立类案参照体系。案例的生成促使抽象法条与具体情境实现了动态且有效的衔接。例如，最高人民法院发布的指导性案例 24 号，通过提炼"交通事故的受害人没有过错，其体质状况对损害后果的影响不属于可以减轻侵权人责任的法定情形"的裁判要点，为《道路交通安全法》第 76 条第 1 款第 2 项的"过错"进行了生动的还原与解读，填补了《道路交通安全法》中原则性条款的操作空白。

第二，沉淀司法智慧，推动法律体系的渐进式发展。法官在审理案件的过程中通过深度思考可以发现法律漏洞与解释空间，而典型案例的生成过程也常常揭示成文法存在的滞后性。例如，在"人脸识别第一案"中，法官通过剪裁技术细节与权利冲突焦点，得出"自然人的个人信息受法律保护。生物识别信息作为敏感的个人信息……具备较强的人格属性……应当更加谨慎处理和严格保护"的结论。[1]某野生动物世界利用收集的照片扩大信息处理范围，擅自将入园方式由指纹识别变更为人脸识别，不仅超出事前收集目的，也表明其存在侵害郭某面部特征信息之人格利益的可能与危险。该案由此引发社会对生物识别信息保护这一重要问题的关注，并在一定程度上推动了《个人信息保护法》和《最高人民法院关于审理使用人脸识别技术处理个人信息相关民事案件适用法律若

〔1〕《人脸识别第一案》，载中国法院网 2022 年 3 月 8 日，https://www.chinacourt.org/article/detail/2022/03/id/6563642.shtml。

干问题的规定》的制定进程。

第三，约束自由裁量，实现“技术性”可控。审理案件的法官借助公开案例展示其“心证”过程，实质上为自由裁量权构建了由一个个“可检验”的“案例界桩”形成的边界。同时，借助典型案例形成的“隐性先例”效应，以柔性方式推动法官在类案中保持裁判逻辑一致性。例如，某地法院若对同类劳动争议纠纷作出差异过大的判决，当事人可援引既有案例要求法院说明偏离裁判的理由。

第四，增强司法透明度，促进裁判逻辑的可视化。典型案例使文书中的法律推理由“封闭论证”转变为“公共知识”。例如，在备受关注的“电梯劝阻吸烟猝死案”[1]中，法院通过强调劝阻行为的正当性和缺乏预见性，明确指出劝阻人的行为符合社会公共利益，从而在司法判决中让社会主义核心价值观的解读得以“可视”。同时，法官将典型案例通过通俗化的形式（如提炼关键词、制作图示）发布，可成为公众理解司法的重要桥梁。例如，最高人民法院公布的未成年人权益司法保护典型案例，通过具体案例如家庭内部侵害、网络侵害未成年人等，揭示了校园欺凌、网络打赏等热点问题，大大降低了公众对法律专业壁垒的认知成本。

第五，学术与实践的交互，促进法律职业共同体的知识再生产。审理法官基于对案件的深度思考，可以敏锐发掘出具有学术意义的真问题，进而为法学研究提供实证素材。例如，学界对“冷冻胚胎继承权案”的持续深入探讨，直接促进了“人格物”理论在中国民法学领域的丰富与发展，也成为理论研究的“活体样本”。不但如此，学者通过解构案例，挖掘理论生长点；法官则通过学者提供的理论支撑，进一步完善司法实证，这种互动实质上构建了“实践性知识网络”，亦即“活的法律”。

综上所述，审理法官通常是案例所涉法律事实最全面的掌握者、案件法理

〔1〕《郑州市中院“电梯劝阻吸烟猝死案”审判纪实》，载中国法院网 2018 年 2 月 5 日，https://www.chinacourt.org/article/detail/2018/02/id/3198794.shtml。

最深入的思考者，其通过对裁判文书的梳理与案例化处理乃至自我评价，既是对既往司法智慧的固化，也是对未来裁判活动的指引，是司法案例多主体评价中不可或缺的一类方式。

（三）为什么司法案例需要基于多维度评价

司法案例的多维度评价是当代法治社会应对复杂社会需求的核心机制，其本质在于通过多元价值坐标系的交叉验证，实现法律系统的适应性与正当性的动态平衡。这一机制既非简单的技术叠加，也非价值相对主义的妥协产物，而是法律系统回应现代性挑战的必然选择。

根据卢曼（Niklas Luhmann）的社会系统理论，现代社会的功能分化导致法律、经济、科技、伦理等子系统形成自主运作逻辑，同时又需要通过“结构性耦合”（structural coupling）实现互动。如美国联邦法院在 eBay Inc. v. MercExchange, L.L.C. 案中确立的专利侵权禁令四要素检验标准，既保护知识产权（法律维度），又考量市场秩序维护（经济维度），体现了子系统间的耦合需求。

司法案例评价维度的多元化，实质是法律系统对其他系统的外部诉求的规范性转化。例如，“人民法院服务保障京津冀协同发展典型案例”“人民法院高质量服务保障长三角一体化发展典型案例”“人民法院服务保障自由贸易试验区建设典型案例”等就是法律系统对“经济系统”需求的考量与吸纳。以“人民法院高质量服务保障长三角一体化发展典型案例”第 1 号“泰州市人民检察院诉王某某等 59 人非法捕捞、收购长江鳗鱼苗生态破坏民事公益诉讼案”为例。

长江鳗鱼苗是具有重要经济价值且禁止捕捞的水生动物苗种。2018 年上半年，董某某等 38 人单独或共同在长江干流水域使用禁用渔具非法捕捞长江鳗鱼苗并出售谋利。王某某等 13 人明知长江鳗鱼苗系非法捕捞所得，单独收购或者通过签订合伙协议、共同出资等方式建立收购鳗鱼苗的合伙组织，共同出资收购并统一对外出售，向高某某等 7 人以及董某某等 38 人非法贩卖或捕捞人员收购鳗鱼苗116,999条。秦某某在明知王某某等人向其出售的鳗鱼苗系在长江中非法捕捞所得的情况下，仍多次向王某某等人收购鳗鱼苗40,263条。王某某等人非法捕捞水产品罪，掩饰、隐瞒犯罪所得罪已经另案刑事生效判决予以认定。2019年7月15日，公益诉讼起诉人江苏省泰州市人民检察院以王某某等59人实施非法捕捞、贩卖、收购长江鳗鱼苗行为，破坏长江生态资源，损害社会公共利益为由提起民事公益诉讼。

江苏省南京市中级人民法院于2019年10月24日作出（2019）苏01民初2005号民事判决：一、王某某等13名非法收购者对其非法买卖鳗鱼苗所造成的生态资源损失连带赔偿人民币8,589,168元；二、其他收购者、捕捞者根据其参与非法买卖或捕捞的鳗鱼苗数量，承担相应赔偿责任或与直接收购者承担连带赔偿责任。王某某等11名被告提出上诉，江苏省高级人民法院于2019年12月31日作出（2019）苏民终1734号民事判决：驳回上诉，维持原判。

该案裁判要旨2认为："侵权人使用禁用网具非法捕捞，在造成其捕捞的特定鱼类资源损失的同时，也破坏了相应区域其他水生生物资源，严重损害生物多样性的，应承担包括特定鱼类资源损失和其他水生生物资源损失在内的生态资源损失赔偿责任。当生态资源损失难以确定时，人民法院应结合生态破坏的范围和程度、资源的稀缺性、恢复所需费用等因素，充分考量非法行为的方式破坏性、时间敏感性、地点特殊性等特点，并参考专家意见，综合作出判断。"由此可见，面对非法捕捞造成生态资源严重破坏，基于"没有买卖就没有伤害"的因果链条，是收购行为诱发非法捕捞，共同损害了生态资源，收购者应当与捕捞者对因共同实施的生态破坏行为造成的生态资源损失承担连带赔偿责任。如此才能从源头上彻底切断利益链条，让非法收购、贩卖鳗鱼苗的共同侵权者付出经济代价，同时也成为将绿色经济发展需求纳入案例评价维度的典型案例。

再以"人民法院服务和保障新质生产力发展典型案例"第2号"天津某传热设备有限公司与韩城市某热力有限公司能源管理合同纠纷案"为例。

某传热设备公司系国家高新技术企业，开发了利用钢厂生产过程中的炼钢冲渣水余热供暖的新技术，全国仅有少数几家公司拥有此项技术。某热力公司因经营需要，与某传热设备公司签订能源管理合同，约定由某传热设备公司向其安装钢铁冲渣水余热供暖的“渣水换热器”等设备并提供相关技术服务，某热力公司于每个采暖季结束后按照合同约定向某传热设备公司支付一定的节能效益分享款。后某热力公司在使用涉案换热器过程中，发现该设备因漏水与堵塞造成换热效果降低，进而影响正常供暖，便不再向某传热设备公司支付节能效益分享款。双方产生争议诉至法院。在审理过程中，因该设备涉及环保节能新技术，人民法院针对本案涉及的核心设备“渣水换热器”及其运行流程启动鉴定并对勘验全程跟进，确定勘验方案及实验方法，并协同鉴定专家在勘验现场对换热器漏水原因进行了确定，促推了某传热设备公司升级改进现有技术方案，同时在判决金额中充分考量了上述技术创新因素。

法院认为，该案中，某传热设备公司开发了利用炼钢冲渣水余热供暖技术，通过技术创新、降碳减污实现了节能环保、产业提升，但技术本身存在可提升空间。由此，该案例裁判结果认为：科技型公司需要在技术创新、实践改造、发现问题、解决问题的过程中不断成长，在该能源管理合同履行过程中，应对某传热设备公司的技术创新实际效果予以一定的容忍度。人民法院在审理涉及钢铁、清洁生产技术和清洁能源开发纠纷案件中，聚焦发展新质生产力，充分考虑涉案技术方案具有一定的探索性和实践性，依法保障技术服务方享有节能效益分享合法权益，加大对生态环境科技、绿色低碳技术等创新成果的司法保护力度，从而将促进创新因素纳入案例评价考量范围。

社会稳定诉求也是案例评价的重要考量因素，如最高人民法院发布的“全民国家安全教育典型案例”第 3 号“张某某破坏军事通信案”，就是将国家安全与社会安全诉求纳入案例评价之中，作为案例评价的重要维度。

张某某组织工人对某招待所楼顶太阳能进行拆除时，将中国人民解放军某部队的军事通信光缆损毁，造成军事通信阻断。随后部队维护人员赶到现场进行紧急抢修，并告知张某某待军事通信光缆损毁事宜处理完后再行施工。后张某某自行组织工人再次施工，并再次将同一位置的军事通信光缆损毁，造成军事通信阻断。张某某在明知是军事通信光缆且在未向部队报告取得同意的情况下，擅自对损毁的光缆进行熔接，造成国防通信线路中断 120 分钟。经鉴定两次损毁的军事光缆恢复费及线路中断造成的阻断费合计人民币 294,300 元。

法院认为，被告人张某某作为施工管理人员，明知是军事通信设施，仍然违章作业，造成军事通信线路损毁，并私自熔接该通信线路，致使军事通信中断，其行为已构成破坏军事通信罪。鉴于张某某到案后如实供述自己的罪行，部队的经济损失已得到赔偿，故予以从轻处罚。依照《刑法》的相关规定，对张某某以破坏军事通信罪判处拘役三个月。

文化影响亦是非常重要的案例评价维度。2016 年至 2024 年，最高人民法院已经五次发布弘扬社会主义核心价值观典型案例，有效地发挥了新时代中国特色社会主义文化对社会的引领作用。以“董存瑞、黄继光英雄烈士名誉权纠纷公益诉讼案——杭州市西湖区人民检察院诉瞿某某侵害烈士名誉权公益诉讼案”为例。

瞿某某在其经营的网络店铺中出售两款贴画，一款印有“董存瑞舍身炸碉堡”形象及显著文字“连长你骗我！两面都有胶！！”，另一款印有“黄继光舍身堵机枪口”形象及显著文字“为了妹子，哥愿意往火坑跳！”。杭州市某居民在该店购买了上述印有董存瑞、黄继光宣传形象及配文的贴画后，认为案涉网店经营者侵害了董存瑞、黄继光的名誉并伤害了其爱国情感，遂向杭州市西湖区人民检察院举报。西湖区人民检察院发布公告通知董存瑞、黄继光近亲属提起民事诉讼。公告期满后，无符合条件的原告起诉，西湖区人民检察院遂向杭州互联网法院提起民事公益诉讼。

杭州互联网法院认为，英雄烈士是国家的精神坐标，是民族的不朽脊梁。

英雄烈士董存瑞在解放战争中舍身炸碉堡，英雄烈士黄继光在抗美援朝战争中舍身堵枪眼，用鲜血和生命谱写了惊天动地的壮歌，体现了崇高的革命气节和伟大的爱国精神，是社会主义核心价值观的重要体现。任何人都不得歪曲、丑化、亵渎、否定英雄烈士的事迹和精神。被告瞿某某作为中华人民共和国公民，应当崇尚、铭记、学习、捍卫英雄烈士，不得侮辱、诽谤英雄烈士的名誉。其通过网络平台销售亵渎英雄烈士形象贴画的行为，已对英雄烈士名誉造成贬损，且主观上属明知，构成对董存瑞、黄继光的名誉侵权。同时，被告瞿某某多年从事网店销售活动，应知图片一经发布即可能被不特定人群查看，商品一经上线便可能扩散到全国各地，但其仍然在网络平台发布、销售上述贴画，造成了恶劣的社会影响，损害了社会公共利益，依法应当承担民事法律责任。该院判决瞿某某立即停止侵害英雄烈士董存瑞、黄继光名誉权的行为，即销毁库存、不得再继续销售案涉贴画，并于判决生效之日起十日内在国家级媒体公开赔礼道歉、消除影响。

该案例的意义在于，董存瑞、黄继光等英雄烈士的事迹和精神是中华民族共同的历史记忆和宝贵的精神财富。对英烈事迹的亵渎不仅侵害了英烈本人的名誉权，给英烈亲属造成精神痛苦，也伤害了社会公众的民族和历史感情，损害了社会公共利益。我们的社会应当尊崇英雄、热爱英雄、景仰英雄，司法应当将社会文化需求纳入自身裁判与案例评价的维度之中，为社会治理注入法治能量。

将多维评价引入法律系统，一方面以司法服务保障多种社会需求；另一方面也是司法治理能力现代化的题中之义，可以增强司法裁判的社会可接受性，并推动法律规范与社会事实的“双向调适”。例如，前述“人脸识别第一案”就推动了《个人信息保护法》增加“单独同意”规则，实现技术伦理（伦理维度）与商业创新（经济维度）的制度平衡。又如，司法案例的多维评价通过展现对不同利益群体的关怀（如劳动者权益与企业生存权并重），提升了裁判的民主合法性。最高人民法院工作报告连续多年将“社会主义核心价值观融入裁判文书”

作为重点，实质是通过伦理维度评价增强司法公信力。

综上所述，司法案例的多维评价并非价值相对主义的权宜之计，而是法律系统在功能分化社会中的必然选择，并为司法提供了一种既能吸收现代性经验，又保持价值主导权（如社会主义核心价值观）的制度化接口。

二、司法案例质量评价需要智慧支持

以智慧化建设推动司法案例工作长足发展是国内外司法体系的共同任务。普通法国家传统上高度重视司法案例，先例具有正式法律渊源的地位。随着经济全球化的深入推进以及不同法律体系间相互借鉴和融合，大陆法国家同样非常关注司法案例的功能与意义，如德国的判例制度从无到有，已经建立起较为完善的案例编纂与公布制度。域外司法案例信息化发展进步显著，美国、印度等国家已经实现对案件关键内容的自动提取及分析，并基于此对司法案例进行多维度应用。我国最高人民法院高度重视案例信息化的发展与应用，通过中国司法案例网一期工程〔1〕、北大法宝网、法信网等建设，初步实现了司法案例及相关法律知识的信息化、数字化集成和应用。但当前仍存在案例与知识融合不足，案例生成较为困难，案例评价智能参与度低，案例服务涉外法治发展水平不高等问题，与智能化司法案例体系的发展目标还有较大差距。

本研究立足当前司法案例智能化现状，创新性提出信息化司法案例多主体多维度质量评价机制，是将法院已经办结的司法案件以法律和有关规定为标准，遵循综合性、典型性、可操作性、可比性以及动态性原则，通过智能辅助评价技术，广泛引入多主体尤其是基层法律服务工作者和社会公众参与案例评价全过程，从多角度发掘更多主体和维度的案例价值，发挥其填补司法案例现代化建设技术空白，延长司法治理半径的智能辅助作用。

〔1〕 已下架。

目前，域外较早对司法质量评价体系展开研究的，如美国国家州法院中心与司法援助中心从 1987 年起就提出初审法院绩效标准，并将其应用于数千家法院；州法院中心还探讨了如何评价司法绩效提升的新方法；美国北卡罗莱纳州立大学则针对司法绩效建立了评价的标准体系。在国内，最高人民法院初步建立起具有本土特色的案例质量评价标准体系，推动了从个案质量评查到体系化案例质量评查制度的发展。但当前的评价多以人工为主，技术手段的应用基本停留在单一主体单一维度评估层面，部分数据库将案例发布主体的层级作为质量评价重要标准。总体而言，国内外均缺乏以司法案例质量评价为对象的深层技术研究，难以实现优质司法案例评估与筛选，无法为司法案例的生成与推荐等提供帮助。

在全面依法治国纵深发展的进程中，我国司法案例质量评价体系仍然存在主体与维度欠缺广度与深度等亟待解决的问题，通过案例研究与指导，深入挖掘司法案例的价值和功能已经刻不容缓。需要改变"人盯人、人盯案"的传统监管方式，转向对司法案例管理工作的综合指导。为提升司法质量，确保法律适用统一，维护司法公正，需科学设置司法案例质量评价指标，并深度融合人工智能、大数据等技术运用，充分发挥其树导向、补弱项、便预测的风向标作用，强化司法案例的启示、指引、示范和规范功能，使其成为司法案例转型升级的"助推器"和"指挥棒"。

三、以信息技术支撑司法案例质量评价的方法探索

（一）多主体协同司法案例质量评价体系

以司法案例为研究对象，通过法院走访、社会调研与资料研读，采用典型研究等方法，整理、筛选、归纳司法案例质量标准构成要件。收集初选指标，征询专家意见，借助经验法、调查统计法等方法鉴别、筛选指标。从多主体、多

维度协同角度构建多级评价指标，即面向司法审判、涉外法治等不少于六个维度，覆盖法官、检察官、社会公众等不少于八类主体，包含不少于三层级指标体系，涵盖不少于 30 项指标的司法案例质量评价体系。采用熵权法、层次分析法（Analytic Hierarchy Process，AHP）等方法计算指标权重来综合赋权。并运用模糊综合评价法进行评价，以解决定性问题的量化难题，进而检验指标体系，保证评价体系合理可靠。通过调研、质评调查等方法，结合评价模型深入学习和训练以及人工与机器评价的博弈学习，进行信度和效度检验，逐步完善指标体系并建构科学的评价体系。

（二）多主体协同司法案例质量评价要素语义认知技术

以智能语义感知技术为基础，采用基于自然语言处理（Natural Language Processing，NLP）的司法案例复杂语义推理与分析技术，以词语为基础递进到语句和篇章，实现对海量司法案例在不同环境下的多语义智能识别。将司法案例基础词语与司法案例语义词典映射，构建上下文语境模型，并引入距离概念判断词语相似性。通过词义消歧和词义表示实现对词语含义的识别理解，利用语义角色标注（Semantic Role Labeling，SRL）发现句中核心语义角色，确定相关论元成分并标注相应语义角色标签，从而形成句子的核心论元语义信息。在此基础上，依据预定义的实体关系和属性关系，将整个语句转化为形式化表示。再通过连接词、论元、篇章关系类别等自动识别篇章结构，实现司法案例的智能语义识别，进而提高数据覆盖性。基于语义认知，实现对关键词信息要素、案例关键要素、服务涉外法治发展要素等司法案例评价关键要素的抽取，重点在于对标志性词汇的判断和抽取，构建司法案例质量评价关键要素标注数据集，实现多主体协同司法案例质量评价要素语义认知及要素抽取。结合具备自我学习能力的语义智能处理机制，实施大数据挖掘情况下的语义分析，可实现海量数据的司法案例深度挖掘，以及结构化及非结构化数据的结合分析。

（三）多主体协同司法案例质量评价模型

研究构建多主体协同司法案例质量评价模型，涵盖涉外法治发展案例评价。基于司法案例质量评价的关键要素标注数据集，将基础要素抽取作为命名实体识别处理，结合 CRF（Conditional Random Field）模型作为基础要素抽取的基线模型。在基线模型中，嵌入采用 Word2Vec 的 CBOW（Continuous Bag of Words）模型展开预训练，并引入预训练语言模型 BERT（Bidirectional Encoder Representation from Transformers），实现语义动态调整词向量。同时，研究建立关键要素及司法案例评价间的联系，并结合司法案例质量评价指标进行匹配。运用基于注意力机制的深度学习算法，进行评价因子计算。研究司法案例质量评价抗扰动方法，通过生成对抗学习及邻近算法，就司法案例评价信息语法、逻辑纠错，采用非监督式的架构，将机器评价与人工评价博弈学习、反馈更新，实现模型学习。通过基于评价因子与评价要素的关系量化，构建评价因子模糊矩阵，通过矩阵中数据的线性相关性计算输出评价结果，从而实现基于案例评价因子分析模型的司法案例质量评价结果的客观准确。

（四）司法案例智能服务平台

以司法案例需求为导向、以数据为牵引，充分运用人工智能、大数据等先进技术，加强司法案例智能研判顶层设计，整合现有资源的强化深度应用，建设司法案例质量评价平台底座基础设施、智慧中枢、智慧业务应用中心、门户设计以及平台保障体系，构建基于多主体协同案例质量评价的司法案例智能服务平台。对传统司法案例评价的流程和方法进行智能化、融合化再造，基于微服务架构设计云平台服务端，降低系统的耦合性，并有效解决开发、部署、运维和扩展的集成协调需求，实现与多系统的集成，提供统一技术基础底座及分布式融合可视化前端，构建支撑多系统并行的司法案例智能服务平台。

第二章

多主体协同司法案例质量评价指标体系

为实现多主体协同司法案例质量评价指标体系的权威、科学、合理、规范，应广泛引入多种主体尤其是基层法律服务工作者和社会公众参与案例评价全过程，切实践行案例评价中的“全过程人民民主”；从多维度尤其是服务大局的重点维度，发掘更多主体多维度的案例价值，积极回应当前国内国际形势下国家不同重点任务需求，切实践行“为大局服务，为人民司法”。综合开创性设计具有中国特色的智能辅助司法案例评价指标体系，包含人工评价及AI辅助评价，设计通用指标及类型化指标，综合实现多主体协同司法案例质量评价指标体系构建。

一、构建多主体协同司法案例质量评价指标体系的原则

智能辅助案例评价是针对法院已经办结并生效的裁判文书转化而成的格式化案例，以法律和有关规定为标准，对其进行智能辅助评价的活动。

为实现多主体协同司法案例质量评价指标体系的权威、科学、合理、规范，需广泛引入多种主体尤其是基层法律服务工作者和社会公众参与案例评价全过程，切实践行案例评价中的“全过程人民民主”。应从多维度尤其是服务大局的重点维度，发掘更多主体多维度的案例价值，积极回应当前国内国际形势下国家不同重点任务的需求，切实践行“为大局服务，为人民司法”。因此，智能辅助案例评价模型的构建应当遵循综合性、典型性、可操作性、可比性以及动态性原则。

（一）综合性原则

初步建立指标体系时，首先，评价主体方面应兼顾考量法官、检察官、律师、其他司法实务人员、法学研究者、法学生、社会公众、基层工作者等不同主体的差异性，设置不同的权重占比，以平衡不同主体评价对综合评价的影响。其次，评价内容方面应当涵盖主要的司法案例类型，将民事、刑事、行政案例均纳入指标化评价，满足泛在化司法案例的技术研究。最后，评价指标的选取应尽可能多地覆盖可以反映司法案例各层面基本特征的指标，全面、科学、合理地体现司法案例质量，以避免指标选取片面而导致质量评价失之

偏颇。

（二）典型性原则

选取评价指标应从多个维度出发，选用具有典型性、代表性的指标，尽量准确地反映各类主体在司法案例评价中关注的核心要素。比如，法官、检察官注重类案的共同特征和裁判一致性，为制定类案审判指导意见提供依据；而律师、法学研究者、法学生更关注判决的法律适用逻辑与裁判说理过程；基层工作者则关注裁判的确定性和可执行性。此时，应组合设置不同的指标，并对各个指标配以合理的权重，以符合中国特色社会主义司法审判的发展趋势。

（三）可操作性原则

选取评价指标时，需要兼顾法律的权威性及人工智能案例评价的可实操性，尽可能选择可量化的、定义明确的评价指标。评价指标应由权威的法律专家与算法专家共同设置，同一指标的计量单位和计算方法必须一致，并且可以由人工智能进行筛选、甄别、搜索、分析、比对。

（四）可比性原则

选取评价指标时，应当注意指标的口径和核算方法的纵向可比性与横向可比性。选取同一时期不同案例之间的评价指标时，应注意案例的横向指导性与参考性；选取同一案例不同时期的评价指标时，应注意案例的纵向动态评价的对比性。通过横向、纵向比较来分析案例质量评价指标的变化，掌握案例之间的内在关联，加强类案裁判的指导与参考功能。

（五）动态性原则

司法案例的智能辅助评价指标，一方面应具有稳定性，能够作为法律专家和人工智能长期评价案例的通用指标和规范化依据；另一方面应具有动态性，能够及时反映法律法规的更新与裁判规则的即时变化，并可据此进行动态调整。因此，评价指标的选取要充分考虑一级、二级指标的稳定性，以及三级、四级、五级指标的灵活性、可调整性和可适应性，通过指标之间的组合实现不同需求主体的动态评价。

综上所述，智能辅助案例评价模型设计应坚持法律的原则性与灵活性的统一，平等性与多样性的统一，以实现裁判尺度的统一和个案裁判的公正。坚持覆盖司法服务全流程的使用者与司法案例的使用者，将所有主体的意见建议与关注重点全部纳入指标体系的设计调研环节，不仅关注法律职业共同体对于案例评价的需求与解释，更关注人民群众对于公平正义的解读与期待。坚持兼顾法律权威性及案例智能评价的可实操性，通过设置统一可量化的通用评价指标实现对所有类型案件的评价，同时通过设置特殊的专项评价指标发掘案例多主体多维度价值，筛选出从不同面向为大局服务的典型案例。坚持关注指标之间的关联性，通过指标之间的组合实现不同需求层面的动态评价。切实做到“科学量化评判表征、智慧辅助决策所需”。

二、多主体协同司法案例质量评价的内容

多主体协同司法案例质量评价的内容是司法案例，案例是法治的细胞，是微缩的法治。司法案例，是人民法院基于个案审判执行活动形成的“范例”。以下将选取民事、刑事典型案由进行说明。

（一）民事案例取样：涉外金融借款合同纠纷

多主体协同司法案例质量评价的内容中，民事司法案例指法院在审理民商事案件过程中，根据案件事实和有关法律，就诉讼中发生的各种程序性问题和特定事项以及当事人之间的民事实体权利义务关系所作出判定的文本。民事判

决书一般由四部分内容构成，相应地，民事司法案例主要包括以下四部分内容：第一，首部，此部分释明民事案件的当事人基本信息、诉讼代理人基本情况、案由、审判程序等；第二，主文，是民事判决书的核心，此部分涵盖对案件所涉及的事实和证据的明确概述，包括法院查明事实、争议焦点、说理和裁判要点等；第三，判决结果，即法院依据哪些法律法规决定是否支持当事人的诉讼请求；第四，尾部，写明审判庭的组成、人民法院名称等内容。民事司法案例指标体系拟通过分析民事司法案例的文本、释法、说理、新型、热度、普遍、疑难以及影响指标，对其进行智能辅助评价。

金融借款合同纠纷是涉外民商事案件中最常发生的案由之一。据统计，自2013年1月至2023年1月，全国涉外金融借款合同纠纷共计4,017,098件，仅次于涉外民间借贷纠纷和涉外离婚纠纷。金融借款合同纠纷是指因借款人向金融机构借款，双方就金融借款合同的签订或履行产生的纠纷。涉外金融借款合同纠纷主要指的是案件当事人、法律事实发生地或诉讼标的物所在地具有外国（境外）因素，既包括具有外资背景的银行等金融机构，也包括借款人为外国自然人或法人的情形。因此，本研究选取涉外金融借款合同纠纷为样本，对该类案例各项要素进行综合评价。例如，通过识别涉外金融借款合同纠纷中是否采取新型融资渠道、融资结构，如融资租赁、保理、信托、债券、信用证等新型融资方式，对司法案例的“新型”指标进行质量评价；通过交叉识别涉外金融借款合同纠纷是否涉及全国法院金融审判最新司法裁判规则解决法律适用问题，对司法案例的“热度”指标进行质量评价；通过分析评价涉外金融借款合同纠纷中涉及的法律关系复杂性，担保人与债务人之间是否具有关联关系、是否存在变相利息约定以规避法定利息，是否通过特殊约定作为还款保障或增信措施等要素，就该案例的“疑难”指标进行质量评价。

（二）刑事案例取样：走私、贩卖、运输、制造毒品罪

多主体协同司法案例质量评价的内容中，刑事司法案例通常是指在刑事司法领域中发生的具体事件，案例通常涉及犯罪行为、刑法适用、证据收集、审判程序以及刑罚执行等方面。在体例结构上，“两高”有关指导性案例的规范性文件均作了规定。刑事案例一般由标题、关键词、要旨、基本案情、检察机关履职过程、指导意义和相关规定等部分组成。本司法案例指标体系拟通过分析刑事司法案例的文本、释法、说理、新型、热度、普遍、疑难以及影响指标，对其进行智能辅助评价。

走私、贩卖、运输、制造毒品罪作为一种跨国家、跨地区的国际性犯罪，是毒品犯罪中较为严重的犯罪，大多数国家通过立法对该行为予以严惩。我国毒品犯罪的毒源主要来自国外。国际贩毒集团和贩毒分子向我国国内渗透，竭力把中国作为转运毒品的通道，大肆走私毒品过境或入境。据统计，自 2013 年 1 月至 2023 年 1 月，全国走私、贩卖、运输、制造毒品案共计 2291 件。司法实践中，走私、贩卖、运输、制造毒品涉及在他国是否构罪，走私与相关行为方式的界定，以及毒品纯度折算与量刑等问题。因此，本研究选取走私、贩卖、运输、制造毒品罪为样本，对该类案例各项要素进行综合评价。例如，通过分析走私、贩卖麻醉药品、精神药品行为的性质，以及新型毒品犯罪量刑建议问题，就该案例的“新型”指标进行质量评价；通过分析毒品纯度和量刑关系的样本数据对比，以及走私、贩卖、运输、制造毒品共同犯罪人责任与量刑样本数据对比，就该案例的“类案偏离”指标进行质量评价；通过分析运输毒品罪被告人的主观要件，以及贩卖麻醉药品、精神药品犯罪的既遂和未遂问题，就该案例的“疑难”指标进行质量评价。

三、多主体协同司法案例质量评价的方式

（一）人工评价

人工评价，是指由用户对智能辅助案例评价指标体系中各级指标进行打分。各类用户对案例打分会因该主体的类型不同被分别收录，实现在统一泛在化主体评价尺度的同时，可拆解分析不同主体的评价结果。对案例的评价维度，包括三个通用指标“文书”“释法”“说理”，以及五个标签“新型”“热度”“普遍”“疑难”“影响”，用户可选择其所需指标进行打分。人工评价的分数不会直接呈现在案例检索界面，而会以评级、标签、数据分析图等数据处理后的形态呈现。

为建立多主体协同司法案例质量评价体系，更好地服务全国法院系统及全体法官、中外司法案例交流、法学研究等，更好地解决司法案例质量评价主体欠缺广度与深度的问题，进行协同评价的主体应当至少包括以下八类。

1. 法官

法官包括最高人民法院、地方各级人民法院和军事法院等专门人民法院的院长、副院长、审判委员会委员、庭长、副庭长和审判员。[1]根据《中华人民共和国法官法》及相关规定，担任法官必须具备一定的工作经验、具有法学学历或法律专业知识且德才兼备。法官属于法律专业人士，其对于案例的评价属于法律专业人士的评价。法官分为十二个级别，依次为首席大法官、一级大法官、二级大法官、一级高级法官、二级高级法官、三级高级法官、四级高级法官、一级法官、二级法官、三级法官、四级法官、五级法官。法官可以通过

〔1〕参见《中华人民共和国法官法》第2条。

类案检索，辅助其作出判决，或者通过对案件之间的差异比较，更客观全面地确立新的裁判标准。基于法官在日常审理案件过程中对于类案检索等功能的大量需求，其往往更加关注案例的文本、释法、说理等通用指标，法官在审判过程中也会考虑案例的影响性，涉外领域的法官同时会关注疑难案例的判例。

2. 检察官

检察官是依法行使国家检察权的检察人员，包括最高人民检察院、地方各级人民检察院和军事检察院等专门人民检察院的检察长、副检察长、检察委员会委员和检察员。[1]根据《中华人民共和国检察官法》及相关规定，担任检察官必须具备一定的法律工作经验、具有法学学历或法律专业知识且德才兼备。检察官属于法律专业人士，其对于案例的评价属于法律专业人士的评价。检察官分为十二个级别，依次为首席大检察官、一级大检察官、二级大检察官、一级高级检察官、二级高级检察官、三级高级检察官、四级高级检察官、一级检察官、二级检察官、三级检察官、四级检察官、五级检察官。通过智能辅助案例评价指标体系，检察官可以借助类案检索、案件评价等功能，辅助其进行起诉与辩护。检察官在办案过程中会参考过往判例的审判结果等情况，因此，检察官会着重关注释法、说理等通用指标，在办理特殊敏感性案件时也会关注影响等类型化指标。

3. 律师

律师，一般是指依法取得律师执业证书，接受委托或者指定，为当事人提供法律服务的执业人员。[2]律师应当维护当事人合法权益，维护法律正确实施，维护社会公平和正义，属于法律专业人士，其对于案例的评价属于法律专业人士

〔1〕 参见《中华人民共和国检察官法》第2条。
〔2〕 参见《中华人民共和国律师法》第2条。

的评价。一般来说，律师需要在律师事务所任专职，高等院校、科研机构中从事法学教育、研究工作的人员，经单位同意，可以兼职。广义来讲，律师可分为诉讼律师和非诉讼律师，二者对于案例的需求类型有一定差异：诉讼律师关注类案的判决，以便其在诉讼过程中呈现给法官；非诉讼律师往往更关注具体并购、上市等业务中的实际问题，以便其在法律意见书中引用。律师作为法庭审判和案件处理的重要参与方，往往在起草备忘录、法律意见书等方面使用类案检索功能，因而律师更加关注文本、说理、释法等通用指标；同时，社会热点、疑难案例的判决对其也有较大的参考价值。因此，律师也会关注热度、疑难等类型化指标。

4. 其他司法实务人员

除公检法机关、律师事务所、基层法律服务机构等的相关主体外，其他从事法律相关事务或需要运用法律专业知识的实际工作人员统称为其他司法实务人员，包括仲裁员、监察官及法务等。这类司法实务人员具有角色多样性、需求多主体多维度化的特征。

仲裁员，虽然身份上有别于法官，但其承担决定当事人权利义务的准司法职能，作出的仲裁裁决具有与法院判决同等的法律效力。从这个角度而言，仲裁员承担与法官类似的裁判职能，对案例的关注角度与需求与法官具有相似性。同时，仲裁具有与司法裁判不同的特点，如当事人意思自治、仲裁保密性、一裁终局等，这些特点决定仲裁员对于案例的普遍性、影响性指标关注度相比法官更低。

监察官，包括各级监察委员会及其他依法行使监察权的监察机构中的监察人员。[1]监察官承担对公职人员依法履职、秉公用权、廉洁从政从业以及道德操守情况的监督检查工作，其重点关注执法执纪案例，尤其是中央纪委国家监委

〔1〕 参见《中华人民共和国监察官法》第3条。

发布的指导性案例。其与其他司法实务工作者关注重点、关注角度不同，对案例的需求也有所不同。

法务，包括在企业、事业单位、政府部门等法人和非法人组织内部专门负责处理法律实务的工作人员。相较律师，法务更加注重事前预防和事中控制，职能覆盖合同管理、合规管理、工商事务、知识产权、授权管理、纠纷解决等。

5. 法学研究者

法学研究是一种具有目的性、学术性、常规性的研究活动，法学研究者是法学研究的主体。法学研究者包括高等院校、科研机构及其他具有科学研究职能的机构中的科研工作者，如法学教授、副教授、研究员、助理研究员等。从学术性角度而言，法学研究者注重探求法学领域新颖性、可靠性知识，而非对已有成果的重复述说，更加注重以扎实的论据作为支撑进行创新性研究。[1]因此，相比前述司法实务人员，法学研究者更加关注案例的类型、热度及疑难指标。

6. 法学生

法学生，包括国内外高等院校法学院学生及其他具有法学知识背景的非法学专业本科生、硕士生及博士生。法学生未来可能从事各司法实务工作，其对于司法案例的需求具有阶段性，在校期间以法学学习与法学研究为主，但未来也有其他司法实务行业职业培训的需求。因此，法学生对案例的研究具有全面性，可能同时关注司法案例的多项指标。

7. 基层工作者

基层工作者，泛指在基层从事司法行政工作或提供基层法律服务的人员，包括基层法律服务工作者、司法助理员、人民调解员、人民陪审员等。其中，基层法律服务工作者是符合法定执业条件，经司法行政机关核准取得基层法律

〔1〕 参见胡玉鸿：《试论法学研究的目的》，载《社会科学家》2023年第1期。

服务工作者执业证，在基层法律服务所执业，为社会提供法律服务的人员。[1]司法助理员是基层政权的司法行政工作人员，负责管理人民调解委员会工作，指导检查民间调解工作，参与调解疑难纠纷，处理有关人民调解工作的信访，进行普法教育，调查研究本辖区内发生纠纷的原因、特点和规律并提出防止纠纷的办法等。[2]人民调解员是经群众选举或接受聘任，在人民调解委员会领导下，从事人民调解工作的人员。[3]人民陪审员是指由法定程序产生，依法参加人民法院的审判活动，享有法官同等权利的人员。[4]基层工作者直接面向社会大众，是打通基层法律服务"最后一公里"的重要角色，所从事的工作对于基层治理意义重大，可推动社会治理重心向基层下移，助力基层治理法治化。因此，需将其囊括在智能辅助案例评价的主体之列，从此角度而言，基层工作者较为关注案例的释法和说理指标，以司法案例为工具逐步提升专业化法律服务水平。

8. 社会公众

社会公众，泛指在前述七类主体范围之外的广大人民群众。为方便后续研究，此处按是否存在法律需求划分为两类：一类是存在法律需求的社会公众群体，需求产生的原因包括诉讼、咨询和主动学习等；另一类是不存在任何法律需求的社会公众群体。"以人为本"是法治建设的灵魂，推行法治建设应当切实维护公民的合法权益，"我们要依法公正对待人民群众的诉求，努力让人民群众在每一个司法案件中都能感受到公平正义"。党的二十大报告明确提出的"坚持以人民为中心的发展思想"是前进道路上必须牢牢把握的五条重大原则之一。"坚持以人民为中心"是习近平法治思想的核心要义。司法机关应在坚持党的

〔1〕 参见《基层法律服务工作者管理办法》第2条。
〔2〕 参见《司法助理员工作暂行规定》第2条和第3条。
〔3〕 参见《人民调解工作若干规定》第2条第2款。
〔4〕 参见《中华人民共和国人民陪审员法》第2条第2款。

领导和中国特色社会主义司法制度基础上，持续推进司法体制改革，建立人民参与机制，完善便民利民工作机制，推进司法公开透明，建设高素质的司法队伍，借力现代科技推进司法现代化，带动全民尊法、学法、守法、用法。人民是评价案例的重要主体，也是案例评价工作服务的重要主体。推动多维度的主体参与司法案例内容体系化建设与评价体系化建设等，同时向包含社会公众在内的多维度的主体提供智能辅助案例应用成果，是对人民公平正义诉求的回应。这一过程充分践行了司法民主化的要求，让人民群众亲身参与司法案例工作进程之中，增加人民群众对司法案例工作的了解，提升了人民群众对人民司法的认同感与获得感。因此，社会公众应当是构建多主体协同案例质量评价体系的重要一环，应发挥每一个司法案例维护社会公平正义的实践作用。同时，就司法案例在社会公众主体维度的应用层面而言，社会公众会更多关注与自身利益切实相关的释法、新型、影响等指标，在实践中不断增强社会公众的法治意识和法治素养。

总之，多主体协同司法案件质量评价指标体系能够覆盖不同主体对不同指标组合的多维度需求，提供特色化服务，更好地解决智能辅助司法案例评价模型主体欠缺广度与深度的问题。

（二）AI 辅助评价

AI 是人工智能（artificial intelligence）的缩写，本研究中的 AI 辅助评价，是指通过 NLP、文章自动评价（automated essay evaluation）等计算机与人工智能技术，运用计算机程序或算法对司法案例根据设定的指标和赋值进行评估的过程。

AI 辅助评价是人工智能迅猛发展后的产物，近年来，AI 技术与法律的结合迅速发展，加之其他行业已有较多评价引擎的成功应用，为本研究提供了先进的经验和应用模式借鉴。课题四在进行案例评价研究的同时，亦有语义认知与要素抽取的子任务要求，这两项子任务为指标判断与推理的实现提供了扎实的底层技术支撑，结合课题一汇聚的结构化司法案例文书，形成语义认知、文书解耦、要素抽取、指标评价的完整闭环评价链。

第一，在指标体系的确定过程中，运用 AHP。AHP 是对定性问题进行定量分析的一种简便、灵活而又实用的多准则决策方法。它的特点是把复杂问题中的各种因素通过划分为相互联系的有序层次，使之条理化，根据对一定客观现实的主观判断结构，将专家意见和分析者的客观判断结果直接而有效地结合起来，对一层级元素的重要性进行定量描述。AHP 共分为三层，本研究将目标层定义为司法案例的评价；将准则层定义为第五部分描述的一级指标，并将二级、三级指标作为子准则层保证最佳方案的建立；将方案层引申为评价结果的应用。本研究的重点在于准则层，即指标的确定，在内部完成有层次的初版结构模型并通过判断矩阵的建立及一致性检验后，迅速投入专家验证及讨论阶段，通过不断调参与校准完善模型的实证分析，保持体系的不间断分析与优化，最终形成司法案例质量评价指标体系。

第二，要实现以多主体协同司法案例质量评价为对象的深层技术研究，应用自然语言处理实现司法行业的语义理解与认知。NLP 是计算机科学领域与人工智能领域的一个重要方向，研究能实现人与计算机之间用自然语言进行有效通信的各种理论和方法。近些年来，随着深度学习的发展，各类神经网络也被引入 NLP，NLP 技术迅速发展。本研究将通过大量的司法案例文书数据标注与司法行业实体字典构建，实现对于司法案例的机器语言理解与分析，消除歧义和模糊性，为要素抽取和案例评价提供基础支撑。

第三，根据司法行业的严谨性、专业性、逻辑性等特性，在关键要素抽取过程中，采取有监督的文本关键词提取算法，基于要素的权重、文档位置、关联信息实现特征量化，根据关键要素分布的性质进行提取。该算法和无监督的文本关键词提取算法相比，引入大量人工参与以保证数据标准及预处理的精准度，在训练集充分和时间相对宽裕的前提下，能够保证机器学习的准确度。但是，有监督的方法相对来说更依赖于一定规模的标注数据，若案例数据规模不足，将根据实际情况更换为无监督的机器学习模型。

第四，对于AI辅助评价的模型构建，基于案例质量评价的关键要素标注数据集，将基础要素抽取作为命名实体识别处理，结合CRF模型作为基础要素抽取的基线模型；在基线模型中，文本嵌入采用Word2Vec的CBOW模式预训练，并引入预训练语言模型BERT，实现语义动态调整词向量，同时研究建立关键要素及司法案例评价间的联系，结合司法案例质量评价指标进行匹配。运用基于注意力机制的深度学习算法，进行评价因子计算。研究智能辅助案例评价抗扰动方法，通过生成对抗学习及邻近算法，对司法案例评价信息进行语法、逻辑纠错，通过基于评价因子与评价要素的关系量化，构建评价因子模糊矩阵，通过矩阵中数据的线性相关性计算输出评价结果，实现基于案例评价因子分析模型的智能辅助案例评价结果客观准确。

总体而言，AI辅助评价在实际应用过程中，基于行业、类型、环境的复杂性，实际采取的算法及过程可能有所不同，尤其司法行业对于可靠性与准确性的要求极高，开发案例评价模型需要投入大量专业知识及时间。同时，不同类别的司法案例，其价值、意义与格式存在一定差异，评价算法也需考虑各类别案例之间的评价通用性和标签性质的独特性，通用模型无法解决这类异质性问题。因此，在前期调研、中期指标体系构建以及后期指标体系校准中，需充分考虑各类别案例应用情境之间的“迁移”问题，比较分析不同类别评价模型之间的共性特征与相关关系，围绕评价模型匹配应用场景展开进一步研究。

在评价算法模型构建阶段，课题组充分借鉴了最高人民法院关于案件质量评估体系的方法论。譬如，AI 辅助评价时的结果区间将根据先期由司法专家人工标注的结果确定。又如，案件质量评估体系中有提到新增指标的满意区间应当根据审判工作实际确定，每五年系统性地调整一次指标的满意区间。满意区间调整后，对评估指数进行历史比较时，应当使用调整后的标准重新计算历史指数。因此，AI 辅助评价在完成研发后，将保持司法专家对评价过程中的算法修正及优化迭代，以保证算法可持续科学发展。

（三）多主体协同司法案例质量评价结果

本研究基于泛在化多维度司法案例，面向司法审判、法官培训等不少于六个维度，覆盖法官、检察官、律师等不少于八类主体，构建不少于三层级 30 个指标的评价指标，打造"通用 + 标签"双指标浮动自配评价体系，并创新性地呈现司法案例质量评价结果，赋能多主体协同司法案例质量评价。

1. 表现形式

本研究通过构建多级指标体系对司法案例质量进行智能辅助评价，基于各类主体的具体实践，每个司法案例在不同指标维度下被赋予不同评价。

（1）单项指标

按分值划分为三个等级，分别为优秀、良好、一般。

（2）综合得分

对于综合得分，按分值划分为三个等级，分别为优秀、良好、一般，并用大写英文字母呈现，分别为 A（优秀）、B（良好）、C（一般）。

2. 评价结果

对于多级指标体系下的司法案例质量的综合评分，默认选择提前设计好的权重赋值，即 AI 辅助评分和人工评分的总和，并进行分值排行，只显示位次，不显示具体分值。同时，用户可选择默认权重赋值计算综合得分的方式对案例进行排行检索，也可以选择按主体需求自行调整各项指标的权重赋值进行检索，如调整“文本”占比为 50%、“热度”占比为 50%、其余指标占比为 0，可检索出按“文本”和“热度”两项指标计算综合得分的案例排行，也即用文本指标和站内外热度指数计算得分的案例排行。

四、多主体协同司法案例质量评价指标体系

（一）指标体系设计

1. 指标定义

在诉讼活动中，人民法院为解决个案纠纷，就案件的实体问题和程序问题依法制作的具有法律效力的法律文书，是人民法院依法行使审判权查明事实、适用法律解决纠纷的重要载体，具有高度严肃性和强烈权威性。在进行案例评价时，最基本的要求是裁判文书应当格式规范、语义清晰、表述准确，这是呈现给公众的最朴素、直观的公正，在一定程度上可以反映出法官的职业能力和办案水平，影响法院的整体形象与司法权威。

多主体协同司法案例质量评价指标分为通用指标与类型化指标。通用指标包括文本、说理、释法；类型化指标包括新型、热度、普遍、疑难及影响。其中，通用指标普遍适用于民商事、刑事、行政案件，是裁判文书都应当符合的基础指标。类型化指标主要用于区分不同特征、性质、用途的案件。如案例具有事实或法律适用上的新颖性则标记为新型；案例具有引发站内用户、站外公众关注的较高吸引力水平则标记为热度；案例具有案件事实、争议焦点或法律适用上的普遍性则标记为普遍；案例具有法律适用、事实认定、证据采信、诉讼程序方面的复杂性或争议则标记为疑难；案例具有经济、政治、文化、社会或生态方面的广泛影响则标记为影响。

通用指标与类型化指标动态组合，可服务于司法审判、法官培训、法学研

究、涉外法治、法学教育、普法宣传等不同用途。通过将通用指标、类型化指标项下三个层级细分指标进行排列组合，根据不同用途中各细分指标的比较权重进行科学赋值，实现多主体协同司法案例质量评价指标的科学、专业、动态组合。

2. 指标层级

以下为通用指标，属于通用标准。（见表 2–1）

表 2–1　指标体系——通用指标

<table>
<tr><th>项目</th><th>一级指标</th><th>二级指标</th><th>三级指标</th></tr>
<tr><td rowspan="21">通用指标</td><td rowspan="8">文本指标</td><td rowspan="2">用语</td><td>用语准确</td></tr>
<tr><td>用语规范</td></tr>
<tr><td rowspan="2">表达</td><td>表达流畅</td></tr>
<tr><td>表达规范</td></tr>
<tr><td rowspan="2">结构</td><td>结构比例得当</td></tr>
<tr><td>详略比例得当</td></tr>
<tr><td rowspan="2">篇幅</td><td>格式完整</td></tr>
<tr><td>格式规范</td></tr>
<tr><td rowspan="8">说理指标</td><td rowspan="3">焦点</td><td>证据争议焦点</td></tr>
<tr><td>事实争议焦点</td></tr>
<tr><td>法律争议焦点</td></tr>
<tr><td rowspan="2">逻辑</td><td>各类逻辑正确</td></tr>
<tr><td>整体逻辑正确</td></tr>
<tr><td rowspan="3">内容</td><td>说理类型齐备</td></tr>
<tr><td>说理证据充分</td></tr>
<tr><td>说理详略得当</td></tr>
<tr><td rowspan="2">释法指标</td><td rowspan="2">援法准确</td><td>条文准确</td></tr>
<tr><td>时效准确</td></tr>
</table>

续表

项目	一级指标	二级指标	三级指标
通用指标	释法指标	适法正确	个案正确
			同案同判

表 2-2 为类型化指标，属于加分项，非并列关系，可能应用其中一类或多类。

表 2-2 指标体系——类型化指标

项目	一级指标	二级指标	三级指标
类型化指标	新型指标	事件	事件类型新旧
			检索时间与案件时间的时间差长短
		法律	适用法律新旧
			弥补现行规定
	热度指标	站内	站内搜索量
			站内浏览量
			站内下载量
			站内评价量
		站外	站外社会热度
			站外学术热度
	普遍指标	案情	案由普遍
			关键词普遍
		适用	适用法律普遍
			适用结果普遍
	疑难指标	程序	审判次数：民事与刑事
			或有程序：民事与刑事
			审理层级：民事与刑事
		实体	事实认定：民事与刑事
			法律适用：民事与刑事

续表

项目	一级指标	二级指标	三级指标
类型化指标	影响指标	经济	市场主体
			市场准入
			市场交易
			市场退出
			信用建设
		政治	安全稳定
		文化	中华优秀传统文化
			中国特色社会主义文化
		社会	社会治理
			社会和谐
		生态	生态净化
			生态提升

3. 指标权重

（1）指标权重设计

前文述及智能辅助案例评价参与主体主要包括八类：法官、检察官、律师、其他司法实务人员、法学研究者、法学生、基层工作者、社会公众。涉及六个维度：司法审判、法官培训、法学研究、涉外法治、法学教育、普法宣传。面对司法案例智能辅助评价问题，不同主体因为立场不同，存在不同的理解，故而需要将内部评估与外部评估相结合。

为保证评价体系科学合理，本研究从不同主体不同维度多向视角着手，测得各二级、三级指标的单独权重后，通过线性合成的方式计算各指标综合权重，从而准确构建评价指标体系。

整体研究思路为：运用 AHP 计算专家主观权重，构建各指标层的判断矩阵，通过层次单排序机器一致性检验，即计算权重向量，最终通过层次总排序机器一致性检验，若不存在决策层，通常省略该步骤（见图 2-1）。运用熵权法计算指标客观权重，计算各主体不同视角下各指标组合权重，计算指标综合权重。

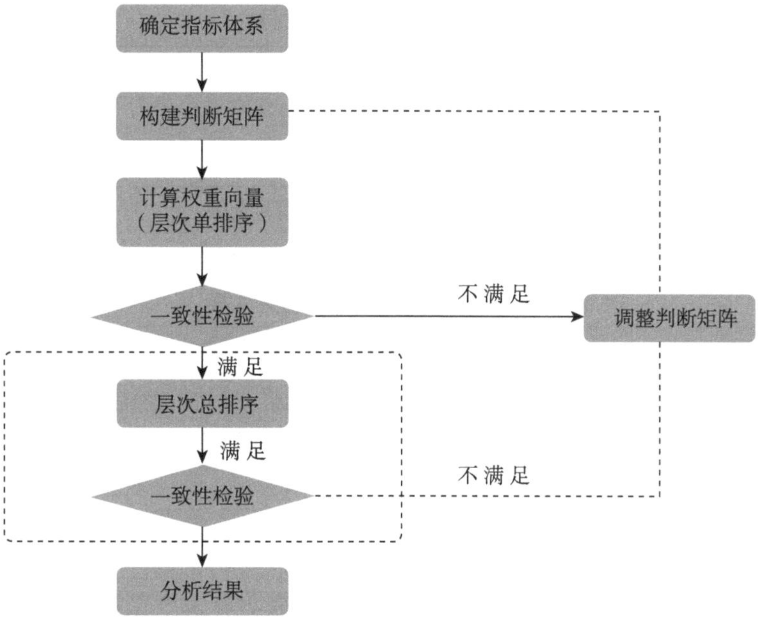

图 2-1　层次分析法过程

基于指标权重确认，根据需求及功能分析，指标体系构建遵循如下原则：目的性原则、全面性原则、科学性原则、数据可获得原则。通过 AHP 和熵权法主客观综合赋权的方式，构建智能辅助案例评价指标体系。该体系共分为三个层次：目标层、准则层和指标层。

目标层即所要完成的目标，指构建智能辅助案例评价指标体系。目标层下分为若干准则，这些准则是实现目标层必须遵守的，包含三个二级指标及权重；准则层下分为若干基础的具体指标，包含不少于三十个三级指标及其相对权重和绝对权重。各层次既相对独立又相互联合，各指标之间相互协同，通过并列性、从属性进行序列组合，构成智能辅助案例评价指标体系。

构建判断矩阵即通过各要素间两相比较确定各准则层对目标层的权重。

对于准则层 A，构建矩阵$A=(a_{ij})_{m\times n}=\begin{pmatrix} a_{11} & a_{12} & \cdots & a_{1n} \\ \cdots & \cdots & \cdots & \cdots \end{pmatrix}$，其中 A 中元素满足：（1）$a_{ij}>0$；（2）$a_{ij}=\frac{1}{a_{ji}}$；（3）$a_i=1$。判断矩阵元素 a_{ij} 标度方法见表 2–3。

表 2–3　标度方法说明

标度	含义
1	表示两元素相比，具有同样重要性
3	表示两元素相比，前者比后者稍重要
5	表示两元素相比，前者比后者明显重要
7	表示两元素相比，前者比后者极其重要
9	表示两元素相比，前者比后者强烈重要
2，4，6，8	表示上述相邻判断的中间值
1~9 的倒数	因素 i 与 j 比较的判断 a_{ij}，则因素 j 与 i 的比较的判断 $a_{ij}=\frac{1}{a_{ji}}$ 表示相应两元素交换次序比较的重要性

为检验各元素重要度之间的协调性，采用一致性检验，可避免出现 A 比 B 重要，B 比 C 重要，而 C 又比 A 重要，出现此类矛盾会严重影响重要度赋值。设 n 阶判断矩阵为 B，则可求其最大特征根 λ_{max}：$BW=\lambda W$，其中 W 是 B 的特征向量。

定义一致性指标$CI=\frac{\lambda_{max}-n}{n-1}$。当指标 CI=0，判断为具有完全的一致性；当 CI 值接近 0 时，具有满意的一致性；当 CI 值越大表示不一致越严重。

为衡量 CI 大小，引入平均随机一致性指标 RI，该指标为 1～15 阶判断矩阵重复模拟 1000 次得到，如表 2–4 所示。

表 2–4　平均随机一致性指标 RI 取值情况

n	1	2	3	4	5	6	7	8	9	10	11
RI	0	0	0.58	0.90	1.12	1.24	1.32	1.41	1.45	1.49	1.51

定义一致性比率为$CR=\frac{CI}{RI}$，一般认为一致性比率 CR<0.1 时，A 的不一致程

度在容许范围之内，有满意的一致性，即通过一致性检验。可用其归一化特征向量作为权向量，否则要重新构造矩阵 A，对 a_{ij} 加以调整。

（2）智能辅助案例评价指标体系模糊综合评价检验

智能辅助案例评价过程具有多样性、复杂性等特点，拟采用模糊综合评价法进行评价，解决定性问题的量化问题。

首先，确定评价对象的因素论域。根据智能辅助案例评价指标体系，将评价因素分为两个子集 A=（B1, B2）。

分别建立二级指标的 2 个模糊矩阵，再根据指标权重，得到各一级指标和整体评价向量。具体如下：

B1=（C1 C2 C3）=（文本 说理 释法）

B2=（C4 C5 C6 C7 C8）=（新型 热度 普遍 疑难 影响）

整体评价向量

A=（B1 B2）=（通用指标）

其次，确定评价等级论域。等级论域的选择，拟分为通用和标签 6 个评定等级，即 D =（通用 新型 热度 普遍 疑难 影响），分别对应各自类型。

最后，构建隶属矩阵，合成隶属矩阵与权重。在确定评语等级论域后，需要对单一因素进行模糊分析，前文对各级指标进行了权重计算。因此，各指标都有其对应的权重分配集。将二级指标权重系数集设为 CB，各三级指标所对应的权重系数集分别为 CB1、CB2、CB3。请评价专家根据自身经验、工作经历及理解对各项指标进行评分，从而计算出各三级指标的隶属度 R，建立三级指标模糊矩阵 RB1、RB2、RB3，并拟结合运用 SPSS 分析软件 SPSSAU 工具，在矩阵构建完成后对其进行一致性检验。根据专家的反馈结果，计算得出的各指标层矩阵的一致性比例均小于 0.1，说明判断矩阵具有一致性。

同时，本研究拟采用法院调研、专家问卷调查、小规模质评调查等方法，综合设计自动采集评价、全面评估、重点抽样检查以及引入三方评估等手段，并通过人工评价与机器评价博弈学习，进行评价体系的信度、效度检验，不断完善指标体系，完成建构面向多主体多维度的特色化智能辅助案例评价模型。

（二）通用指标

1. 文本

通常而言，文本是指根据一定的语言衔接和语义连贯规则而组成的整体语句或语句系统，具有一定的表意作用。在本智能辅助案例评价指标体系中，文本指标意在考察案例文本表意功能的完成度，具体考察用语的规范性、表达的流畅性、结构的完整性以及篇幅的得当性四个方面，分别对应本指标项下的四个二级指标：用语、表达、结构、篇幅。

其中，用语指标主要考察案例文本中所采用的词汇是否合乎规范，其准确与否关系到文本表述的严谨性和权威性，是案例文本质量评价的重要指标之一。具体而言，考察文本用语是否规范又可分为两个层面：普通用语的使用符合其基本使用情境以及专业术语的使用合乎其基本语义。表达指标主要考察案例文本语句间语义的连贯性以及前后行文的逻辑性。结构指标指的是案例结构完整齐备。具体来说，案例应包含案例标题、案例名称、主审法官、推荐人、推荐理由、关键词、案情摘要、争议焦点、裁判要点、适用法律、生效文书 11 个基本要素。篇幅指标主要考察案例文本各部分是否论述详略得当，保证每部分字数占比合理，尽量避免出现一部分叙述过长导致其他部分无法论述清楚的情况。

2. 说理

在司法语境中，说理通常指阐明裁判结论的形成和正当性理由的过程。现代法治社会司法裁判的基础并非信仰权威或传统权威，而是理性权威。它旨在在法治框架下，理性地运用公权力，实现“规则之治”。为此，最高人民法院专门发布《关于加强和规范裁判文书释法说理的指导意见》以对裁判说理进行规范指导。由此可见，说理是裁判文书不可或缺的组成部分，而以裁判文书为基础的司法案例也必须说理清晰，为案例规则提供充分的正当性。在本评价指标体系中，说理指标主要考察案例说理部分是否足够清晰且具有说服力。结合各类主体对于司法案例的关注要点以及技术的可实现性，说理指标下分焦点、逻辑和内容共三个二级指标。

焦点指标主要考察案例是否合理圈定了案件的争议焦点。〔1〕只有准确合理地锚定讨论的场域和范围，后续说理才能顺利开展。争议焦点的确定不仅影响案件处理结果，也是说理妥当的前提性条件。

逻辑指标主要考察案例说理是否符合逻辑。裁判文书主要是对案件事实进行法律判断并归之于特定的法律规范下，进而得出裁判结果。与“法律规则＋案件事实→裁判结果”的司法逻辑相对应，“获得案件事实→择取法律规范→解释法律规范→对法律规范与案件事实的价值和逻辑关系进行内心确信→形成判决”是主要的裁判及说理路径。因此，着力强化对事实认定、证据采信、案件争议焦点、法律适用、裁判结果及理由的说理，加强裁判文书说理各项要素之间的有机联系，实现格式统一化与风格个性化的协调，保证行文条理清晰、详略得当，达至“要素齐全、样式科学、结构严谨、详略得当”十六字标准是裁判文书说理的基本逻辑要求。〔2〕

内容指标主要考察以下三个方面：说理类型齐备、说理证据充分以及说理详略得当。其中，说理类型齐备主要考察案例是否阐明事理、释明法理、讲明情

〔1〕 民事案件争议的焦点是指在民事诉讼中当事人双方意见相反、影响案件处理结果的事实问题和法律适用问题。刑事案件争议的焦点指的是控辩双方意见相左、存在争执的问题，争议的焦点属于事实问题或法律适用问题。

〔2〕 参见王明辉：《裁判文书说理应坚持“三原则”及“三向度”》，载常州市金坛区人民法院网2015年11月2日，http://www.jtfy.gov.cn/baodao_view.asp?id=605&type_parid=0。

理和讲究文理。[1]说理证据充分旨在考察说理是否符合规范。比如，是否根据案情的复杂程度、诉讼各方争议程度、审判程序类型、案件社会影响大小、文书种类等不同情况进行繁简适度的说理。[2]说理详略得当即考察案例是否依法说理，依证据说理，就案说理。如最高人民法院《关于加强和规范裁判文书释法说理的指导意见》第13条对此就有详细规定。[3]

3. 释法

释法，即法律的解释与应用，释法指标主要考察案例运用法律得出相应判决结果这一过程的妥当性。根据课题组前期针对法院、检察院、律师等主体的访谈调查结果，本指标体系将释法指标分为援法准确和适法正确两个二级指标进行考察。

援法准确指标旨在评价案例所援引的法律条款的准确性，主要考察法律适用的形式维度。根据法律援引规则的不同，其又可细分为诸项次级指标。目前，根据实践调研结果，并结合计算机技术的实现可能性，本智能辅助案例评价指标体系将从条文准确性和时效准确性两个方面对案例的援法准确性进行考察。条文准确性旨在评价案例在引用各类法律文件时是否遵照正确的引用顺序，是否准确地引用了法律法规的具体条文等形式要件。比如，根据最高人民

〔1〕 最高人民法院《关于加强和规范裁判文书释法说理的指导意见》第2条提出，“裁判文书释法说理，要阐明事理，说明裁判所认定的案件事实及其根据和理由，展示案件事实认定的客观性、公正性和准确性；要释明法理，说明裁判所依据的法律规范以及适用法律规范的理由；要讲明情理，体现法理情相协调，符合社会主流价值观；要讲究文理，语言规范，表达准确，逻辑清晰，合理运用说理技巧，增强说理效果”。

〔2〕 最高人民法院《关于加强和规范裁判文书释法说理的指导意见》第3条指出：“裁判文书释法说理，要立场正确、内容合法、程序正当，符合社会主义核心价值观的精神和要求；要围绕证据审查判断、事实认定、法律适用进行说理，反映推理过程，做到层次分明；要针对诉讼主张和诉讼争点、结合庭审情况进行说理，做到有的放矢；要根据案件社会影响、审判程序、诉讼阶段等不同情况进行繁简适度的说理，简案略说，繁案精说，力求恰到好处。”

〔3〕 最高人民法院《关于加强和规范裁判文书释法说理的指导意见》第13条明确：“除依据法律法规、司法解释的规定外，法官可以运用下列论据论证裁判理由，以提高裁判结论的正当性和可接受性：最高人民法院发布的指导性案例；最高人民法院发布的非司法解释类审判业务规范性文件；公理、情理、经验法则、交易惯例、民间规约、职业伦理；立法说明等立法材料；采取历史、体系、比较等法律解释方法时使用的材料；法理及通行学术观点；与法律、司法解释等规范性法律文件不相冲突的其他论据。”

法院《关于裁判文书引用法律、法规等规范性法律文件的规定》的要求，引用多类法律规范性文件时，具体的引用顺序为“法律及法律解释、行政法规、地方性法规、自治条例或者单行条例、司法解释。同时引用两部以上法律的，应当先引用基本法律，后引用其他法律”。“引用包括实体法和程序法的，先引用实体法，后引用程序法。”时效准确性则考察案例引用法律条款是否符合相应的时效性规定。比如，对于刑事案例，需要考察法条的时效适用是否遵从“从旧兼从轻”原则。

适法，即法律适用，通常指国家司法机关根据法定职权和法定程序，运用法律处理案件、解决纠纷的活动。〔1〕适法正确指标旨在评价案例将法律应用于具体案情的结果是否妥当，主要考察法律适用的实质维度，〔2〕即结合案例的基本事实、争议焦点等基本内容，以及社会状况、历史背景等情况，判断该案例的法律适用结果是否正确。另外，本评价指标体系还引入“类案偏离”指数，如果案例判决结果与案情相似的其他案例偏离太多，将作出提示。〔3〕

（三）类型化指标

1. 新型

随着社会思想和科学技术的不断更新进步，新的社会事件持续不断地出现，新的法律条文源源不断被创制。在本评价指标体系中，新型指标意在考察司法案例的新颖性，包括案例事实部分对应的人文社会领域事件的新颖性和案例在法律适用上的新颖性，分别对应本指标项下的两个二级指标：事件、法律。

其中，事件指标主要考察案例中事实部分所涉及的类型化社会事件是否

〔1〕 参见刘金国、张贵成主编：《法理学》，中国政法大学出版社 1992 年版，第 120–130 页。

〔2〕 根据《最高人民法院统一法律适用工作实施办法》第 3 条的规定，最高人民法院要求各审判业务部门正确适用法律，确保法律统一正确实施。

〔3〕 “类案偏离”指数并不作为判断案例适法正确与否的依据。

为近期发生的，其逻辑前提是：随着所涉及的类型化社会事件发生时间的渐行渐远，案例逐步丧失事件层面的新型性。事件指标的评价基础是事物词库。通过定期更新新事物词库，并在检索发生时比对案例文本是否包含词库中的词汇来进行判断。此外，若检索时，案例产生时间已经较为久远，即使能够与新事物词库相关联，也不能判定为新型。法律指标主要从两个方面进行考察：一是考察案例所适用的法律条款、司法解释颁布日期距离搜索时的远近，意在筛选适用最新颁布的法律文本、司法解释的案例，以考察相关新规则在实践中的适用情况，也可用于普法。二是考察案例内含的规则是否弥补现行规定。部分案例对于现行法律中体现出的法律漏洞进行了一定程度的修补，促进了新法制定或法律的补充与修订。譬如，“董存瑞、黄继光英雄烈士名誉权纠纷公益诉讼案”就推动了我国《民法典》中关于“死者名誉”法律漏洞的填补，应作出特别标注。

2. 热度

热度指司法案例在网络空间引发的用户关注的程度，受站内外诸多因素的影响。[1]热度指标意在考察案例对社会大众的吸引力水平，为分析影响案例热度的因素提供数据支持，进而为优秀案例的宣传策略提供方向性指导，达到推动普法宣传教育发展的目的。[2]根据案例评价网站的设置，热度的直接、间接体现方式对应本指标项下的两个二级指标：站内和站外。

其中站内指标包括站内搜索量、站内浏览量、站内下载量、站内评价量四个要素，是司法案例内容在平台内热度的直接体现。对站内司法案例搜索、浏览、下载、评价的数量指标进行赋权评价可以综合衡量案例站内热度。站外指标包括站外社会热度、站外学术热度两个要素。前者将当年 App 月活排行榜中具有

〔1〕 参见于岗：《涉警网络舆情热度评价指标体系构建研究》，中国人民公安大学 2017 年硕士学位论文，第 25 页。

〔2〕 参见张燕、尹琰、韦欣宜：《〈人民日报〉抖音号短视频传播热度影响因素实证研究》，载《中国传媒大学学报（自然科学版）》2020 年第 3 期。

较成熟的热度计算方式的网络平台的热度指数作为衡量依据；后者则以中国知网的指数知识元检索为依据，包含学术关注度与学术传播度两个要素。

3. 普遍

具有普遍性的案例通常指该案例同类案例较多，解决的问题不是暂时的、陈旧的或孤立的。普遍指标旨在对评价案例普遍的因素进行考察，其不仅可以用于分析社会态势，揭示社会矛盾，也可以作为普法宣传教育的重要抓手，进而赋能类案的审判、培训、研究、普法等多维场景。普遍指标下设案情与适用两个二级指标。

案情指标表示案例在案件事实方面的普遍程度。根据检测对象的不同，案情指标又下设案由普遍、关键词普遍两个三级指标，旨在通过将案由及关键词与总案例样本中高频案由和关键词进行比对，检测案例在案情方面的普遍程度。适用指标表示案例在法律适用方面的普遍程度，其下设适用法律普遍及适用结果普遍两个三级指标。其中，适用法律普遍指的是案例所援引法条本身在司法实践中援引的普遍性，而适用结果普遍指的是案例的裁判结果在同类案例中的普遍性。

4. 疑难

疑难指标意在考察案例在证据采信、事实认定、法律适用、诉讼程序方面的难易程度，用以筛选疑难复杂、有不同认识和争议的案例。疑难复杂案例在司法实务工作中具有重要价值，同时具有丰富的学术研究意义。结合前期调研成果以及技术实现可能性，本智能辅助案例评价指标体系在此指标下设程序和实体两个二级指标。

程序指标含三个三级指标：审判次数、或有程序、审理层级。审判次数主要是评价案例是否经历完整二审以及是否启动审判监督程序。或有程序主要是评价案例是否经历延长审理期限、延长侦查期限及管辖权异议、财产保全、行为保全、先予执行等或有程序。审理层级主要是评价审理的级别以及是否存在因合议庭成员分歧而提交审委会等情形。实体程序包含两个三级指标：事实认定和法律适用。事实认定主要评价案件事实部分是否难以认定，具体而言，又包括客观要件认定和主观要件认定的疑难程度。法律适用疑难在民事案件中表现为争议焦点数量多、争议问题复杂、说理层级多、原审法院对事实认定不清、原审法院存在法律适用错误、上级法院或二审法院对法律适用错误进行纠正等；在刑事案件中表现为行为性质认定模糊，存在罪数的争议、罪名的界分与竞合，被告人有从轻减轻处罚情节时的量刑等。

5. 影响

影响指标主要考察案例对经济建设、政治建设、文化建设、社会建设和生态文明建设的影响程度，意在筛选具有积极影响、有助于社会主义建设的案例。根据案例影响力发生的主要方面的不同，影响指标又分为经济影响、政治影响、文化影响、社会影响、生态影响五个二级指标。

第一，经济影响指标包括市场主体、市场准入、市场交易、市场退出、信用建设五个三级指标，分别评价案例对上述五个方面的积极影响程度。市场主体影响指标用于评价案例在依法平等保护各类市场主体（包括不同所有制主体、不同地区市场主体、不同行业利益主体等）、推动完善社会主义市场经济法人制度（包括正确处理公司决议效力、股东知情权、利润分配权、优先购买权和股东代表诉讼等纠纷，加强中小股东保护，推动完善公司治理结构等）方面的积极作用。市场准入影响指标用于评价案例在准确把握外商投资负面清单制度的内容以及清单变化情况、平等保护中外当事人程序权利和实体权益、妥善处理涉及外资准入限制和股比限制的法律适用问题、推动形成更加开放公平便利的投资环境、加强与“一带一路”共建国家的国际司法协助、服务保障“一带一路”共建国家重大战略实施等方面的积极作用。市场交易影响指标用于评价案例在保障市场交易公平公正、切实维护市场交易主体合法权益、创造良好营商环境（包括促进产权保护、完善各类市场交易规则、提升知识产权保护水平、维护市场竞争规则与秩序、规制各类垄断行为与不正当竞争行为、规范行政机关的许可与审批行为、打破部门垄断和区域保护、推动建立统一开放的社会主义市场体系等)方面的积极作用。市场退出影响指标用于评价案例在完善社会主义市场主体救治和退出机制(包括完善破产程序启动机制和破产企业识别机制、切实解决破产案件立案难、探索根据破产案件的难易程度进行繁简分流、推动建立简捷高效的快速审理机制、以市场化为导向完善破产重整与和解制度、促进有价值的危困企业再生、妥善处理职工安置和利益保障等)方面的积极作用。信用建设影响指标用于评价案例在推进社会信用体系建设、持续为优化营商环境提供信用保障、严惩虚假诉讼行为与失信行为等方面的积极作用。

第二,政治影响指标主要评价对安全稳定的积极影响程度。其三级指标安全稳定指标主要评价案例在贯彻总体国家安全观、维护国家政治安全与社会稳定、促进风险防范与化解、坚持和发扬新时代“枫桥经验”、维护人民群众生命财产安全、预防青少年犯罪等方面的积极作用。

第三,文化影响指标包括中华优秀传统文化与中国特色社会主义文化两个三级指标。中华优秀传统文化指标用于评价案例在传承中华优秀传统文化,尤其是发扬优化中华优秀传统文化中的价值理念与法律理念等方面的积极作用。中国特色社会主义文化指标用于评价案例在坚持党的文化领导权,推动物质文明和精神文明协调发展,坚持“两个结合”,担负新时代的文化使命,坚定文化自信,培育和践行社会主义核心价值观,铸牢中华民族共同体意识,掌握信息化条件下舆论主导权,广泛凝聚社会共识,坚持以人民为中心的工作导向,加强文化遗产保护传承,构建中国话语和中国叙事体系,促进文明交流互鉴等方面的积极作用。

第四,社会影响指标包括社会治理与社会和谐两个三级指标,分别评价案例对纠纷预防性源头化解、息讼止诉、社会治理,坚持司法为民、维护人民群众根本利益、守护民生等方面的积极作用。

第五，生态影响指标包括生态净化与生态提升两个三级指标，评价案例在改善生态环境、维护生态安全、聚焦绿色发展、推动碳达峰和碳中和相关工作、服务长江经济带发展、黄河流域生态保护和高质量发展等重大国家战略实施等方面的积极作用。

第三章

相似度多维分析：类案裁判数据库核心算法的实现框架

类案裁判数据库在司法审判中具有重要作用，而案例相似度的准确计算是类案裁判数据库建设的核心环节。本研究提出了一种相似度多维分析方法，旨在解决现有案例相似度算法的不足，通过构建高精度、高效率的案例相似度计算机制，优化类案裁判数据库的核心算法框架。最高人民法院发布的指导性案例是本研究的实验数据。首先，对数据进行预处理。其次，对案例文本进行精准标签化，并构建共现标签组，为后续相似度计算提供信息。核心的相似度多维分析方法包括三重筛选流程，分别是相似度阈值筛选、标签匹配筛选和共现标签组筛选。第一层设定相似度阈值，筛选出与目标案例在语义和内容上具有较高一致性的案例。第二层计算每个案例与目标案例之间的标签匹配度，通过设定不同权重提高筛选精度。第三层计算每个案例的标签共现度，确保筛选出的案例在标签共现关系上与目标案例具有最高的一致性。通过递归多层筛选机制，可以系统地提高整体案例数据库的聚类精度，使每个案例都能找到最相似的案例群组，确保类案裁判数据库的构建和应用具有高精度和高效率。

党的十八届三中全会提出“建立科学的法治建设考核指标体系及评估方法”，强调了科学的法治建设考核指标体系在推进依法治国中的重要性。案例评查是人民法院长期开展的法治评价内容之一，是实施依法治国方略的关键环节。通过对不同案例的多维度评估，能够优化司法资源配置，提高审判效率，减少司法成本。因此，我国亟须建设科学、全面、实用的司法案例质量评价指标体系，填补司法判决现代化建设的技术空白，延长司法治理半径，提高司法审判效率，提升社会法治水平。

然而，现有的法律适用正确性评估方法在使用司法案例质量评价指标体系时暴露出诸多局限性，如主要依赖法官的专业知识和经验以及案例分析工具有限，导致评估标准缺乏统一性，评估过程主观性较强、效率较低等问题，特别是在面对复杂多样的司法案件时，难以全面准确地进行评估，使司法裁判结果有时出现偏差和不公。

为了解决法律适用正确性评估方法的局限性，类案裁判数据库提供了强有力的支持，通过大数据技术和人工智能算法，高效地收集、整理和分析大量司法案例。类案裁判数据库可以通过结构化提取和智能分析海量案例数据，发现法律适用中的共性和差异，提供精准的法律适用建议，辅助法官在裁判中作出更为公正、合理的决策。这不仅提高了司法审判的效率和质量，也促进了法律适用的一致性和透明度。

类案裁判数据库中的一个关键指标是“类案偏离”指数，它用于衡量裁判结果的合理性和公正性。"类案偏离"指数的判断依据是案例相似度，而类案裁判数据库的建立及其中案件的分类也依赖于此。因此，案例相似度在这一过程中具有重要意义，通过准确计算案例相似度，可以确保类案偏离指数的有效性和准确性，也有助于完善类案裁判数据库的建设。

然而，目前案例相似度算法存在诸多不足。一方面，传统的基于关键词匹配的技术只能揭示浅层语义关系，难以挖掘复杂司法案例之间的深层语义匹配信息。并且，在处理大规模的案例数据时，这些方法需要大量算力，计算效率低下。另一方面，案件事实要素抽取的难度较大，证据数据的多源异构性和法律语言的高度抽象性增加了相似度计算的复杂性。现行的语言处理系统专业性不足，难以应对复杂案件，而标签提取技术的局限性则影响了类案检索的效率和准确性。

案例相似度算法的不足造成了诸多影响。现有的案例筛选系统和类案检索平台的检索方式与排列方式都依赖于这些不完善的相似度计算方法，导致筛选结果不够精确，影响了类案参考判断的精准度和效率，无法满足法律工作者的实际需要。这些不足进一步导致案例数据库的作用无法充分发挥。

基于案例相似度算法的这些问题，本研究尝试提出一种相似度多维分析方法，作为类案裁判数据库中案例相似度计算的实现框架。通过详细探讨案例相似度算法的设计、实现和优化策略，验证算法的有效性和适用性，以期为建设更加精准和高效的类案裁判数据库提供新的思路。

一、相关研究回顾

从学界研究中可以看出，现有案例数据库在高效运行过程中高度依赖案例相似度计算技术，这些研究为本研究提供了重要的启发。有学者将相似度计算技术的应用视为确保案例检索系统高效运行的关键，提出了基于本体的中文案例表示方法、基于知网的概念相似度计算方法、基于本体的中文案例相似度计算方法。[1]有学者提出了通过知识图谱辅助的相似案件推荐方法，通过文本处理、知识图谱构建和改进的 TransH 算法，提高了相似度计算的精度和效率。[2]还有学者认为，案例信息抽取和结构化表示是实现高效相似度计算的基础。另有学者提出了一种面向法律文书的案例信息抽取方法，即通过构建司法知识图谱，增强案例相似度计算的准确性和丰富性。[3]这些成果为本研究提供了重要的理论基础和技术支持，启发了本研究关于多维相似度分析方法的思考。

然而，现有案例相似度计算技术在应用过程中也暴露出一些局限性。第一，分词和文本相似度计算方法在处理复杂法律文本时，可能会出现语义理解不充分的问题，导致相似度计算的准确性受到限制。第二，依赖人工设置的标签进行评估，虽然增加了评估的维度，但也引入了人为主观因素，可能导致评估结果不一致。第三，基于知识图谱的方法虽然提高了语义匹配的精度，但构建和维护知识图谱需要投入大量的时间和资源，特别是在面对更新频繁的法律条文和案例时，知识图谱的更新和维护难度较大。通过结构化表示的案例信息抽取方法，在处理大量非结构化数据时，计算开销较大，可能影响系统的响应速度和实时性。第四，基于本体的案例相似度计算方法，通过综合语义相似度计算，能够全面反映案例之间的语义关系，但本体构建和维护的复杂性增加了应用难度，不同法域和法律体系之间的差异也限制了其适用性。第五，结合深度学习的类案推荐算法虽然提高了相似度计算的精度，但深度学习模型训练和预测的高计算资源需求增加了系统负担，特别是在处理海量法律文书时，计算成本和时间成本较大。第六，基于哈希学习的相似性匹配方法，通过降低文书表

---

〔1〕 参见张骐等：《基于本体的中文案例相似度计算方法》，载《情报科学》2014 年第 11 期。

〔2〕 参见黄治纲等：《基于司法案例知识图谱的类案推荐》，载《南京大学学报（自然科学版）》2021 年第 6 期。

〔3〕 参见陈彦光等：《基于刑事案例的知识图谱构建技术》，载《郑州大学学报（理学版）》2019 年第 3 期。

示的存储开销，提高了大规模相似案例匹配的速度，但可能存在语义信息损失的问题，从而影响相似度计算的精确性，并且深度学习模型的“黑箱”特性增加了结果解释的难度，可能影响司法从业者对系统推荐结果的信任度。

综上所述，现有的案例相似度计算技术在提升类案裁判数据库效率和准确性方面面临一些挑战。单一的技术方法存在诸多不足，无法全面满足实际司法应用的需求。因此，本研究提出一种改进的技术方法，结合多种先进技术进行相似度的多维分析，进一步提升案例相似度计算的精度和效率。这种多技术结合的相似度多维分析方法不仅能够更准确地处理复杂的法律语义关系，还能在大规模数据处理中保持高效性，推动类案裁判数据库的进一步优化和发展，以满足司法实践的需求，提升司法公正和效率。

二、本研究的算法实现

本研究的算法实现旨在通过一系列紧密结合的技术步骤，构建一个高精度、高效率的案例相似度计算机制，助力类案裁判数据库的核心算法升级。整个框架包括数据预处理、标签化和标签共现分组以及相似度多维分析。这些步骤协同工作，可确保处理后的数据准确一致，并能够实现高效的案例聚类。

（一）本研究的整体算法框架

首先，数据预处理是确保类案裁判数据库高效运作的关键步骤，即通过应用自然语言处理技术和深度学习方法，对法律文书进行系统性处理，包括文本清洗、词性标注、命名实体识别（Named Entity Recognition，NER）以及使用BERT模型进行深度语义理解。预处理后的文本被转化为哈希码，用于衡量文书的相似度。

其次，文本进入标签化和标签共现分组阶段。通过深度学习方法和BERT

模型，实现对法律文本的精准标签化，然后通过分析同句中的标签共现关系，构建标签组，为后续的相似度计算提供信息。

最后，在完成数据预处理、标签化和标签共现分组后，研究进入核心算法阶段，开始进行相似度计算。相似度多维分析包括三重筛选流程：相似度阈值筛选、标签匹配筛选和共现标签组筛选。这种多层次筛选机制可以有效地筛选出最相关的司法案例，提高案例聚类的精度和准确性。

通过递归多层筛选机制，可以系统地提高整体案例数据库的聚类精度，使每个案例都能找到最相似的案例群组，确保类案裁判数据库的构建和应用具有高精度和高效率，实现整体性能优化。

（二）数据预处理

数据预处理是确保类案裁判数据库高效运作和准确性的关键步骤。通过应用自然语言处理技术和深度学习方法，可以对法律文书进行系统性处理，为后续的标签化和相似度计算打下坚实基础。

在数据预处理的初期，先对法律文书进行文本清洗。文本清洗的主要目的是去除冗余信息和噪音数据，包括标点符号、停用词以及其他非必要字符。这一步确保了数据的纯净，为后续处理提供了良好的基础。接下来进行词性标注，这一步骤通过确定每个词语在句子中的语法角色，帮助识别法律术语和关键短语。[1]词性标注有助于解析文本的结构和意义，使后续的语义分析更加准确。词性标注作为初步处理，提供了语法信息，为更复杂的分析步骤打下基础。随后，实施命名实体识别，这一步通过识别文本中的重要实体如人名、地名和机构名等，提取案件的关键信息，构建出更具结构化的文本表示，进一步提升数据的可用性。

深度学习方法在数据预处理环节发挥了关键作用，尤其是通过 BERT 模型

〔1〕 参见孙跃：《类案智能裁判中的人机协同及其改进》，载《学术交流》2023 年第 7 期。

对文本进行深度语义理解。BERT 模型利用其双向编码器，可以有效地捕捉文本上下文中的复杂语义关系。具体来说，在文本清洗、词性标注和命名实体识别之后，这些文本被输入到预训练好的 BERT 中文模型中。BERT 模型通过其双向编码器，不仅可以理解单个词语，还能理解其上下文关系。这种深层语义理解使模型能够捕捉到法律文书中的细微差别和复杂的语义关系，从而大幅提高预处理结果的准确性。在具体操作中，文书按照 1024 个汉字为一组输入到 BERT 模型中，每组汉字生成 768 维的向量表示。对于不够 1024 个汉字的文书片段，用数字 0 补齐。这种处理方式确保了文本长度的一致性。[1]通过重复此步骤，可以得到文书各组的特征表示，并将其拼接成完整的特征表示。

此外，为了进一步提高预处理结果的准确性，我们引入哈希学习深度神经网络。将 BERT 模型生成的特征表示输入到预训练的哈希学习深度神经网络中，得到文书的实数表示。通过设置阈值，将实数表示二值化，即大于 0.5 的转化为 1，小于 0.5 的转化为 0。这样，一个文书就被转化为长度为 K 的哈希码。在文书匹配时，采用哈希距离的长短来衡量两个文书的相似度。

综上所述，数据预处理通过应用自然语言处理技术和深度学习方法，对法律文书进行了系统性的处理和优化。文本清洗、词性标注、命名实体识别以及 BERT 模型的应用，确保了数据预处理结果的一致性和准确性，为接下来的步骤打下坚实基础。

（三）标签化和标签共现分组

在数据预处理之后是对文本进行标签化和标签共现分组。这一过程对于构建结构化的法律文书数据、提高案例相似度计算的精度具有重要意义。通过深度学习方法和 BERT 等序列处理模型，可以实现对法律文本的精准标签化，

[1] 参见李佳敏等:《三元组深度哈希学习的司法案例相似匹配方法》，载《智能系统学报》2020 年第 6 期。

并通过标签共现关系和关联分析构建标签组，为案例聚类提供结构化数据。

深度学习方法在文本标签化过程中发挥了关键作用。标签化是将文本中的关键信息点进行标记的过程，使后续的分析与处理更加系统和精确。通过使用预训练的 BERT 模型，可以自动识别和标记法律文书中的重要信息点。

BERT 模型作为一种序列处理模型，其训练和应用在标签化过程中至关重要。在具体应用中，经过预处理的文本被输入到训练好的 BERT 模型中，模型通过对文本的上下文进行分析，生成每个词的向量表示，从而识别出文本中的关键信息点。

通过 BERT 模型的深度语义理解，可以识别出法律文书中的关键信息点。这些信息点包括法律条款、案件事实、裁判理由等。这一步的目标是将文本中的重要法律要素进行标记，使其在后续的分析和处理过程中更加明确与系统。

在完成标签化之后的下一步是通过标签共现关系构建标签组。这一步的目的是在表层语义之上，通过共现和分组揭示深层含义，完成更深层次的关联建立和案例聚类。从理论上讲，自然语言是有限的。通过程序性输入，人工智能可以理解句子的完整含义。然而，人工智能面临的挑战在于复杂句子往往不仅具有表层含义，还包含深层含义。[1]因此，标签共现分组的过程实际上是为了弥补这一不足，通过对标签的共现关系进行分析，帮助人工智能更好地理解和处理自然语言中的复杂语义。

标签共现关系是指标签在同一文本单位内共同出现的情况，本研究主要分析同句中的标签共现关系。通过分析这些共现关系，可以将相关的标签组合在一起，形成标签组。标签化只是对文书的表层语义进行处理，而标签共现分组则进一步挖掘了这些标签在文本中的深层关联。例如，在一个法律文书中，某些标签在同一句中频繁同时出现，这意味着它们之间存在某种内在联系。通过

〔1〕 参见彭中礼：《论案件事实的智能认定》，载《内蒙古社会科学》2021 年第 5 期。

识别和分析这些联系，我们可以更准确地理解文书的内容和结构。

标签共现分组对深入理解标签关联具有重要意义。在司法案例中，通过分析标签在同一句中的共现关系，可以揭示案件事实、法律条款和裁判理由之间的复杂联系。例如，在一份盗窃案件的裁判文书中，“盗窃罪”这一标签可能会与“财物价值”“作案手法”“刑期长度”等标签共同出现同一句中。通过分析这些同句共现的标签，可以发现它们之间存在的内在联系。例如，“财物价值”与“判刑长度”频繁共现，表明财物价值越高，判刑越重。此外，通过分析“作案手法”与“盗窃罪”的关联，可以识别出特定手法的常见量刑标准。

在计算相似度时，如果两个案件在同一句中出现了相同的标签，这些案件的相似度可能更高。存在同一标签组的案例比那些没有出现同一标签组的案例，在相似度上可能更高。例如，如果一个新的盗窃案件中有“财物价值高”和“夜间作案”这两个标签，那么在历史案例中，同样有这些标签的案件将被认为与新案件的相似度更高。

（四）相似度多维分析

在完成数据预处理、标签化和标签共现分组后，本研究进入核心算法阶段，开始进行相似度计算。本研究设计了三重筛选流程以实现相似度多维分析。该流程包括相似度阈值筛选、标签匹配筛选和共现标签组筛选三个层次。通过这种多层次的筛选机制，可以有效地筛选出最相关的司法案例，提高案例聚类的精度和准确性。

1. 第一层筛选标准：相似度阈值

相似度阈值是指在初步筛选阶段，只有那些与目标案例相似度高于预设阈值的案例才能进入下一层筛选。具体实现过程中，我们结合了 TF-IDF（Term Frequency-Inverse Document Frequency）和 Doc2Vec 两种方法来计算文本相似度。首先，使用 TF-IDF 将每个案例转化为特征向量，计算文档中每个词的

TF-IDF 值，形成 TF-IDF 矩阵。[1]其次，使用 Doc2Vec 模型将每个案例转化为向量，通过训练 Doc2Vec 模型生成每个文档的向量表示。[2]再次，将每个文档的 TF-IDF 特征向量与 Doc2Vec 特征向量拼接在一起，形成一个新的高维特征向量。最后，对于每对案例，计算其拼接后的特征向量之间的余弦相似度。

本研究将相似度阈值设为 0.7，主要因为 0.7 这一数值在余弦相似度计算中通常被认为是较高的相似度，能够有效区分相似案例与不相关案例，确保初步筛选出的案例与目标案例在语义和内容上具有较高的一致性。选择 0.7 作为阈值能够平衡筛选的严格性与包容性，避免阈值过高导致筛选出的案例过少，或者阈值过低导致筛选出的案例质量不高。经过实验验证，0.7 这一阈值能够在确保筛选质量的同时保留足够的候选案例，为后续的标签匹配和共现分析提供充足的数据支持。

2. 第二层筛选标准：标签匹配度

通过第一层筛选的案例将进入第二层筛选。在这一层，我们采用标签匹配技术对案例进行进一步筛选。标签匹配技术利用预处理阶段生成的标签，将目标案例与其他案例进行标签对比，只有标签匹配度较高的案例才能进入第三层筛选。在数据预处理阶段，我们已经使用 BERT 模型对案例文本进行了深度语义理解和标签化处理，生成了反映案件关键信息的标签组。每个标签代表了案件中的一个重要特征或要素，如“信息网络”“虚假链接”“计算机程序”等。

在第二层筛选中，通过对第一层筛选的案例进行标签匹配分析，计算每个案例与目标案例之间的标签匹配度。为了提高筛选的精度和有效性，我们为不同类别的标签设定了不同的权重。具体来说，罪名标签（如盗窃罪、诈骗罪）被赋予权重 20，关键行为标签（如信息网络、虚假链接）被赋予权重 10，其他标签

---

〔1〕 See J. Ramos, et al., *UsingTF-IDF to Determine Word Relevance in Document Queries*, In: Proceedings of the First Instructional Conference on Machine Learning, Vol. 242, p. 133 (2003).

〔2〕 参见张贤坤、张倩：《基于本体的综合加权案例相似度算法研究》，载《计算机应用研究》2017 年第 2 期。

被赋予权重 1。这样的权重设定是基于这些标签在法律案例中的重要性。罪名标签直接决定了案件的定性，因此权重最高；关键行为标签涉及具体的犯罪行为和手段，对案件的描述也具有重要意义，因此赋予次高的权重；其他标签则相对次要，因此权重较低。

在计算标签匹配度时，我们综合考虑了每个标签的权重，以更准确地反映案例之间的相似性。具体计算公式如下：

$$\text{加权标签匹配度} = \frac{2 \times \sum_{i \in \text{共同标签}} w_i}{\sum_{i \in \text{目标案例标签}} w_i + \sum_{k \in \text{测试案例标签}} w_k}$$

为了确保筛选的精度，我们设定标签匹配度阈值为 0.6，即只有标签匹配度高于 0.6 的案例才能进入第三层筛选。选择 0.6 作为标签匹配度阈值是因为它在平衡匹配精度和筛选数量方面表现良好，能够有效过滤掉与目标案例标签差异较大的案例，同时保留与目标案例在关键信息上具有高度一致性的案例。

3. 第三层筛选标准：标签共现度

在第三层筛选中，我们利用共现标签组作进一步筛选。共现标签组是指在多个案例中经常同时出现的一组标签，这些标签的共现关系可以揭示案件的内在联系和相似性。在这一层筛选中，我们分析每个案例的共现标签组，只有那些与目标案件共现标签组高度一致的案例才能最终通过筛选。本研究认为的共现度较高主要有两种表现形式：一种是多个标签共现在目标案例的多个标签组中；另一种是虽然标签只共现在目标案例的少数标签组中，但多个测试标签都共现了。前者的共现度最高，后者次之，没有共现的测试案例的共现度最低。为了用数据表现预期形式，本研究推演了一套计算公式。具体来说，我们首先确定目标案例的共现标签组，这些标签组反映了目标案件中各个重要特征之间的关联。例如，目标案例中的“信息网络”“虚假链接”“计算机程序”可能经常同时出现，形成一个共现标签组。接下来，我们对通过第二层筛选的案例进行共现标签组分析，计算这些案例中的标签组与目标案例标签组的共现度。与第二层的权重设定一致，罪名标签（如盗窃罪、诈骗罪）被赋予权重 20，关键行为标签（如信息网络、虚假链接）被赋予权重 10，其他标签被赋予权重 1。通过这种权重设定，我们能够更准确地反映案例之间在重要特征上的相似性。

共现度的计算公式如下：

$$\text{加权共现度} = \frac{\sum_{i=1}^{n} \frac{C_i \times W_i}{T_i \times W_{max}}}{n}$$

计算出测试案例的共现度之后，本研究在这一环节不设置阈值，而是选择共现度最高的测试案例。这样可以确保最终筛选出的案例在标签共现关系上与目标案例具有最高的一致性，从而提高筛选结果的准确性和可靠性。

4. 递归多层筛选机制

为了进一步提高整体案例数据库的案例聚类精度，可以将每一个案例依次作为目标案例，重复上述三重筛选过程。通过这种递归处理方式，可以系统地提高整个数据库的聚类精度，使每个案例都能找到最相似的案例群组。

首先，选择一个案例作为目标案例，应用三重筛选机制对数据库中的其他案例进行筛选。第一层筛选通过计算案例之间的相似度，初步筛选出与目标案例相似度高的案例；第二层筛选利用标签匹配技术，对初步筛选的案例作进一步筛选，计算每个案例与目标案例之间的标签匹配度；第三层筛选通过分析共现标签组，计算每个案例的加权共现度，最终选出与目标案例最相似的案例。

接着，将下一个案例作为新的目标案例，重复上述筛选过程。通过这种方式，将数据库中的每个案例都作为目标案例逐一进行筛选和匹配。每次筛选不仅能够找到与当前目标案例最相似的案例群组，还能不断优化标签匹配度和共现度计算方法，提高筛选精度。

通过递归处理，可系统地提高整体案例数据库的聚类精度。每一个案例都作为目标案例进行筛选时，整个数据库的结构和案例之间的关系逐渐清晰。这不仅有助于发现隐藏在数据中的案例群组，还能揭示出更多案例之间的相似性和关联性，进一步完善和优化数据库的聚类效果。

三、算法框架的小样本验证

为了验证本研究中相似度计算的核心算法框架的有效性，我们设计了一系列小样本实验。这些实验通过选择合适的数据集、设定评估指标，并详细描述实验步骤和数据处理方法，系统评估所提出算法的性能。实验结果还经历了人工验证，确保算法的科学有效。

（一）实验过程和结果

本研究的实验数据集选择最高人民法院发布的指导性案例作为测试集，选取了其中 10 个盗窃罪相关案例作为实验案例。本研究以指导性案例 27 号为目标案例，其余 9 个案例为测试案例；依据裁判要点，尝试找出与目标案例相似的测试案例。目标案例的裁判要点是：行为人利用信息网络，诱骗他人点击虚假链接而实际通过预先植入的计算机程序窃取财物构成犯罪的，以盗窃罪定罪处罚；虚构可供交易的商品或者服务，欺骗他人点击付款链接而骗取财物构成犯罪的，以诈骗罪定罪处罚。

选择指导性案例 27 号作为目标案例是因为该案例的多维度复杂性和明确的法律裁判要点对算法的实现和验证具有重要意义。一方面，该案例涵盖了信息网络、虚假链接、计算机程序等多个关键要素，具有较高的复杂性和多样性。这样的复杂性为算法的相似度计算、标签匹配和共现关系分析提供了丰富的测试数据，有助于全面评估算法的性能。另一方面，指导性案例 27 号的裁判要点清晰明确，包含了不同犯罪行为的具体定罪标准。这种精确性使标签匹配和相似度计算更为精准，能够有效验证算法在处理复杂法律条款和裁判标准时的可靠性和准确性。

首先，对全部案例文本进行清洗、词性标注和命名实体识别，提取出关键实体如“信息网络”“虚假链接”“计算机程序”“窃取财物”等。利用 BERT 模型识别并提取案件中的关键信息点，并进行标签化处理，生成标签组。实验案例的标签和标签组情况如表 3-1 所示。

表 3-1　实验案例的标签和标签组

案例名	所有标签	标签组
指导性案例 27 号：臧某泉等盗窃、诈骗案	信息网络、诱骗、虚假链接、预先植入、计算机程序、窃取财物、盗窃罪、虚构、交易、商品、服务、欺骗、付款链接、诈骗罪	标签组 1：信息网络、诱骗、虚假链接、预先植入、计算机程序、窃取财物、盗窃罪。标签组 2：虚构、交易、商品、服务、欺骗、付款链接、诈骗罪
常某盗窃案	多次、破坏性手段、盗窃罪、数额较大、窃得财物、未窃得财物、优先适用、数额型盗窃罪、故意毁坏财物罪、牵连犯、盗窃未遂、从重量刑情节、数罪并罚	标签组 1：破坏性手段、盗窃罪、数额较大、窃得财物、未窃得财物。标签组 2：数额型盗窃罪、故意毁坏财物罪。标签组 3：牵连犯、盗窃罪、从重量刑情节、数罪并罚
许某良、汤某杰盗窃案	上网产生、中国电信、主管、价值、使用有偿、侵犯财产类犯罪、内部免费宽带账号、合法占有、国有企业、宽带账号、密码、市场上有价宽带账号、成本、无形财产、水、流量、流量费用、用户名、电、电信公司、盗窃罪、管理、经手财物、结算、职务上的便利、职务侵占罪、财产性价值、财产所有权、财产权利、转卖、非法获取	标签组 1：电信公司、内部免费宽带账号、财产性价值、非法获取、转卖、侵犯财产类犯罪。标签组 2：宽带账号、用户名、密码、上网产生、流量费用、结算。标签组 3：流量、水、电、无形财产、成本、使用有偿、价值。标签组 4：中国电信、内部免费宽带账号、市场上有价宽带账号、上网流量。标签组 5：电信公司、内部账号、流量。标签组 6：国有企业、财产所有权，职务侵占罪、盗窃罪、职务上的便利、合法占有、主管、管理、经手财物、财产权利
刘某等 5 人盗窃案	……	……

续表

案例名	所有标签	标签组
张某群等盗窃案	……	……
万某某、胡某等盗窃案	……	……
何某某盗窃、合同诈骗、信用卡诈骗案	……	……
贾某甲、贾某乙盗窃案	……	……
张某群、张某银盗窃案	……	……
吴某某等盗窃、侵犯公民个人信息、帮助信息网络犯罪活动案	……	……

注：由于篇幅关系，省略部分案例的标签和标签组。

获得标签信息和标签组信息后，进入三重筛选步骤。

第一层筛选通过相似度阈值初步筛选出相似案例。使用TF-IDF和Doc2Vec融合的方法将所有案例转化为向量，计算各案例与目标案例之间的余弦相似度。设定相似度阈值为0.7，通过该阈值的案例为“许某良、汤某杰盗窃案”“刘某等5人盗窃案”“万某某、胡某等盗窃案”“何某某盗窃、合同诈骗、信用卡诈骗案”“贾某甲、贾某乙盗窃案”“吴某某等盗窃、侵犯公民个人信息、帮助信息网络犯罪活动案”6个案例。测试案例的余弦相似度结果见表3-2。

第二层筛选通过标签匹配技术进一步筛选出高度相似的案例。对通过第一层筛选的案例进行标签匹配度计算，设定匹配度阈值为0.6，通过该阈值的案例为“刘某等5人盗窃案”“何某某盗窃、合同诈骗、信用卡诈骗案”“吴某某等盗窃、侵犯公民个人信息、帮助信息网络犯罪活动案”3个案例。测试案例的标签匹配度情况见表3-2。

第三层筛选通过分析标签的共现关系最终确定最相似的案例。对通过第二层筛选的案例进行共现标签组分析，标签共现度较高的案例只有“吴某某等盗窃、侵犯公民个人信息、帮助信息网络犯罪活动案”。测试案例的标签共现度情况如表 3–2 所示。

表 3–2　测试案例的余弦相似度、标签匹配度及标签共现度结果

案例名	余弦相似度	标签匹配度	标签共现度
常某盗窃案	0. 34	—	—
许某良、汤某杰盗窃案	0.71	0.52	—
刘某等 5 人盗窃案	0.75	0.61	0.11
张某群等盗窃案	0.21	—	—
万某某、胡某等盗窃案	0.75	0.43	—
何某某盗窃、合同诈骗、信用卡诈骗案	0.78	0.72	0. 32
贾某甲、贾某乙盗窃案	0.81	0.55	—
张某群、张某银盗窃案	0.66	—	—
吴某某等盗窃、侵犯公民个人信息、帮助信息网络犯罪活动案	0.89	0.91	0.61

（二）实验结果的辅助验证

最后，为了确保筛选结果的准确性和可靠性，我们进行了人工判断。通过对比分析，人工评估结果也显示“吴某某等盗窃、侵犯公民个人信息、帮助信息网络犯罪活动案”与目标案例高度相似，这进一步佐证了算法筛选结果的准确性和可靠性。人工判断的结果与实验的结果一致，进一步增强了我们对筛选机制的信心。综上所述，三重筛选机制在司法案例聚类中的应用表现出显著的有效性和实用性。

本研究的算法框架虽然在小样本数据验证中展示了较高的准确性和效率，但仍存在若干问题和挑战，亟须进一步优化和改进。

首先，数据预处理阶段的文本清洗、词性标注和命名实体识别在处理复杂的法律文书时面临较大挑战。现有的自然语言处理技术在识别法律术语和解析复杂句式方面尚有不足，特别是对上下文语义的理解不够深入，可能导致关键信息的遗漏或误判。为了解决这一问题，可以优化现有的 NLP 模型，特别是针对法律语言的特殊性进行定制化调整；引入更多高质量的法律专用语料库，提升模型的训练效果；同时采用更先进的深度学习方法，如双向长短期记忆网络（BiLSTM）或图神经网络（GNN），以增强对复杂语义关系的捕捉能力。

其次，标签化和标签共现分组虽然能够有效构建结构化的法律文书数据，但在标签数量庞大且多样化的情况下，仍可能出现标签冗余和分组不准确的问题。这会影响后续相似度计算的精度和效率。为了解决这一问题，可以引入自适应标签选择机制，动态调整标签的权重和重要性；采用基于语义的标签聚类算法，将语义相近的标签进行合并，减少冗余，提高标签分组的精度和可靠性。

在相似度计算阶段，尽管三重筛选机制（相似度阈值筛选、标签匹配度筛选和标签共现度筛选）提高了相似案例的筛选精度，但由于相似度阈值、标签匹配度和标签共现度的设置具有一定的主观性，筛选结果可能并不稳定。此外，不同类型的案件对相似度的衡量标准可能有所不同，单一的相似度计算方法难以全面适用。为此，下一步可以考虑引入自适应阈值调整机制，根据不同案件类型和用户需求动态优化筛选参数；采用多种相似度计算方法并结合机器学习算法，通过模型训练自动选择最优方案，以提高筛选的稳定性和准确性。

未来，本研究将在算法上进一步探索和深化。一方面，继续优化数据预处理和标签化算法，提升对复杂法律文本的处理能力，确保关键信息的准确提取。另一方面，尝试更多高效、准确的相似度计算方法，结合图神经网络和深度学习模型，提升案例匹配的精度和效率。通过这些改进，能够进一步提高案例相似度计算的准确性，提升类案裁判数据库的性能，助力司法审判的科学化和智能化，推进法律人工智能技术的发展。

第四章

基于司法案例质量评价指标的模型构建技术

该任务系基于司法大数据实现技术与法律的适度融合，可以提高司法审判效率和降低社会法治成本，而智能辅助案例评价则为实现透明便民的司法服务、公平高效的审判执行、全面科学的司法管理提供了重要分析基础。本项目研究所梳理形成的多主体协同司法案例质量评价指标体系，结合司法案例涉及的不同面向、不同维度、不同主体等，兼顾法律权威性与指标实操性，对各项指数进行量化表征化设计，以拓展案例质量评价参与者范围，实现案例质量评价中的“全过程人民民主”；辅助各级法院筛选出高质量的司法案例，强化司法案例服务社会治理的广度与深度；优化案例质量评价程序，助力裁判尺度的统一与社会认同，更好地服务经济社会发展大局。

本章基于第二章“多主体协同司法案例质量评价指标体系”及第三章“相似度多维分析：类案裁判数据库核心算法的实现框架”，就通用指标及类型化指标进行模型构建技术研究。

一、通用指标

（一）文本

文本指标意在考察案例文本表意功能的完成度，具体考察用语的规范性、表达的流畅性、结构的完整性以及篇幅的得当性四个方面，分别对应本指标项下的四个二级指标：用语、表达、结构、篇幅。

1. 用语

为实现对司法案例文本中的用语是否规范、是否准确进行初步评价，课题组选用文本纠错模型对司法案例进行文书校对评测任务。

文本纠错模型能够检测并纠正法律文书中存在的拼写、语法、语义等方面的错误。值得注意的是，“用语”指标并非评价司法案例文本内容的“好坏”，而是通过人工智能技术实现对文本低级错误进行筛选与纠正，以确保司法案例中文本的准确性和规范性。采用文本纠错模型进行文书校对评测任务可以辅助司法人员检出并纠正法律文书中存在的错误，特别是针对别字、冗余、缺失、乱序等四种类型的错误。通过使用文本纠错模型，能够有效地提高案例文书的质量和准确性，确保案例中的用语规范、准确，从而提升司法工作的效率和质量。这种技术的应用为司法实践提供了重要的技术支持，有助于提高司法文书的质量和可信度。

文本纠错模型的模型结构，如图 4-1 所示，采用基于 transformer 的 seq2seq 方法建模，输入待纠错文本，输出正确文本。

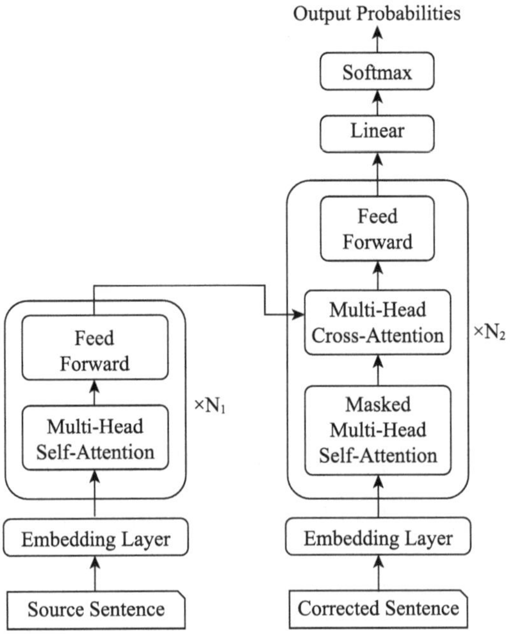

图 4-1　文本纠错模型的模型结构

本研究训练数据集分为网上搜集的中文纠错数据集和自建的法律领域纠错数据集，共计约为 200 万的训练语料。法律领域纠错数据由裁判文书拆分成句子，定义法言法语的中文语法错误的类别体系，针对每类错误，给出对应的修改方案和丰富的修改样例，请专业法学人士进行标注，再经过法学专家的审核，最终构建具有公正性的数据集。训练数据集的数据格式如图 4-2 所示。

```
因为在冰箱里没什么东西也做很好吃的菜。	即使在冰箱里没什么东西也能做很好吃的菜。	即使在冰箱里没什么东西，也能做很好吃的菜。
再说，他们可能以为自己吸烟时对别人带来的不便和不舒服也不可能很大。	再说，他们可能以为自己吸烟时给别人带来的不便和不舒服也不会很大。
这样我们在生活当中没有了跟男生接触的机会，总会有一天离开学校的，我们那时肯定会遇到到底怎样与男人交流、沟通的问题了。	这样我们在
我不愿意这么过分的喜欢歌手。	我不愿意这么过分地喜欢歌手。	我不愿意这么过分痴迷地喜欢歌手。
学生大概做飞机去北京。	学生大概坐飞机去北京。	学生大概是坐飞机去北京。
今天我看见了我家周边的西药店，吊着牌子称；“口罩都卖光了”。	今天我看见我家周边的西药店，吊着牌子称：“口罩都卖光了。”	今天我看见
我是中学生，不知因为我是喜爱流行、时尚的人，但我认为流行歌曲是一种自己享受快乐的一种方法。	我是中学生，不知是否是因为我是一个
改变自己的身体的冲动往往是一个深刻精神不稳定的症状。它应该被视为一个问题，而不是纵容还有鼓励美容手术治疗。	改变自己身体的冲动
这个巨大飞的物体停住了一会就又向天空快速地飞去。一闪而过，变成了一个形影一样的亮点，一点点地暗下去。	这个巨大的飞行物体停住了一会
但是每个人都有权益，对吸烟者来说，付自己的钱买烟，吸烟，谁都不能让不吸烟。但是我觉得这里有错误，因为非吸烟者们也有自己的权益。	但
特别吸烟引起气管和肺的肿瘤。	特别是吸烟会引起气管和肺的肿瘤。
```

图 4-2　数据训练集的数据格式

模型训练中使用中文 BERT 初始化模型。

tokenizer=BertTokenizer.from_pretrained(model_args.model_name_or_path)

model=BartForConditionalGeneration.from_pretrained(model_args.model_name_or_path)

模型首先在法律领域纠错数据集训练，以进行领域适应，再在中文纠错数据集进行最终训练。

最终模型效果如下：

原文：判令某典当公司立集偿还所欠借款本金 3600 万元及利息、罚复息

修改后：判令某典当公司立即偿还所欠借款本金 3600 万元及利息、罚复息

2. 表达

为考察司法案例文本中的文本语句间语义的连贯性以及前后行文的逻辑性，课题组选取 QuantiDCE 模型作为“表达”中对话连贯性的评估模型：首先，将该模型引入司法案例质量评价中，输入案例文本上下文，利用 QuantiDCE 模型对其连贯性进行评分；其次，对依次输入的每段文本单独计算得分，最终得分取各分值的平均值，以此作为整个案例文本连贯性的综合得分。综合得分的高低可以作为判断司法案例的文本表达是否流畅、是否规范的依据。QuantiDCE 模型不仅能够通过打分的方式直接表现出文本表达的流畅与否、规范与否，同时依据统一的评分标准可以辅助提升司法案例文本表达的流畅性与规范性，为司法实践提供更加准确和可靠的文书质量评价工具。

QuantiDCE 模型最初是为了评估可量化的对话连贯性，对 QuantiDCE 模型

进行了一些修改，使其能够评估可量化的前后句子的连贯性。

将裁判文书拆分为句子作为数据，数据格式为四个字段，context 为输入句子，positive_responses 为输入句子的下一句，adversarial_negative_responses 为输入与句子相似或相关但不连贯的句子，random_negative_responses 为输入与句子不相似或者不相关的句子，构成 QuantiDCE 模型的数据集，数据量共计为 10000 条左右。数据示例如下：

{"context": ["《继承法》第二十八条规定：\" 遗产分割时，应当保留胎儿的继承份额 "], "positive_responses": ["\" 因此，在分割遗产时，应当为该胎儿保留继承份额 "], "adversarial_negative_responses": ["《最高人民法院关于审理环境民事公益诉讼案件适用法律若干问题的解释》第二十条第二款规定，人民法院可以在判决被告修复生态环境的同时，确定被告不履行修复义务时应承担的生态环境修复费用；也可以直接判决被告承担生态环境修复费用 "], "random_negative_responses": [" 这次述职会，谢某某坦诚了当初南北分区、国家队和国奥队的关系如何处理、国奥队长期集训与联赛的关系等问题 "]}

QuantiDCE 模型框架包括两个训练阶段：MLR 预训练和 KD 微调，模型训练流程如图 4-3 所示。

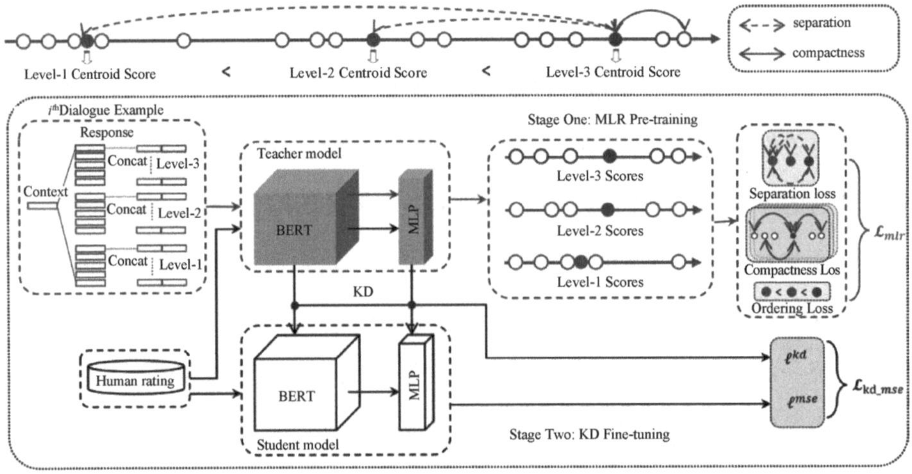

图 4-3　QuantiDCE 模型训练流程

模型结构方面，采用 BERT 作为特征提取模块对输入的 context-response pair 进行编码，然后将编码后的特征输入到一个三层 MLP 中，得到最终的连贯性分数输出：

$$\hat{s}=MLP(BERT([c;r])).$$

在 MLR 预训练阶段，希望能够让指标模型在没有连贯性分数标注作为监督信息的情况下，初步学习到对不同连贯性程度的对话回复的粗粒度判断。对此，提取了一个多层级排序损失函数（MLR loss）作为训练目标。MLR loss 具体包括三个子 loss：separation loss、compactness loss 以及 ordering loss。

其中，separation loss 旨在让具有不同连贯性程度的 context-response pairs 彼此远离；compactness loss 是让连贯性程度相同的 pairs 相互靠近；ordering loss 则是为了约束不同连贯性程度的 pairs 之间满足一个从小到大的排序关系，如最不连贯的对应的分数要小于中等连贯的，中等连贯的又要小于最连贯的。损失函数具体公式如下：

$$\mathcal{L}_{mlr}=\frac{1}{N_1}\sum_{i=1}^{N_1}(\ell_i^{sep}+\ell_i^{com}+\ell_i^{ord})$$

$$\ell_i^{sep}=\sum_{j=1}^{L-1}\sum_{l=j+1}^{L} max(0,\omega*\lambda-\mathrm{d}(e_i^j,e_i^l)),$$

$$\ell_i^{com}=\sum_{j=1}^{L}\sum_{k=1}^{K} max(0,\mathrm{d}(e_i^j,\hat{s}_{i,k}^j)-\mu),$$

$$\ell_i^{ord}=\sum_{j=1}^{L-1}\sum_{l=j+1}^{L} max(0,e_i^j,-e_i^j).$$

接下来的 KD 微调阶段，主要是希望指标模型能够在 MLR 预训练的基础上，进一步学习到人类打分的真实标准。为此，采用少量的人工打分标注数据作为 ground truth，计算模型预测分数和人工真实打分之间的 MSE loss 进行优化。

另外，因为用于微调的数据量很少，模型很容易会出现过拟合的现象，导致之前在预训练阶段学习到的量化知识被遗忘。针对这个问题，在 MSE loss 的基础上，引入一个知识蒸馏正则项，用于在微调阶段保留预训练阶段学习到的知识。具体来说，将预训练后的指标模型作为 teacher，待微调的指标模型作为 student，并借鉴 TinyBERT 的蒸馏目标，约束 student 的各层输出以及中间层注意力矩阵与 teacher 保持一致。损失函数具体公式如下：

$$\mathcal{L}_{kd\_mse}=\frac{1}{N_2}\sum_{i=1}^{N_2}(\alpha*\ell_i^{mse}+\beta*\ell_i^{kd}),$$

$$\ell_i^{mse}=(s_i-\hat{s}_i)^2,$$

$$\ell_i^{kd}=\sum_{j=1}^{T+1}\|O_i^t-\hat{O}_i^t\|_2^2+\sum_{t=1}^{T}\|A_i^t-\hat{A}_i^t\|_2^2.$$

最终模型效果如下：

context: [' 本院认为，根据各方当事人的诉辩主张，本院归纳本案二审争议的焦点为：1、本案是否超过诉讼时效；2、一审法院认定车辆剩余价值人民币 1 万元是否合理 ']

response: 关于第一个争议的焦点问题，经本院调取海城市人民法院（2017）辽 0381 民初 4052 号案卷宗，该卷宗起诉状第 5 项为车损费诉求，卷宗庭审笔录记载王某对诉讼请求误工费放弃，对车损费和停车费另诉

QuantiDCE score: 99.8

3. 结构

结构指标旨在评价案例的结构是否完整，结合司法案例结构化生成规范与最高人民法院关于案例库格式规范的要求，将司法案例的基本结构是否完备、重要结构要素是否缺失作为评分的主要依据。司法案例基本结构及要素的缺失可能导致案例部分关键内容缺失，进而使众筹案例等多源异构数据向司法案例转化过程中因结构缺失案例内容出现错漏。司法案例结构上的完整性不仅是案

例结构化规范的基本要求，也是司法案例质量的重要保证。司法案例具有一定的结构性，具体来说，案例应包含案例标题、案例名称、主审法官、推荐人、推荐理由、关键词、案情摘要、争议焦点、裁判要点、适用法律、生效文书 11 个基本要素。其中，案例名称、案情摘要、争议焦点、裁判要点、适用法律为司法案例的基础内容，缺少任意一个要素可能导致司法案例内容上的重大缺失。

通过区分结构中的基础结构字段、普通结构字段，并判断相应字段是否存在，可以区分不同案例结构完整性上的高低：基础结构字段缺失，意味着案例结构存在重大缺失，应相应降低司法案例质量评分；普通结构字段缺失，意味着案例结构存在一般缺失，应适当降低司法案例质量评分。通过引入结构指标，可以有效评价案例的结构完整性，有助于发现和弥补案例中可能存在的缺失部分，从而提升案例质量。

4. 篇幅

篇幅指标旨在考察案例文本各部分的论述是否详略得当，确保每部分字数占比合理，避免因某一部分叙述过长而导致其他部分无法充分论述的情况发生。该指标的构建基于对每部分字数的比较评估。案例中各部分的字数应当适中，既不宜过多以致显得内容臃肿，梳理不清晰，也不宜过少以致显得案例过于简单或表述不清楚。值得注意的是，案情复杂情况不同会直接影响司法案例的篇幅，疑难、复杂、具有典型意义的案例通常具有长篇幅特征。因此，篇幅并不能作为单一评价司法案例质量的指标，仅能作为相似案情下评价司法案例论述是否过于简略或冗长的参考指标。

本研究基于权威文件对篇幅的标准初步划分篇幅范围，后续根据具体情况持续调整和完善。通过篇幅指标的应用，可以有效评估司法案例文本各部分比例及平衡性，避免出现内容过简而导致重要内容遗漏或内容冗长导致司法案例可读性降低的情况。

（二）说理

说理指标主要考察案例说理部分是否足够清晰且具有说服力。结合各类主体对于司法案例的关注要点以及技术的可实现性，说理指标下分焦点、逻辑、内容[1]三个二级指标。

1. 焦点

焦点指标设置的主要目的是评估案例是否合理地圈定了案件的争议焦点。只有在准确合理地确定了讨论的场域和范围后，后续的说理才能顺利展开。案件争议焦点的确定不仅直接影响着案件处理结果，也是进行有效说理的前提条件。焦点指标通常包含证据争议焦点、事实争议焦点和法律争议焦点三个方面。三类争议焦点的选取反映了司法三段论的基础逻辑。司法三段论源自逻辑学中的三段论概念：其一，以法律规范为大前提，对应争议焦点中的法律争议焦点；其二，以具体案件事实为小前提，对应争议焦点中的事实争议焦点和证据争议焦点；其三，根据三段论推导出的结论即为判决。针对这三类争议焦点，课题组构建分类模型，用以判断案例中争议焦点所属的类别：首先，通过判断争议焦点是否存在及其所属的类别，评估司法案例在焦点指标方面的得分情况；其次，根据焦点指标的应用全面评估案例在确定争议焦点方面的准确性和合理性。这有助于确保案件处理的公正性和合法性，为司法实践提供科学的决策依据。同时，焦点指标也为司法工作者提供了指导，帮助他们更好地理清案件的关键问题，促进案件审理的顺利进行。

根据争议焦点的类别，即证据争议焦点、事实争议焦点和法律争议焦点，本研究构建三分类模型。

训练数据是从裁判文书中识别出的争议焦点，由法学专业人士根据证据、

---

〔1〕 因司法政策要求与模型建构技术的局限，评价指标体系中包含的部分三级指标的量化与智能化研究尚处于内部阶段，由此，对应第二章三级指标“内容”在本章不作讨论。

事实、法律三个类别进行标注，再请法学专家进行审核，数据量共计为 10000 条。标注为 0 的是证据争议焦点，标注为 1 的是法律争议焦点，标注为 2 的是事实争议焦点。

数据示例：

原判确定的赔偿数额是否适当。 2

本案诉争的两套房屋是否应当作为夫妻共同财产分割。 1

被上诉人王某某的残疾赔偿金的计赔标准及其相关损失是否应参照鉴定参与度计算。 0

某人寿青岛分公司是否应当承担赔偿责任。 1

广东宏某司法鉴定所出具的鉴定意见书是否应予采信。 0

模型结构为预训练模型 BERT 加线性层。

最终模型训练效果如下：

输入：广东恒某法医临床司法鉴定所出具的鉴定意见书能否被采纳。

类别：0

输入：周某某是否违反了竞业限制义务。

类别：1

输入：一审判决确定的赔偿数额是否过低。

类别：2

根据分类模型输出结果，判断该案例中的争议焦点都涉及哪些类别，根据类别得到焦点指标的分数。

2. 逻辑

逻辑指标主要考察案例说理是否符合逻辑。裁判文书主要是对案件事实进行法律判断并归之于特定的法律规范下，进而得出裁判结果。与“法律规则 + 案件事实→裁判结果”的司法逻辑相对应，“获得案件事实→择取法律规范→解释法律规范→对法律规范与案件事实的价值和逻辑关系进行内心确信→

形成判决”是主要的裁判及说理路径。因此，着力强化对事实认定、证据采信、案件争议焦点、法律适用、裁判结果及理由的说理，加强裁判文书说理各项要素之间的有机联系，实现格式统一化与风格个性化的协调，保证行文条理清晰、详略得当，达至“要素齐全、样式科学、结构严谨、详略得当”十六字标准是裁判文书说理的基本逻辑要求。裁判文书的说理部分通常对应案例中的裁判要旨部分，因而逻辑指标的构建采用了判断句子主题相似性模型和关联词抽取模型。具体而言：

句子主题相似性模型：将案例中的争议焦点和裁判要旨作为一对输入，输出结果为 0 或 1：0 为不相似，1 为相似，通过输出结果判断争议焦点和裁判要旨的主题是否一致，以确定裁判要旨是否根据争议焦点进行合理展开说明。

训练是抽取裁判文书中的争议焦点和裁判要旨作为数据，同一篇文书中的争议焦点和裁判要旨标为相似，为 1。将相似的数据中的争议焦点或者裁判要旨随机替换其他文书中的内容标为不相似，为 0。训练数据约为 10000 条数据。

数据示例：

1　被上诉人某自然果菜超市对上诉人上海姚某公司应否承担赔偿责任

根据《中华人民共和国商标法》第 64 条第 2 款，销售不知道是侵犯注册商标专用权的商品，能证明该商品是自己合法取得并说明提供者的，不承担赔偿责任。可见，该条即为合法来源抗辩的法律条款，其本意在于保护商标权的同时，保护善意销售者的合法利益，引导产品的销售者举证证明产品的制造者，从而从源头上制止侵权行为并获得相应的赔偿。而销售者为达到免除赔偿责任的目的，在不知道销售商标侵权产品的前提下，其应当证明其进货渠道合法，并提供相关票据加以佐证，如购货合同、发票、支付凭证、收款收据、出入库单等证据，从而证明被诉侵权产品的来源。该案中，某自然果菜超市为证明其销售的被诉侵权产品有合法来源，提供了“河津市城南俊某百货店进货单”。该证据证明了被上诉人以合理的价格购进，销售该商品并无主观恶意，且能够证实其对案涉商品系合法取得并能说明提供者，依照上述法律规定，某自然果菜超市不应承担赔偿责任。因此，原审法院在查明事实的基础上，依法所作出的判决，具有事实和法律依据，并无不当。综上，原审法院查明的事实清楚，证据确实充分，适用法律正确。

0　欠款证明的真实性

最高人民法院《关于审理人身损害赔偿案件适用法律若干问题的解释》（2003 年，已修改）第 25 条规定，残疾赔偿金根据受害人丧失劳动能力程度或者伤残等级，按照受诉法院所在地上一年度城镇居民人均可支配收入或者农村居民人均纯收入标准，自定残之日起按 20 年计算。该案中，路某某为证明其主张，提供了两份证据，证据一是济阳县新市镇某村村委会出具的证明一份，该证明材料没有单位负责人及制作证明材料的人员签名或盖章，不符合最高人民法院《关于适用〈中华人民共和国民事诉讼法〉的解释》第 115 条的规定。证据二是房屋租赁合同一份、户主身份证一份、租赁房屋的产权证一份，路某某主张逾期提供该证据，系因在一审中，路某某和其子路某所租赁房屋的房东因害怕而不予配合，不提供相关证明材料，理由不能成立，且该证据亦没有履行情况相佐证，故对上述两份证据，法院均不予采信。路某某在一审的起诉状、当事人送达地址确认书、开庭笔录中，均明确记载其住址为某某县某市镇某某村 27 号，一审法院结合其住所地、主要收入来源等因素，确定其残疾赔偿金按 2015 年度山东省农民人均纯收入 12,930 元计算并无不当。综上所述，路某某的上诉请求不能成立，应予驳回。一审判决认定事实清楚，适用法律正确，应予维持。

句子主题相似性模型通过预训练模型 BERT 进行对抗训练。

模型最终训练效果如下：

争议焦点：上诉人是否应当承担该案的保险赔偿责任问题，精神抚慰金问题。

裁判要旨：由于董某甲的死亡，给被上诉人董某乙、曹某某造成精神上的损害，被上诉人冀某某虽然是无证驾驶但并未被判处交通肇事罪，且也不影响被上诉人冀某某和庞某某应当承担的民事赔偿责任，故上诉人关于其不应承担精神抚慰金的上诉理由不能成立。综上，原审判决认定事实清楚，适用法律正确，上诉人的上诉理由不能成立。

预测结果：1

关联词抽取模型：用于判断裁判要旨中是否运用了逻辑连词，如“因此”“所以”等。使用逻辑连词能够增强逻辑性，反之则逻辑性较弱。

模型最终效果如下：

输入：虽然房屋买卖居间合同中关于禁止买方利用中介公司提供的房源信息开该中介公司与卖方签订房屋买卖合同的约定合法有效，但是当卖方将同一房屋通过多个中介公司挂牌出售时，尽管买方通过其他公众可以获知的正当途径获得相同的房源信息，买方有权选择报价低、服务好的中介公司促成房屋买卖合同成立，其行为并没有利用先前与之签约中介公司的房源信息，故不构成违约。

输出：[{'sent':' 虽然房屋买卖居间合同中关于禁止买方利用中介公司提供的房源信息开该中介公司与卖方签订房屋买卖合同的约定合法有效，但是当卖方将同一房屋通过多个中介公司挂牌出售时，', 'type': 'but', 'tuples': {'pre_wd': ' 虽然 ', 'pre_part':' 房屋买卖居间合同中关于禁止买方利用中介公司提供的房源信息开该中介公司与卖方签订房屋买卖合同的约定合法有效，', 'post_wd':' 但是 ', 'post_part': ' 当卖方将同一房屋通过多个中介公司挂牌出售时 '}}, {'sent':' 尽管买方通过其他公众可以获知的正当途径获得相同的房源信息，买方有权选择报价低、服务好的中介公司促成房屋买卖合同成立，', 'type': 'but', 'tuples': {'pre_wd': ' 尽管 ', 'pre_part': ' 买方通过其他公众可以获知的正当途径获得相同的房源信息，买方 ', 'post_wd':'', 'post_part': ' 有权选择报价低、服务

好的中介公司促成房屋买卖合同成立'}}]

通过综合考虑这两个模型的结果，可以评估裁判要旨部分的逻辑性是否合理。逻辑指标的应用有助于确保案例说理的逻辑严谨、有条不紊，符合司法逻辑的要求，从而提高司法文书的质量和可信度。

（三）释法〔1〕

援法准确指标旨在评价案例所援引的法律条款的准确性，主要考察法律适用的形式维度。根据法律援引规则的不同，其又可细分为诸项次级指标。目前，根据实践调研结果，并结合计算机技术的实现可能性，本智能辅助案例评价指标体系将从条文准确性和时效准确性两个方面对案例的援法准确性进行考察。条文准确性旨在评价案例在引用各类法律文件时，是否遵照正确的引用顺序，是否准确地引用了法律法规的具体条文等形式要件。比如，根据最高人民法院《关于裁判文书引用法律、法规等规范性法律文件的规定》的要求，引用多类法律规范性文件时，具体的引用顺序为"法律及法律解释、行政法规、地方性法规、自治条例或者单行条例、司法解释。同时引用两部以上法律的，应当先引用基本法律，后引用其他法律"。"引用包括实体法和程序法的，先引用实体法，后引用程序法。"时效准确性则考察案例引用法律条款是否符合相应的时效性规定。比如，对于刑事案例，需要考察法条的时效适用是否遵从"从旧兼从轻"原则。

根据援法准确指标的需求，本研究创建了法律法规数据库，其主要功能是将案例中引用的法条与法律法规数据库中的数据进行比对，以验证法条的准确性和时效性。该法律法规数据库应包含以下主要内容和功能：(1)法律法规数据录入，将各级法律法规条文录入，并建立相应的数据库结构，以便后续检索

〔1〕 因司法政策要求与模型建构技术的局限，评价指标体系中包含的部分三级指标的量化与智能化研究尚处于内部阶段，由此，对应第二章三级指标"适法正确"在本章不作讨论。

和验证。(2)案例中引用法条检索，通过案例中提及的法条信息，在法律法规数据库中进行检索，找到对应的法条内容。(3)法条准确性验证，将案例中引用的法条与法律法规数据库中的对应法条进行对比，验证其准确性。如果发现不符合的情况，需要进行相应的修正或标注。(4)法条时效性验证，记录法律法规数据库中法条的生效日期和失效日期，以及相应的修订情况。在案例中引用法条时，检查其在案件发生时是否仍然有效，及时更新失效法条的状态。(5)定期更新，每隔一段时间对法律法规数据库进行更新，包括新增的法律法规、法条的修改和废止等情况，以保持数据的及时性和准确性。通过建立法律法规数据库并定期更新，可以有效地验证案例中引用的法条的准确性和时效性，提高援法工作的准确度和效率。

法律法规数据库包含标题、时效性、效力级别、制定机关、发文字号、发布日期、实施日期、原文链接这些内容，如图 4-4 所示。

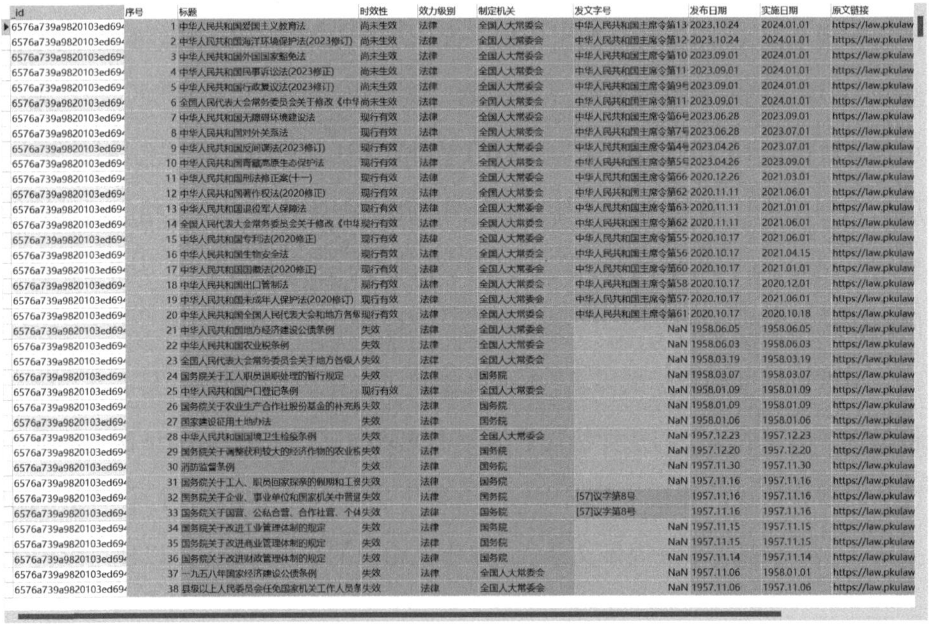

_id	序号	标题	时效性	效力级别	制定机关	发文字号	发布日期	实施日期	原文链接
6576a739a9820103ed69	1	中华人民共和国爱国主义教育法	尚未生效	法律	全国人大常委会	中华人民共和国主席令第13	2023.10.24	2024.01.01	https://law.pkulaw
6576a739a9820103ed69	2	中华人民共和国海洋环境保护法(2023修订)	尚未生效	法律	全国人大常委会	中华人民共和国主席令第12	2023.10.24	2024.01.01	https://law.pkulaw
6576a739a9820103ed69	3	中华人民共和国外国国家豁免法	尚未生效	法律	全国人大常委会	中华人民共和国主席令第10	2023.09.01	2024.01.01	https://law.pkulaw
6576a739a9820103ed69	4	中华人民共和国民事诉讼法(2023修正)	尚未生效	法律	全国人大常委会	中华人民共和国主席令第11	2023.09.01	2024.01.01	https://law.pkulaw
6576a739a9820103ed69	5	中华人民共和国行政复议法(2023修订)	尚未生效	法律	全国人大常委会	中华人民共和国主席令第9号	2023.09.01	2024.01.01	https://law.pkulaw
6576a739a9820103ed69	6	全国人民代表大会常务委员会关于修改《中华	尚未生效	法律	全国人大常委会	中华人民共和国主席令第11	2023.09.01	2024.01.01	https://law.pkulaw
6576a739a9820103ed69	7	中华人民共和国无障碍环境建设法	现行有效	法律	全国人大常委会	中华人民共和国主席令第6号	2023.06.28	2023.09.01	https://law.pkulaw
6576a739a9820103ed69	8	中华人民共和国对外关系法	现行有效	法律	全国人大常委会	中华人民共和国主席令第7号	2023.06.28	2023.07.01	https://law.pkulaw
6576a739a9820103ed69	9	中华人民共和国反间谍法(2023修订)	现行有效	法律	全国人大常委会	中华人民共和国主席令第4号	2023.04.26	2023.07.01	https://law.pkulaw
6576a739a9820103ed69	10	中华人民共和国青藏高原生态保护法	现行有效	法律	全国人大常委会	中华人民共和国主席令第5号	2023.04.26	2023.09.01	https://law.pkulaw
6576a739a9820103ed69	11	中华人民共和国刑法修正案(十一)	现行有效	法律	全国人大常委会	中华人民共和国主席令第66	2020.12.26	2021.03.01	https://law.pkulaw
6576a739a9820103ed69	12	中华人民共和国著作权法(2020修正)	现行有效	法律	全国人大常委会	中华人民共和国主席令第62	2020.11.11	2021.06.01	https://law.pkulaw
6576a739a9820103ed69	13	中华人民共和国退役军人保障法	现行有效	法律	全国人大常委会	中华人民共和国主席令第63	2020.11.11	2021.01.01	https://law.pkulaw
6576a739a9820103ed69	14	全国人民代表大会常务委员会关于修改《中华	现行有效	法律	全国人大常委会	中华人民共和国主席令第62	2020.11.11	2021.06.01	https://law.pkulaw
6576a739a9820103ed69	15	中华人民共和国专利法(2020修正)	现行有效	法律	全国人大常委会	中华人民共和国主席令第55	2020.10.17	2021.06.01	https://law.pkulaw
6576a739a9820103ed69	16	中华人民共和国生物安全法	现行有效	法律	全国人大常委会	中华人民共和国主席令第56	2020.10.17	2021.04.15	https://law.pkulaw
6576a739a9820103ed69	17	中华人民共和国国徽法(2020修正)	现行有效	法律	全国人大常委会	中华人民共和国主席令第60	2020.10.17	2021.01.01	https://law.pkulaw
6576a739a9820103ed69	18	中华人民共和国出口管制法	现行有效	法律	全国人大常委会	中华人民共和国主席令第58	2020.10.17	2020.12.01	https://law.pkulaw
6576a739a9820103ed69	19	中华人民共和国未成年人保护法(2020修订)	现行有效	法律	全国人大常委会	中华人民共和国主席令第57	2020.10.17	2021.06.01	https://law.pkulaw
6576a739a9820103ed69	20	中华人民共和国全国人民代表大会和地方各级	现行有效	法律	全国人大常委会	中华人民共和国主席令第61	2020.10.17	2020.10.18	https://law.pkulaw
6576a739a9820103ed69	21	中华人民共和国地方经济建设公债条例	失效	法律	全国人大常委会	NaN	1958.06.05	1958.06.05	https://law.pkulaw
6576a739a9820103ed69	22	中华人民共和国农业税条例	失效	法律	全国人大常委会	NaN	1958.06.03	1958.06.03	https://law.pkulaw
6576a739a9820103ed69	23	全国人民代表大会常务委员会关于地方各级人	失效	法律	全国人大常委会	NaN	1958.03.19	1958.03.19	https://law.pkulaw
6576a739a9820103ed69	24	国务院关于工人职员退职处理的暂行规定	失效	法律	国务院	NaN	1958.03.07	1958.03.07	https://law.pkulaw
6576a739a9820103ed69	25	中华人民共和国户口登记条例	现行有效	法律	全国人大常委会	NaN	1958.01.09	1958.01.09	https://law.pkulaw
6576a739a9820103ed69	26	国务院关于农业生产合作社股份基金的补充规	失效	法律	国务院	NaN	1958.01.09	1958.01.09	https://law.pkulaw
6576a739a9820103ed69	27	国家建设征用土地办法	失效	法律	国务院	NaN	1958.01.06	1958.01.06	https://law.pkulaw
6576a739a9820103ed69	28	中华人民共和国国境卫生检疫条例	失效	法律	全国人大常委会	NaN	1957.12.23	1957.12.23	https://law.pkulaw
6576a739a9820103ed69	29	国务院关于调整获利较大的经济作物的农业税	失效	法律	国务院	NaN	1957.12.20	1957.12.20	https://law.pkulaw
6576a739a9820103ed69	30	消防监督条例	失效	法律	国务院	NaN	1957.11.30	1957.11.30	https://law.pkulaw
6576a739a9820103ed69	31	国务院关于工人、职员回家探亲的假期和工资	失效	法律	国务院	NaN	1957.11.16	1957.11.16	https://law.pkulaw
6576a739a9820103ed69	32	国务院关于企业、事业单位和国家机关中普通	失效	法律	国务院	[57]议字第8号	1957.11.16	1957.11.16	https://law.pkulaw
6576a739a9820103ed69	33	国务院关于国营、公私合营、合作社营、个体	失效	法律	国务院	[57]议字第8号	1957.11.16	1957.11.16	https://law.pkulaw
6576a739a9820103ed69	34	国务院关于改进工业管理体制的规定	失效	法律	国务院	NaN	1957.11.15	1957.11.15	https://law.pkulaw
6576a739a9820103ed69	35	国务院关于改进商业管理体制的规定	失效	法律	国务院	NaN	1957.11.15	1957.11.15	https://law.pkulaw
6576a739a9820103ed69	36	国务院关于改进财政管理体制的规定	失效	法律	国务院	NaN	1957.11.14	1957.11.14	https://law.pkulaw
6576a739a9820103ed69	37	一九五八年国家经济建设公债条例	失效	法律	全国人大常委会	NaN	1957.11.06	1958.01.01	https://law.pkulaw
6576a739a9820103ed69	38	县级以上人民委员会任免国家机关工作人员条	失效	法律	全国人大常委会	NaN	1957.11.06	1957.11.06	https://law.pkulaw

图 4-4　法律法规数据库页面

根据法律法规数据库构建代码访问，将案例中的法条名称与数据库进行对比匹配，确认条文准确性。再结合案例中的审理时间找到对应法条的实施日期和时效性，综合判断法条运用的准确与否。

二、类型化指标

（一）新型

新型指标意在考察司法案例的新颖性，包括案例事实部分对应的人文社会领域事件的新颖性和案例在法律适用上的新颖性，分别对应本指标项下的两个二级指标：事件、法律。

1. 事件

事件指标主要考察案例中事实部分所涉及的类型化社会事件是否为近期发生的。针对事件指标，收集和整理与当前社会、科技、经济等领域相关的新兴词汇、新事物名称，并建立新事物词库。部分新事物词库页面如图 4-5 所示。

_id	neologism
65b	5G网络
65b	AR技术
65b	VR游戏
65b	人工智能
65b	可再生能源
65b	数字人
65f2	gpt
65f2	版权法
65f2	大数据
65f2	代孕

图 4-5　部分新事物词库页面

比对案例文本，对案例文本进行词汇匹配，检查其中是否包含新事物词库中的词汇。如果案例中有涉及新事物的词汇，可以初步判断为事件新型。结合时间因素考虑，即使案例中出现与新事物相关的词汇，但如果案件发生的时间较久远，就不能简单地认定为事件新型，因为彼时新事物可能已成为常态或过时。

2. 法律

法律指标主要从两个方面进行考察：一是考察案例所适用的法律条款、司法解释颁布日期距离搜索时的远近，意在筛选适用最新颁布的法律文本、司法解释的案例，以考察相关新规则在实践中的适用情况，也可用于普法。二是考察案例内含的规则是否弥补现行规定。针对法律指标，建立法律法规数据库，收集并整理法律法规数据，包括标题、时效性、效力级别等信息。法律法规数据库发布时间页面如图 4-6 所示。

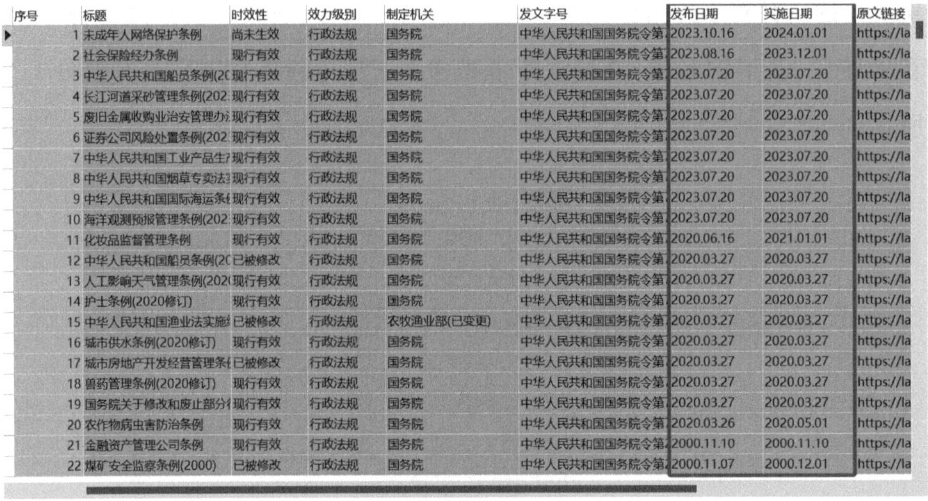

序号	标题	时效性	效力级别	制定机关	发文字号	发布日期	实施日期	原文链接
1	未成年人网络保护条例	尚未生效	行政法规	国务院	中华人民共和国国务院令第	2023.10.16	2024.01.01	https://la
2	社会保险经办条例	现行有效	行政法规	国务院	中华人民共和国国务院令第	2023.08.16	2023.12.01	https://la
3	中华人民共和国船员条例(20	现行有效	行政法规	国务院	中华人民共和国国务院令第	2023.07.20	2023.07.20	https://la
4	长江河道采砂管理条例(202	现行有效	行政法规	国务院	中华人民共和国国务院令第	2023.07.20	2023.07.20	https://la
5	废旧金属收购业治安管理办	现行有效	行政法规	国务院	中华人民共和国国务院令第	2023.07.20	2023.07.20	https://la
6	证券公司风险处置条例(202	现行有效	行政法规	国务院	中华人民共和国国务院令第	2023.07.20	2023.07.20	https://la
7	中华人民共和国工业产品生	现行有效	行政法规	国务院	中华人民共和国国务院令第	2023.07.20	2023.07.20	https://la
8	中华人民共和国烟草专卖法	现行有效	行政法规	国务院	中华人民共和国国务院令第	2023.07.20	2023.07.20	https://la
9	中华人民共和国国际海运条	现行有效	行政法规	国务院	中华人民共和国国务院令第	2023.07.20	2023.07.20	https://la
10	海洋观测预报管理条例(202	现行有效	行政法规	国务院	中华人民共和国国务院令第	2023.07.20	2023.07.20	https://la
11	化妆品监督管理条例	现行有效	行政法规	国务院	中华人民共和国国务院令第	2020.06.16	2021.01.01	https://la
12	中华人民共和国船员条例(20	已被修改	行政法规	国务院	中华人民共和国国务院令第	2020.03.27	2020.03.27	https://la
13	人工影响天气管理条例(202	现行有效	行政法规	国务院	中华人民共和国国务院令第	2020.03.27	2020.03.27	https://la
14	护士条例(2020修订)	现行有效	行政法规	国务院	中华人民共和国国务院令第	2020.03.27	2020.03.27	https://la
15	中华人民共和国渔业法实施	已被修改	行政法规	农牧渔业部(已变更)	中华人民共和国国务院令第	2020.03.27	2020.03.27	https://la
16	城市供水条例(2020修订)	现行有效	行政法规	国务院	中华人民共和国国务院令第	2020.03.27	2020.03.27	https://la
17	城市房地产开发经营管理条	已被修改	行政法规	国务院	中华人民共和国国务院令第	2020.03.27	2020.03.27	https://la
18	兽药管理条例(2020修订)	现行有效	行政法规	国务院	中华人民共和国国务院令第	2020.03.27	2020.03.27	https://la
19	国务院关于修改和废止部分	现行有效	行政法规	国务院	中华人民共和国国务院令第	2020.03.27	2020.03.27	https://la
20	农作物病虫害防治条例	现行有效	行政法规	国务院	中华人民共和国国务院令第	2020.03.26	2020.05.01	https://la
21	金融资产管理公司条例	现行有效	行政法规	国务院	中华人民共和国国务院令第	2000.11.10	2000.11.10	https://la
22	煤矿安全监察条例(2000)	已被修改	行政法规	国务院	中华人民共和国国务院令第	2000.11.07	2000.12.01	https://la

图 4-6　法律法规数据库发布时间页面

在案例中找到引用的法条，并检索其在法律法规数据库中显示的发布时间。将引用法条的发布时间与案件发生时间进行对比，如果发布时间较远，则可以初步判断为非法律新型。对于法律指标中的弥补现行规定指标，目前需要进一步的研究和数据处理，以确保指标的准确性和可靠性。

（二）热度

热度指司法案例在网络空间引发的用户关注的程度，受站内外诸多因素的影响。热度指标意在考察案例对社会大众的吸引力水平，为分析影响案例热度的因素提供数据支持，进而为优秀案例的宣传策略提供方向性指导，达到推动普法宣传教育发展的目的。根据案例评价网站的设置，热度的直接、间接体现方式，对应本指标项下的两个二级指标：站内、站外。

1. 站内

站内指标包括站内搜索量、站内浏览量、站内下载量、站内评价量四个要素，是司法案例内容在平台内热度的直接体现。对站内司法案例搜索、浏览、下载、评价的数量指标进行赋权评价可以综合衡量案例站内热度。根据这些要素的数据，结合一定的算法来判断网站内容的热度。初始阶段可能由于网站人流量较少而效果不佳，需要随着网站的发展和流量增加而逐渐体现热度。

2. 站外

站外指标包括两个要素：站外社会热度，可通过访问做热度指数网站的链接，获取返回的关键词热度指数。这可以作为社会热度的一种评估指标。站外学术热度，可链接知网等学术资源，获取学术专注度和学术传播度等指数信息。这可以作为学术热度的评估指标。对于这两个要素，需要建立相应的数据收集和处理系统，并结合适当的算法进行分析和判断。同时，需要考虑数据的准确和可靠，以确保热度指标的有效性和可信度。随着数据的积累和算法的优化，可以逐步提高指标的准确度和可靠性。

同时，站外社会热度将当年 App 月活排行榜中具有较成熟的热度计算方式的网络平台的热度指数作为衡量依据。站外学术热度则以中国知网的指数知识元检索为依据，包含学术关注度与学术传播度两个要素。

（三）普遍

普遍指标旨在对评价案例普遍的因素进行考察，其不仅可以用于分析社会态势，揭示社会矛盾，也可以作为普法宣传教育的重要抓手，进而赋能类案的审判、培训、研究、普法等多维场景。普遍指标下设案情与适用两个二级指标。

1. 案情

案情指标表示案例在案件事实方面的普遍程度。根据检测对象的不同，案情指标又下设案由普遍、关键词普遍两个三级指标，旨在通过将案由及关键词与总案例样本中高频案由和关键词进行比对，检测案例在案情方面的普遍程度。根据普遍指标的需求，构建案由、关键词数据库，将案例中的案由、关键词与构建的数据库进行匹配，判断案例是否符合普遍指标的要求。对于案由和关键词，可以采用文本匹配的方法，查找案例中是否包含数据库中的相应信息。

2. 适用

适用指标表示案例在法律适用方面的普遍程度，其下设适用法律普遍、适用结果普遍两个三级指标。其中，适用法律普遍指的是案例所援引法条本身在司法实践中援引的普遍性，而适用结果普遍指的是案例的裁判结果在同类案例中的普遍性。对于适用法律，可以将案例中引用的法条与数据库中的法律法规比对，判断是否符合。如果案例中适用的法律与数据库中的信息相匹配，可以初步判断为符合普遍指标的要求。适用法律普遍数据库页面如图 4-7 所示。

_id	words
6604c4d	中华人民共和国民事诉讼法第七条
6604c4d	最高人民法院关于审理买卖合同纠纷案件适用法律问题的解释第三条
6604c4d	中华人民共和国合同法第七条
6604c4d	诉讼费用交纳办法第二十条
6604c4d	中华人民共和国民事诉讼法第一百一十二条
6604c4d	中华人民共和国合同法第九十七条
6604c4d	最高人民法院关于人民法院办理财产保全案件若干问题的规定第九条
6604c4d	中华人民共和国民法通则第八十四条
6604c4d	中华人民共和国人口与计划生育法第二十三条
6604c4d	中华人民共和国合同法第二百零一条
6604c4d	中华人民共和国民法总则第一百七十条
6604c4d	最高人民法院关于审理涉及农村土地承包纠纷案件适用法律问题的解释第二十二条
6604c4d	最高人民法院关于适用中华人民共和国民事诉讼法的解释第二百一十九条
6604c4d	最高人民法院关于确定民事侵权精神损害赔偿责任若干问题的解释第十条

图 4-7　适用法律普遍数据库页面

通过这样的匹配与判断过程，可以较为准确地评估案例是否符合普遍指标的要求，为后续的案例评价和分析提供依据。同时，还可以根据实际情况不断完善和更新数据库，提高匹配的准确性和可靠性。

（四）疑难

疑难指标意在考察案例在证据采信、事实认定、法律适用、诉讼程序方面的难易程度，用以筛选疑难复杂、有不同认识和争议的案例。疑难复杂案例在司法实务工作中具有重要价值，同时具有丰富的学术研究意义。结合前期调研成果以及技术实现可能性，本智能辅助案例评价指标体系在此指标下设程序、实体两个二级指标。

1. 程序

程序指标含三个三级指标：审判次数、或有程序、审理层级。审判次数主要是评价案例是否经历完整二审以及是否启动审判监督程序。或有程序主要是评价案例是否经历延长审理期限、延长侦查期限及管辖权异议、财产保全、行为保全、先予执行等或有程序。审理层级主要是评价案例审理的级别以及是否存在因合议庭成员分歧而提交审委会等情形。根据程序指标的构建需求，可以按照次级指标逐步构建程序指标的评估模型。

审判次数指标：检查案例中是否提到进行二审程序，是否提及启动了审判监督程序；如有则判断为疑难。

或有程序指标：检查案例中是否存在延长审理期限、延长侦查期限，是否包含财产保全等程序；如有则判断为疑难。

审理层级指标：根据案例中的审理法院来判断其属于哪个级别。一般来说，高级人民法院审理的案件可能更为复杂。因此，可以将高级人民法院审理的案件视为疑难。

2. 实体

实体程序包含两个三级指标：事实认定、法律适用。事实认定主要评价案件事实部分是否难以认定，具体而言，又包括客观要件认定和主观要件认定的疑难程度。法律适用疑难在民事案件中表现为争议焦点数量多、争议问题复杂、说理层级多、原审法院对事实认定不清、原审法院存在法律适用错误、上级法院或二审法院对法律适用错误进行纠正等；在刑事案件中表现为行为性质认定模糊，存在罪数的争议、罪名的界分与竞合，被告人有从轻减轻处罚情节时的量刑等。

事实认定指标：检查案例中引用法条的数量，数量较多代表案件复杂度可能较高；是否涉及民刑交叉或刑民刑交叉情况，是否存在数罪并罚的情况，如存在代表案例疑难；检查案例篇幅的长度，长度较长代表案件复杂度可能高，以此综合判断是否案例疑难。

法律适用指标：检查案例中争议焦点的数量，数量较多可能代表法律适用较为复杂；检查是否存在事实认定错误的情况，是否存在法律适用错误的情况，综合判断是否疑难。

通过以上步骤，可以构建出疑难指标的评估模型，用于评估案例的复杂程度和疑难程度，为司法实践提供参考和指导。

（五）影响

影响指标主要考察案例对经济建设、政治建设、文化建设、社会建设和生态文明建设的影响程度，意在筛选具有积极影响、有助于社会主义建设的案例。根据案例影响力发生的主要方面的不同，影响指标又分为经济影响、政治影响、文化影响、社会影响、生态影响五个二级指标。其中，经济影响指标包括市场主体、市场准入、市场交易、市场退出、信用建设五个三级指标，分别评价案例对上述五个方面的积极影响程度。政治影响指标主要评价案例对安全稳定的积极影响程度，如案例在贯彻总体国家安全观、维护国家政治安全与社会稳定、促进风险防范与化解、坚持和发扬新时代“枫桥经验”、维护人民群众生命财产安全、预防青少年犯罪等方面的积极作用。文化影响指标包括中华优秀传统文化与中国特色社会主义文化两个三级指标，中华优秀传统文化指标用于评价案例在传承中华优秀传统文化，尤其是发扬优化中华优秀传统文化中的价值理念与法律理念等的积极作用。中国特色社会主义文化指标用于评价案例在坚持党的文化领导权，推动物质文明和精神文明协调发展，坚持“两个结合”，担负新时代的文化使命，坚定文化自信，培育和践行社会主义核心价值观，铸牢中华民族共同体意识，掌握信息化条件下舆论主导权，广泛凝聚社会共识，坚持以人民为中心的工作导向，加强文化遗产保护传承，构建中国话语和中国叙事体系，促进文明交流互鉴等方面的积极作用。社会影响指标包括社会治理与社会和谐两个三级指标，分别评价案例对纠纷预防性源头化解、息讼止诉、社会治理，坚持司法为民、维护人民群众根本利益、守护民生等方面的积极作用。生态影响指标包括生态净化与生态提升两个三级指标，评价案例在改善生态环境、维护生态安全、聚焦绿色发展、推动碳达峰和碳中和相关工作、服务长江经济带发展、黄河流域生态保护和高质量发展等重大国家战略实施等方面的积极作用。

根据影响指标的要求，构建经济、政治、文化、社会、生态五个领域的关键词数据库。通过匹配案情中的内容，若案情中某个领域匹配的关键词多于十个以上，则打上该领域标签；如果案情涉及的领域标签越多，说明案例在经济、政治、文化、社会、生态方面的影响越大。从而判断案例在各个领域的影响程度，为案例的影响指标提供客观依据。

三、结论

由于影响司法案例的因素很多，而且各因素的影响程度不同，故其评价结果难以用恰当的数学解析表达式来体现，它属于复杂的非线性分类问题。一般情况下，传统的分类方法不能很好地解决这些问题。人工智能深度学习模型的应用分为单一的模型和组合的模型。单一的模型只能从单一角度对司法案例的变化特点进行描述，而司法案例质量受众多因素影响，具有较强的时变性、非线性变化的特点。因此，单一的模型错误较多，无法应用于实际的评价。组合的模型将多种方法组合在一起，分别从不同角度对司法案例的变化特点进行描述，可以考虑不同的司法案例影响因素，充分利用司法案例的历史相关数据，其评价精度要优于单一的模型。

研究司法案例质量评价模型，首先对司法案例质量评价的需求进行深入分析，构建一套科学、合理的司法案例质量评价指标体系，涵盖案例文本、争议焦点、说理解释、法律适用等方面。针对每个评价指标，选择合适的深度学习模型和自然语言处理技术。例如，对于法律适用准确性的评价，可能采用基于规则的逻辑推理模型；对于说理解释的评估，则可能采用文本分类和情感分析模型。根据不同指标的特点和要求，对模型进行定制化开发，确保每个模型都能针对性地解决特定的问题。利用大量的司法案例数据对各个模型进行训练，通过不断迭代优化，提高模型的预测精度和泛化能力。再通过交叉验证和实际案例测试，验证模型的准确性和稳定性，确保评价结果的可靠性。将经过训练和验证的多个模型集成为一个组合模型，采用多模型融合技术，如加权平均、堆叠泛化等，以综合不同模型的分析结果。组合的模型的设计旨在充分利用各个模型的优点，相互补充，从而实现对司法案例更为全面和客观的质量评价。最终，组合的模型的预测结果将作为司法案例质量评价的依据，为司法决策提供数据支持，增强决策的透明度和公正性。同时，建立反馈机制，根据实际应用中的表现不断调整和优化评价模型，确保其始终符合司法实践的需求。

第五章

司法案例质量评价智慧解决方案及泛在化应用

为推动大数据、人工智能等科技创新成果与司法工作深度融合，拟研究构建司法案例质量评价模型及智能辅助案例评价指标体系，涵盖涉外法治发展案例评价，实现智能辅助案例评价的功能。针对法院已办结并生效的裁判文书转化而成的格式化案例，以法律法规为标准，通过智能辅助案例评价，有助于提高司法审判效率和降低社会法治成本，实现透明便民的司法服务、公平高效的审判执行、全面科学的司法管理。

一、基于机器学习的司法案例质量评价方案研究

机器学习是一种智能的数据处理技术，利用计算机对数据进行学习，可以考虑多个因素之间的耦合作用，理解参数之间复杂的非线性关系。因此，本研究选取机器学习的方式构建司法案例质量机器评价模型。

（一）数据预处理

在搭建数据库输入模型之前，需要对数据进行预处理。本研究基于已有研究基础，以中国裁判文书网和人民法院案例库等现有数据库为储备，通过研究司法案例评价关键要素分析方法，应用机器学习方法，在分层、多主体、多场景下评价案例时，对专业法律法规知识关联要素进行抽取，进而更好地理解文本语义。机器学习的目标是在假设空间中学到最优模型，在机器学习的过程中需要遵循一定的准则和选择最优的模型，即期望风险最小化、经验风险最小化和结构风险最小化等学习准则。司法要素和句子之间有很强的关联性，司法要素是判定案情关联性的重要依据之一，司法要素抽取数据存在样本分布不均衡的问题，从而导致案情分析理解能力较差。要素抽取即特征提取，特征提取的方法主要是通过属性间的关系，如组合不同的属性得到新的属性，改变原来的特征空间，对数据进行降维操作。在后续模型训练时，选取多种方式来提取司法案例特征，分别构建质量评价模型，并验证最终评价结果，从而选择最优模型（见图 5-1）。

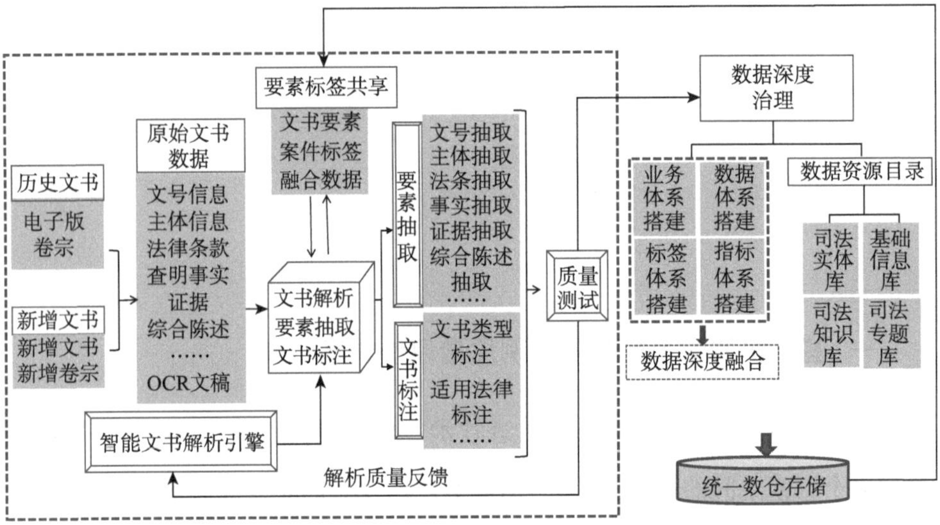

图 5-1　司法案例文书解析流程

（二）模型训练

模型构建过程中通过引入要素标签信息和法律先验知识来构造建立文本之间的语义联系，提供语义完整的标签信息和先验知识，构建案件文书关键要素标注数据集，学习语言之间的相关性。运用基于注意力机制的深度学习算法，将案件中提取的案情要素进行相关性计算，选定结构化要素；再对案情要素进行综合赋值分析，全面实现案情要素、司法案例评价与多维度关键评价因子的融合。

引入相关系数概念，描述司法案例要素间线性关系强弱程度和方向的统计量，绝对值越大说明二者之间相关性越高。构造相关系数矩阵，将矩阵中的系数与设定阈值进行比较，从而得出相关性进行因子分析。基于评价因子与评价要素的关系，通过量化手段构建评价因子模糊矩阵，并运用模糊数学方法构建涵盖涉外法治发展的多主体多维度司法案例质量评价模型。

（三）模型评价

通过对模型的评价，识别出训练过程中是否存在过拟合以及欠拟合的问题，进而依据模型测试结果评价与持续优化，力求使模型最终达到泛化能力。本研究拟结合专业法律法规，全面实现案情要素与指标体系融合计算后的司法案例质量鉴定，融合生成对抗学习及近邻算法识别恶意、非客观等噪声输入，可以在泛在化情况下智能阻抗恶意、非客观的案例评价，有效消除评价扰动问题。同时，支持对海量司法案例中不同环境下的多语义智能识别，研究建立案情要素及司法案例评价之间的语义联系，建立案例信息与多维度关键评价因子关系的计算模型，全面实现案情要素、司法案例评价体系及评价因子内在融合。

二、基于人工评价的司法案例质量评价方案的设计与实现

（一）基于人工评价的司法案例质量评价模型的设计

通过机器评价与人工评价的博弈学习，借助反馈更新的方式持续优化模型，广泛引入人工参与以保证数据标准及预处理的精准度，从而确保司法案例质量评价模型的准确度。司法案例评论数据的生成由用户触发。评论系统维护着与资源关联的主题数据，并依据这些主题信息来检索归属的评论内容；评论数据本身记录了发表人、层级关系以及是否展现状态、内容、点赞数、回复数、发布时间等信息，每个数据维度用于特定的展现场景及数据分析。在用户生产内容的过程中，系统识别恶意请求，针对用户、资源、内容等维度进行层层过滤，完成数据落盘。数据采用分布式数据库存储，同时根据查询维度进行垂直 / 水平拆库拆表，以解决业务持续增长带来的数据读写性能“瓶颈”，数据层面的变更最终落入大数据中心，用来分析案例数据。

（二）基于人工评价的司法案例质量评价模型的实现

因本研究涉及多个主体、多个维度，从业务接入角度来看，接入业务方多、需求量大、定制化要求高，需要中台侧对外能够给予业务侧友好的快速接入，拟通过建设统一的接入层网关，实现容灾触发、流量染色、流量控制、异常检测等插件能力，既可以为业务提供便利的技术支持，也可以在中台内部产生技术变更时做到业务无感知。

从系统性能角度来看，接入流量日益增长，不断考验中台服务的性能，本研究需要考虑核心接口的服务稳定性。从架构上看，去除单点服务，在逻辑机房内部形成隔离域，避免跨地域请求，同时考虑极端场景，设计技术方案防止缓存穿透、缓存击穿、服务雪崩等风险，保证服务的最小可用单元；从容量上看，确保系统在高峰期容量满足 N+1 的冗余容量，具备单机房切空的能力，核心指标的报警覆盖至运维、研发、测试等环节。

从司法案例特殊性考虑，热点案例往往会引发流量的突增，可能导致服务雪崩。为了避免热点案例给系统带来不可控的冲击，本研究拟设计通过双 AZ 平台增值能力，实现热点案例高可用场景，同时降低数据同步软件成本；再通过云提供的可弹性扩展云资源，以应对突增的访问量，缓解系统访问压力，有效保障热点案例高峰时期系统的高可用性和业务连续性。

三、智能辅助案例评价泛在化应用

（一）司法审判

“司法为民”是人民法院承担司法审判职能的根本宗旨。智能辅助案例评价结果是对法院法官工作成果的直接评价；做好智能辅助案例评价工作直接关系审判运行效率的提高，影响社会公平正义的实现。

基于法律知识体系，以大数据、云计算、人工智能等技术作为辅助，实现智能辅助案例评价，可以实时分析同类案件的裁判结果或者每个争议焦点在裁判结果中的考量权重，避免因法官个体因素造成案件判决出现较大偏离，进而解决“类案不同判”的问题，让法官更好更快更有效地收到所裁判的案件的反馈，从而及时、实时修正裁判文书拟定中的问题，促进法律适用统一和审判能力提升。

此外，司法审判还可应用于检察官、律师、其他司法实务人员、基层法律服务工作者等泛在化主体在多场景下进行的法律活动，运用智能辅助案例评价指标体系，选取一定指标群进行具有针对性的法律检索，实现审判参考和结果分析等。例如，可应用智能辅助案例评价指标体系筛选出事实清楚、权利义务关系明确、当事人争议不大的一审普通民商事案件，应用关键文本识别抓取等技术对固定案情的基本事实要素进行提炼，通过对审判中的争议焦点、法律适用等进行分析，实现要素式审判推算结果参考。

（二）法官培训

法官是国家司法权的执行者，是社会公平正义的捍卫者；法官的心理认知、知识谱系、健康状况在一定程度上影响履职尽责的能力，也间接影响社会公平正义的实现。在法官教育培训内容上，智能辅助案例评价具有重要意义。运用智能辅助案例评价指标体系，辅助培训教师搜寻更具有教学意义的案例为法官进行培训，在增强教学效果的同时，也提升了司法教育培训工作的效率。此外，可以在法官裁判数据留痕的基础上，针对不同法官个体进行认知水平和知识体系评估，找准培训方向，实现定制化、差异化培训，让法官借助司法大数据和人工智能的手段，更好地扩展知识面，更加高效地学习和工作。智能辅助案例评价将推动法官培训方式的变革，不仅让司法机关、法官培训机构了解法官需要什么，也让法官了解自己缺乏何种法律知识、专业知识，使网络化、数字化、智能化、精准化、泛在化法官培训成为现实。

（三）法学研究

司法案例是法学实证研究、经验研究的重要资源，而基于司法大数据的智能辅助案例评价同样对法学研究者有重要意义，这里的法学研究者包括法官、检察官、律师、其他司法实务人员、法学教授等。运用智能辅助案例评价指标体系，选择对应所需的指标群，可以帮助法学研究者快速准确地筛选和寻找前沿、疑难的法学问题，并快速定位实践中的痛点、难点问题，对司法案例进行针对性的数据处理，促使法学研究与司法实践紧密结合。同时，在司法大数据的加持下，研究者可以处理的研究样本远远多于传统研究范式下的司法案例样本。因此，基于司法大数据的司法案例质量评价所得到的研究结果将更为精准，更具现实意义。

（四）涉外法治建设

党的二十大报告提出要统筹推进国内法治和涉外法治；《中共中央关于进一步全面深化改革　推进中国式现代化的决定》指出加强涉外法治建设。目前，国家围绕涉外法治工作大局，多措并举深化涉外法律研究和运用，大力加强涉外法治工作；在此背景下，智能辅助案例评价指标体系在打造涉外法治研究支撑体系和构建高质量涉外法律服务体系等方面可发挥重要应用作用。

利用信息化技术作为辅助，实时识别抓取涉外领域热点和新型话题，选取具有代表性的权威案例，运用智能辅助案例评价指标体系进行涉外领域司法大数据分析处理，提炼具有原创性、标识性、解释力的国际法新概念、新范畴、新表述，推动国际法知识融合、国际法理论创新，并与国家有关部门进行合作，强化涉外法治工作的理论支撑。例如，对于西方国家滥用单边制裁和“长臂管辖”，将本国国内法律强制实施于域外非本国人员或实体的情况，可通过对多边国家、“一带一路”共建国家、边境国家等借助现有资源开展司法研究，与智能辅助案例评价指标体系数据结果进行比较分析，不断提升涉外执法、司法效能，提高防范化解外部风险挑战的能力，更好地服务于国家涉外法治工作战略布局。

（五）法学教育

法学教育泛指除法官培训之外的全部法律培训教育，包括党政机关 / 事业单位法治培训、律师培训、司法考试培训、其他司法实务人员培训和党员法治培训等。习近平总书记在考察中国政法大学时强调“法学学科是实践性很强的学科，法学教育要处理好知识教学和实践教学的关系”[1]。通过智能辅助案例评价指标体系，推动法律信息从传统经验分析转变为实时应答的信息化、智能化研究范式，培训教育的内容可无限接近法治体系的运行规律；不同培训教育对象可自行选取指标群，从不同维度筛选出具有教学指导意义的案例，并将司法案例解构成教学讲义的呈现形式。结合司法案例质量评价数据分析的结果，进而对法治建设、司法实践、实务操作中出现的高价值案例进行针对性学习，也可借助信息化技术在培训学习中直观真实地认识法治运行与司法审判，在模拟实践中提升法学教育学习效率。

（六）普法宣传

借助网络技术的发展，智能化泛在化法治的实现条件逐渐成熟。通过智能辅助案例评价指标体系，司法大数据可以深度参与并积极发挥具有中国特色社会主义现代化法治的群众指引作用，实现面向社会公众的普法宣传效果。

运用智能辅助案例评价指标体系的指标检索功能，可筛选出具有当下热

〔1〕 全国干部培训教材编审指导委员会编：《建设社会主义法治国家》，人民出版社 2019 年版，第 237 页。

度的并与人民群众切身利益实际相关的权威司法案例，聚焦当下民生话题的痛点、难点、热点，为普法宣传工作者提供坚实的法律服务基础。此外，借助智能辅助案例评价指标体系的数据分析功能，升级改造公共法律服务体系，整合法律咨询、法律援助、人民调解、律师服务、公证服务等基本法律职能，让社会公众多渠道、全方面了解社会纠纷和民生话题的司法处理方式及预期结果；并通过数据背后的司法规律获得智能化法律建议，如对劳动仲裁、房产纠纷、民间借贷等话题的正确应对方式，帮助社会公众培养法治意识和提升法律素养，借助信息化技术手段的铺陈，为社会公众自觉找法和用法提供快速、便捷、恰当的渠道。

第六章

司法数据如何支撑泛在化司法案例研究

当前案例研究的首要难点在于庞大的案例数据分析及数据库建设，司法数据中占比近八成的是数以亿计的司法文书，并且一直以非结构化的图文形式储存在业务系统中，使用价值巨大但利用度很低，基本上采取以人工为主的小样本分类。本研究从技术大规模建构、业务应用重构的角度，通过司法数据的要素化、资产化和中台化的立体层次研究，提升案件关联性、质效数据准确率和诉讼信息整合度，探索解决案例研究的基础性、平台性和框架性问题，为泛在化司法案例研究提供准确可信的数据平台。

随着人民法院信息化建设和智慧法院的全面开展，案例研究的数据源非常丰富，全国四级法院 2010 年受理案件量约 1100 万件，2023 年受理案件量超 4500 万件。保守估计，15 年间至少记录储存了超过 2 亿件案件的司法数据，既包括办案流程等结构化数据，又包括裁判文书等半结构化数据，还包括庭审音视频等非结构化数据，最高人民法院将其划分为审判执行、司法人事、司法研究、信息化管理和外部数据等六大类型，建成了名副其实的大数据管理和服务平台，储存了 PB 级别的电子材料。为解决数据汇聚存储规范性以及厘清办案活动的技术本质化问题，最高人民法院分别于 2009 年、2015 年进行了重点尝试，制定和更新了人民法院案件信息技术标准（以下简称法标），初步解释了司法大数据“是什么”的问题。尽管留白了“怎么做”，但成功开启了智慧法院建设的序章。

从 2017 年起，与司法办案活动“以数据为准、让数据说话”同步，在最高人民法院的强力指导推动下，全国法院的司法公开掀开了轰轰烈烈的新篇章，上亿份裁判文书、百万场庭审直播的全公开，审判执行节点流程、被执行及失信名单的定向公开等，使人民群众的司法获得感前所未有的高涨，显著提升了公民的法治意识和法律素养，使人民法院切实发挥了维护社会公平正义的最后一道防线的作用。从人民群众的角度来看，唯一欠缺的是人民法院一直未能或者暂时没有向社会宣传引导如何阅读、了解、掌握和吸收这些司法公开数据信息。固然存在案多人少、资源不足等客观因素，但能否借助科技这一先进生产力，全面提升司法案例研究水平，以此来提升案件的审判质量和指导涉诉当事人的诉讼预期，从而达到“案结事了、定分止争”的目标？本章拟从司法大数据“怎么做”的角度，结合案例研究的应用场景，提出司法数据“三化”的实践路径和案例研究“三提升”目标图像的研究思考，希望融合科技的“以人为本”和法律的“公平正义”，探索出一条智能、高效、低门槛的中国特色社会主义法治之路。

智慧法院建设成功地降低了人民群众获取司法服务、享受司法保护的门槛，使公平正义触手可及，在此过程中产生、传输、存储了 PB 级别的电子数据，截至 2024 年基本处于统计展示的起步阶段。在法标“是什么”的规范指引下，初步解决了有无的问题，接下来要在尊重技术发展客观规律和办案活动本质的基础上，以要素化、资产化和中台化为代表的司法数据“三化”，以提升案例研究的案件关联性、数据准确率、信息整合度的“三提升”，来改革拓展司法数据资源管理水平和网络治理能力现代化。

一、以农村集体资产权益“分配到户”为例分析技术应用

农村集体资产权益分配制度指的是农村集体经济组织将农民集体所有的各项集体资产以权益形式分配给其成员的制度。基于这一定义，目前典型的农村集体资产权益分配制度有家庭承包制、宅基地制度以及正在试点推进的农村集体资产股份合作制。这些制度虽然服务于不同的制度目的，但若从分配视角考察却有诸多相似之处。本研究将要探讨的是集体资产权益分配制度在分配对象上的特殊安排，即以“户”而非集体经济组织成员个人作为直接分配对象。目前，这一制度安排引起了学界关于相关权益主体究竟是户还是成员个人的广泛争论。本研究拟从司法实践入手，探究户内集体资产权益纠纷的发展态势，考察系争权益主体的实践样态，并对这一制度安排进行反思。

（一）相关法律纠纷的态势分析

“分配到户”是集体资产权益分配制度以家户作为权益直接分配对象的概括性表述。这一表述常出现在承包地分配以及农村集体资产股份合作制改革〔1〕的相关政策话语中，在宅基地制度领域则较少使用。不过，这并不表示宅基地使用权不遵从按户分配的安排。在宅基地制度的相关规范性文件中，一般使用“一户一宅”表示宅基地以户为分配对象的制度特征，只不过相较“分配到户”，“一户一宅”更强调宅基地的分配标准。可见，使用“分配到户”概括典型集体资产权益分配制度在分配对象上的共性是妥当的。

然而，作为政策性话语的“分配到户”（或“一户一宅”）无法体现有关户内权利结构的更多信息。在法律层面，对于土地承包经营权以及宅基地使用权权利主体的规范同样存在含糊不清甚至相互矛盾的情况。具体到家庭承包制度，《民法典》第 55 条规定，“农村集体经济组织的成员，依法取得农村土地承包经营权，从事家庭承包经营的，为农村承包经营户”。单从这条的文义来看，依法取得农村土地承包经营权的是农村集体经济组织成员。而《农村土地承包法》第 16 条规定：“家庭承包的承包方是本集体经济组织的农户。农户内家庭成员依法平等享有承包土地的各项权益。”据此，既然土地承包经营权人依照家庭承包合同享有土地承包经营权，那么作为家庭承包关系主体——承包方的农户自然才是真正的土地承包经营权人，农户内家庭成员只是土地各项权益的享有人。有关宅基地使用权主体的相关法律规范则更少。《民法典》“宅基地使用权”一章使用“宅基地使用权人”指代宅基地使用权主体，并且未对宅基地使用权的取得、行使和转让作出具体规定。在狭义的法律层面，与宅基地使用权权

〔1〕 原农业部中央农村工作领导小组办公室、国家林业局印发的《积极发展农民股份合作赋予农民对集体资产股份权能改革试点方案》（农经发〔2014〕13 号）规定“要将集体资产折股量化到人、落实到户”，并主张建立健全农村集体资产股权证书管理制度，以户为单位出具股权证书，将其作为成员占有集体资产股份、参与管理决策、享有收益分配的有效凭证。

利主体唯一相关的规定为《土地管理法》第62条第1款，该款规定“农村村民一户只能拥有一处宅基地”，且取得宅基地的面积应在规定的标准范围之内，即以户为单位限定宅基地使用权的分配及享有。此外，《土地管理法实施条例》第34条第1款还规定了农村村民申请宅基地应当以户为单位提出申请。不过，这些规定均系“一户一宅”的具体阐释，并未指明“一户一宅”模式下户内成员与宅基地使用权之间的真正权利关系。可以说，在规范层面，无论是土地承包经营权还是宅基地使用权，同样存在主体不明以及户内权利结构模糊的问题。

不难预见，这种含混的权属安排极易引发户内成员之间的产权争议。本研究以法院相关案件数量为指标，测算近年来农村家庭内部与农村集体资产权益相关纠纷的总体态势。具体情况如下：

1. 案例样本筛选

本研究以中国裁判文书网的公开案例库作为基础数据库，并从五个维度进行了案例样本的初步筛选。[1]第一个维度为时间维度。案例样本筛选的时间设定为2015年1月1日至2019年12月31日。[2]通过案件的时间维度，可以观察到案件数量随时间的发展趋势。第二个维度为案由维度。由于本研究意在分析农村家庭内部产权纠纷的特征，因而需要选择与家庭纠纷相关的案由。实践中与农村家庭纠纷相关的真实案由，可大致分为以下四类：(1)婚姻纠纷，包括离婚纠纷、离婚后财产纠纷、夫妻财产约定纠纷、婚姻家庭纠纷；(2)析产纠纷，包括分家析产纠纷、共有物分割纠纷、共有纠纷、同居关系析产纠纷、同居关系纠纷、共有权确认纠纷；[3](3)遗产纠纷，包括继承纠纷、法定继承纠纷、遗赠纠纷、转继承纠纷、土地承包经营权继承纠纷、遗嘱继承纠纷、代位继

〔1〕 检索时间：2021年11月23日。

〔2〕 考虑到2020年年初新型冠状病毒疫情暴发对案件量造成的可能影响，故将截止时间定在了2019年年底进行考察。

〔3〕 虽然这一类别中“共有物分割纠纷”“共有纠纷”等案由看似与家庭纠纷无关，但是通过下一维度的关键词限定，基本上可筛选出与农村家庭内部共有财产纠纷的相关案例。

承纠纷、遗赠扶养协议纠纷;(4)抚养/赡养/扶养纠纷,包括抚养费纠纷、赡养纠纷、同居关系子女抚养纠纷、赡养费纠纷、抚养纠纷、扶养纠纷、扶养费纠纷。[1]第三个维度为关键词维度。本章所要探究的是农村家户内部发生的与集体资产分配权益相关的产权纠纷形态,因而所选择的关键词为"承包地"or"家庭承包"or"宅基地"or"集体"and"股份"。第四个维度为文书类型维度。所选取的文书类型为判决书和裁决书。第五个维度为审级维度。由于只通过案例数量观察农村家庭内部产权纠纷的样态特征,因此将案件的审级限定为一审。

2016年8月,最高人民法院颁布《关于人民法院在互联网公布裁判文书的规定》(以下简称《规定》),明确"离婚诉讼或者涉及未成年子女抚养、监护的"裁判文书不在互联网公布。为了尽量减少因《规定》的颁布对本研究可能造成的影响,进一步去除以下相关案由:离婚纠纷、同居关系纠纷、抚养费纠纷、同居关系子女抚养纠纷、抚养纠纷、婚姻家庭纠纷。[2]同时,考虑到赡养/扶养类型的纠纷其本质是一种人身关系纠纷或者是一种基于人身关系引起的相关费用的请求权纠纷,并不能算作家户内部的产权纠纷,因而将这类案由也一并删去。[3]由此,新的筛选案由可以分为以下三类:(1)夫妻财产纠纷:离婚后财产纠纷、夫妻财产约定纠纷;(2)析产纠纷:分家析产纠纷、共有物分割纠纷、共有纠纷、同居关系析产纠纷、共有权确认纠纷;(3)遗产纠纷:继承纠纷、法定继承纠纷、遗赠纠纷、转继承纠纷、土地承包经营权继承纠纷、遗嘱继承纠纷、代位继

〔1〕 当前司法实践中对于案由的认定并不严格,往往是当事人起诉何种案由,法院便确认为何种案由,因而为了通过限定案由尽量准确获取相关案例,先将案例检索关键词限定为("结婚"and["承包地"or"家庭承包"or"宅基地"or("集体"and"股份")]),得到大量案例以及多种案由,并将其中涉及婚姻家庭以及可能的共有产权纠纷的案由作记录分类。不过,基于同样的原因,有的案例实际上与农村家户产权纠纷相关,但当事人选择的案由可能完全不体现为与婚姻家庭相关的案由。因此,通过上述案由筛选出来的案例可能仍然要小于实际相关的案例总量,特此说明。

〔2〕 "婚姻家庭纠纷"这一案由下总共有117个案例,包括部分离婚案件的裁判文书,由于难以在案由上对其进行进一步甄别,因而也将该案由下的案例一并删去。

〔3〕 但是在后文中这类案例将作为对照组对相关观点进行说明。

承纠纷、遗赠扶养协议纠纷。[1]

最终得到的裁判文书样本量为21,944份。其中,裁定书有1121份,占样本总量的5.11%;判决书有20,823份,占样本总量的94.89%。在所选择的案由中,案件量达到1500件以上的案由有六项,分别为"继承纠纷""分家析产纠纷""法定继承纠纷""离婚后财产纠纷""共有纠纷""共有物分割纠纷",这些案由项下的案例占总样本的比例分别为27.73%、21.35%、16.85%、10.05%、8.43%和8.38%,其一共占总样本的92.79%。如果按照前文对案由的分类,则三类案由的案例占比从高到低分别为50.33%(遗产纠纷)、39.50%(析产纠纷)和10.17%(夫妻财产纠纷)。[2]以下,本研究将从案例数量的增减情况以及地域分布两个层面展开分析。

2. 纠纷增长态势

(1)家户内部农村集体资产权益纠纷案件数量的总体增长态势

根据结案时间对整体裁判文书样本进行梳理,可得到表6-1和图6-1所示。

表6-1 2015—2019年户内农村集体资产权益纠纷案件数量

单位:件

时间	2015年	2016年	2017年	2018年	2019年
裁定书数量	126	139	211	308	337
判决书数量	3087	3050	4308	4839	5539
总计	3213	3189	4519	5147	5876

〔1〕"遗产纠纷"类别下的部分案由(比如遗赠纠纷、遗赠扶养协议纠纷)的案例虽然不一定发生在家庭内部成员之间,但考虑到集体资产权益的可继承性与该资产权益的主体问题紧密相关,仍然将其纳入案例样本库。此外,最高人民法院民事案件案由规定课题小组编写的《最高人民法院民事案件案由规定理解与适用》明确,有关土地承包经营权以及宅基地使用权的继承纠纷也可以归入"土地承包经营权纠纷"以及"宅基地使用权纠纷"案由项下,所以此处检索得到的集体资产权益的遗产纠纷案件要少于实际的案件数量,特此说明。参见曹建明主编:《最高人民法院民事案件案由规定理解与适用》,人民法院出版社2008年版,第76、80页。

〔2〕由于本研究中"夫妻财产纠纷"中并没有吸纳离婚判决,而离婚判决中一般都有关于夫妻财产的分割,因而此处"夫妻财产纠纷"类别案件的绝对数量不能反映夫妻间真实的财产纠纷情况。不过,如果仅将其作为样本分析夫妻财产纠纷的增长情况或者地域分布,仍具有参考价值。

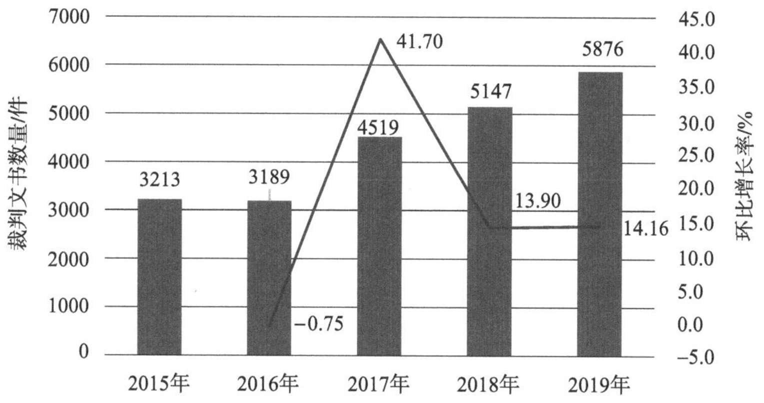

图 6-1　2015—2019 年户内农村集体资产权益纠纷案件数量及增长趋势

通过表 6-1 和图 6-1，我们可以直观地感受到案件数量随时间变化的趋势：2015 年至 2019 年农户家庭内部农村集体资产权益纠纷的年均增长率为 16.29%。这五年间，除了 2015 年至 2016 年的案件量稍有下降外，随后 3 年的案件增长率均十分可观，2017 年较 2016 年更是增长了 41.70% 之多。这些数据足以表明，随着时间的推移，农村家庭内部涉及农村集体资产权益的纠纷量明显上涨。

（2）不同类别案由项下案件数量的增长情况

根据案由进行分类，不同类别案由项下历年的案件量如表 6-2 所示。

表 6-2　2015—2019 年不同案由项下的户内农村集体资产权益纠纷案件量

单位：件

案由	2015 年	2016 年	2017 年	2018 年	2019 年	总计
遗产纠纷	1591	1541	2233	2650	3030	11,045
析产纠纷	1229	1286	1867	2001	2285	8668
夫妻财产纠纷	393	362	419	496	561	2231

通过对表 6-2 的数据进行初步计算，可得 2015 年至 2019 年，遗产纠纷的年平均增长率为 17.47%，历年的环比增长率分别为 −3.14%、44.91%、18.67%

和 14.34%；析产纠纷的年平均增长率为 16.77%，历年的环比增长率分别为 4.64%、45.18%、7.18% 和 12.43%；夫妻财产纠纷的年平均增长率为 9.31%，历年的环比增长率分别为 -7.89%、15.75%、18.38% 和 13.10%。通过图 6-2，我们可以直观地感受到 2016 年之后，各类案由的纠纷量增长的明显趋势。

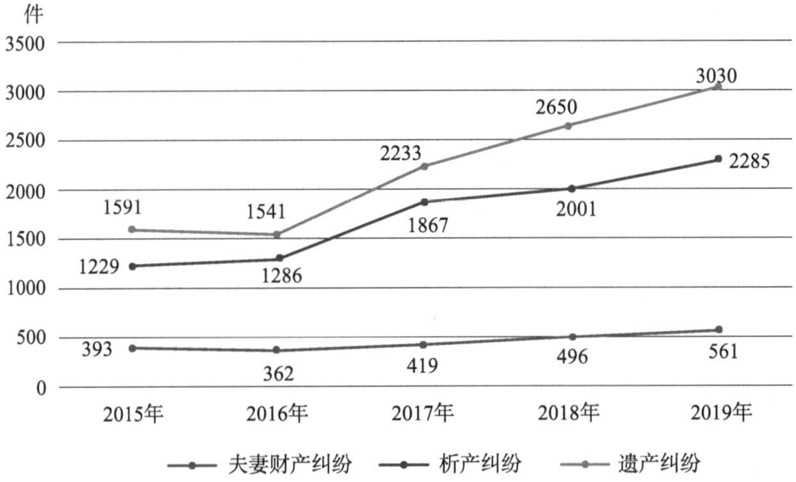

图 6-2　2015—2019 年不同案由户内农村集体资产权益纠纷案件增长趋势

如果说，上述案件数量的增长情况还不足以说明农户家庭内部有关于集体资产权益纠纷问题的严重性，那么我们可以农户家庭内部其他类型纠纷的增长情况作为参考。为了控制变量，在进行案件检索时，除了将案由限制为“赡养纠纷”“赡养费纠纷”“扶养纠纷”“扶养费纠纷”外，其他几个维度的筛选条件均与前述样本筛选条件相同。[1]进行筛选之后，得到 2015 年至 2019 年农村家庭内部关于赡养和扶养纠纷的相关案例样本，其案由分布情况如图 6-3 所示。

〔1〕 为了体现出涉农性，在关键词中输入［“承包地”or“家庭承包”or“宅基地”or（“集体”and“股份”）］，这样势必会导致相关案件量的减少，但因为此处仅需考察这类案例数量随时间的增长趋势，其绝对值并非本研究所关注，因而这一因素不会影响到最终的研究结果。

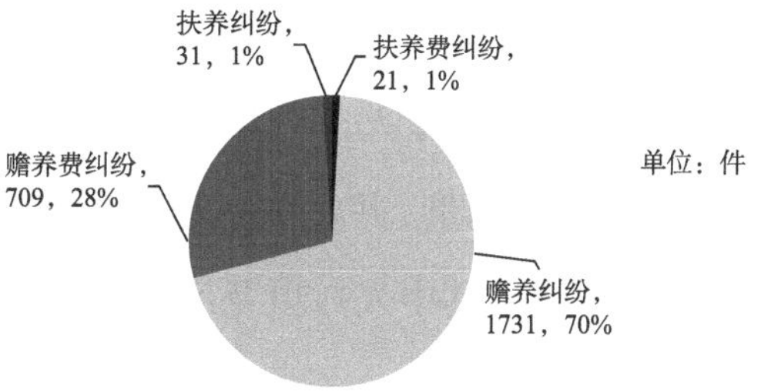

图 6-3　2015—2019 年农村户内赡养 / 扶养纠纷案件的案由分布

如果按照结案时间对这一类型的案例数量进行整理，我们可以发现 2015 年至 2019 年，农户家庭内部赡养 / 扶养纠纷案件量走势平稳，案件量的年均增长率为 −7.37%，历年的环比增长率分别为 −20.50%、6.77%、−4.75%、−8.94%（见图 6-4）。

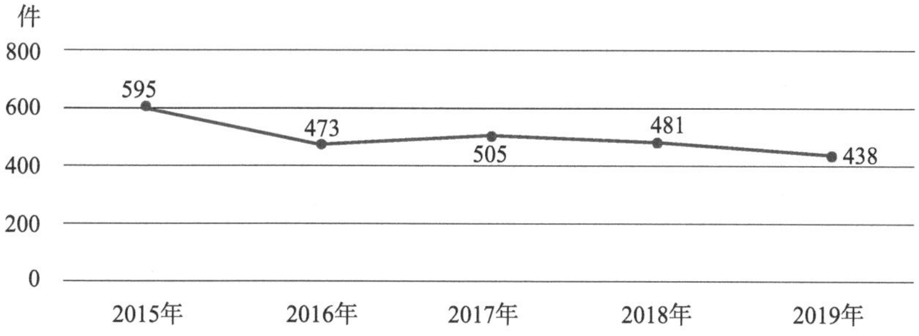

图 6-4　2015—2019 年农村户内赡养 / 扶养纠纷案件增长趋势

由此可见，相同时间段内，农村家庭成员间赡养、扶养等人身关系纠纷案件与前述纯财产关系纠纷案件的数量趋势完全不同。这足以说明，近年来农村家庭成员间集体资产权益矛盾的增长是具有特殊性而值得关注的。

3. 纠纷地域分布

为考察农户内部农村集体资产权益纠纷在地域上的分布特征，将案例样本按照省级行政区进行了分类。[1]案例量占前五的省级行政区分别为北京、河

〔1〕其中新疆生产建设兵团的相关案例与新疆维吾尔自治区的案例一并进行统计。

北、山东、上海和江苏，上述五地案例占总案例的比例分别为 17.43%、9.17%、6.93%、6.40% 和 5.72%。为了去除人口数量对案件数量造成的影响，本研究计算了每个省的农村人均案例量，并将该列数据与各省的人均 GDP 以及城镇人口比例进行关联性分析（其中人口以及经济数据源自《中国统计年鉴（2017 年）》）。[1]

表 6-3　各省级行政区户内集体资产权益纠纷案件分布以及人口等数据量

总计	案件数量/件	总人口/万人	城镇人口比例	农村人口比例	案例与农村人口的比例/份·万人	地区生产总值/亿元	人均生产总值/亿元·万人
北京	3825	2173	86.50%	13.50%	13.03880963	25669.13	11.81276116
上海	1404	2420	87.90%	12.10%	4.794754457	28178.65	11.64407025
天津	306	1562	82.93%	17.07%	1.147643168	17885.39	11.4503137
浙江	1188	5590	67.00%	33.00%	0.644007156	47251.36	8.452837209
河北	2012	7470	53.32%	46.68%	0.577000949	32070.45	4.293232932
江苏	1255	7999	67.72%	32.28%	0.486042788	77388.28	9.674744343
陕西	722	3813	55.34%	44.66%	0.423986153	19399.59	5.087749803
山西	682	3682	56.21%	43.79%	0.422985661	13050.41	3.544380771
辽宁	460	4378	67.37%	32.63%	0.322006769	22246.9	5.081521243
重庆	423	3048	62.60%	37.40%	0.371068256	17740.59	5.820403543
宁夏	112	675	56.29%	43.71%	0.379606328	3168.59	4.694207407
山东	1520	9947	59.02%	40.98%	0.372888952	68024.49	6.838694079
云南	877	4771	45.03%	54.97%	0.334398592	14788.42	3.099647873
吉林	278	2733	55.97%	44.03%	0.23102367	14776.8	5.406805708
贵州	617	3555	44.15%	55.85%	0.310758046	11776.73	3.312722925
青海	99	593	51.63%	48.37%	0.345147247	2672.49	4.506728499

〔1〕考虑到这些案例样本的结案时间为 2015—2019 年之前，而纠纷所发生的时间段一般应该在此之前一年左右，也就是 2014—2018 年，中间的年份为 2016 年，因而选择《中国统计年鉴（2017 年）》的人口数据及经济数据进行样本分析。当然，最精确的办法是按照每个案件发生年份的人口和 GDP 数据进行统计，但是此处并非严格的定量分析，因而选取中间年份的数据所造成的误差尚可接受。

续表

总计	案件数量 / 件	总人口 / 万人	城镇人口比例	农村人口比例	案例与农村人口的比例 / 份·万人	地区生产总值 / 亿元	人均生产总值 / 亿元·万人
内蒙古	285	2520	61.19%	38.81%	0.291407467	18128.1	7.193690476
广东	1064	10999	69.20%	30.80%	0.314078139	80854.91	7.351114647
河南	1122	9532	48.50%	51.50%	0.228560719	40471.79	4.245886488
四川	844	8262	49.21%	50.79%	0.201131014	32934.54	3.986267248
广西	545	4838	48.08%	51.92%	0.216968134	18317.64	3.786200909
甘肃	288	2610	44.69%	55.31%	0.199502491	7200.37	2.758762452
安徽	414	6196	51.99%	48.01%	0.139173717	24407.62	3.939254358
海南	77	917	56.78%	43.22%	0.194283817	4053.2	4.420065431
湖北	414	5885	58.10%	41.90%	0.167895807	32665.38	5.550616822
福建	226	3874	63.60%	36.40%	0.160268229	28810.58	7.436907589
湖南	395	6822	52.75%	47.25%	0.122541606	31551.37	4.624944298
黑龙江	126	3799	59.20%	40.80%	0.081290742	15386.09	4.050036852
新疆	128	2398	48.35%	51.65%	0.103345237	9649.7	4.024061718
江西	233	4592	53.10%	46.90%	0.108188525	18499	4.028527875
西藏	3	331	29.56%	70.44%	0.0128669	1151.41	3.47858006

通过计算，可得表 6-3 中“案例 / 农村人口的比例”“人均生产总值”这两列数值的相关系数约为 0.6134，而“案例 / 农村人口的比例”与“城镇人口比例”这两列数值的相关系数约为 0.5998。因而可得出结论，一个地区的农户家庭内部的集体资产权益纠纷与该地区发展水平[1]具有较强的正相关性。可以预见的是，随着农村经济的进一步发展，家户内部集体资产权益矛盾将会进一步增加。

以上司法数据表明，农村家庭内部发生的集体资产权益纠纷呈逐年上升之

〔1〕 以人均 GDP 及城镇化比率为代表。

势，需要尽快明确“分配到户”的法律含义，准确界定户内成员对于各项集体资产权益的享有方式，以实现法律定分止争的基本功能。

（二）“分配到户”模式的实践样态及其挑战

1. 以家户产权结构为实践样态

在“法官不得拒绝裁判”原则的要求下，法律即使存在多重解读，司法端也不得不作出裁决。在集体资产分配权益的主体究竟为家户还是个人这一问题上，司法实践似乎选择了前者，其倾向性在家庭承包制度中体现得较为明显，具体表现有以下两个方面：

第一，土地承包经营权的得丧以取得或失去农户家庭成员身份为基准，而非依据市场规则。一方面，原来作为农户家庭成员参与过土地承包，但是后来不再属于该户家庭成员的，将不再享有原农户的土地承包经营权。比如，在“何某云等三人与王某荣土地承包经营权纠纷申请再审案”中，王某荣本来系王某学户的家庭成员，在一轮承包中参与了土地承包，后将户口从王某学家迁往城市。二轮承包时，三跃村实行延包政策，王某学与村委会签订了承包合同，共有人没有王某荣的名字。[1]最高人民法院根据《农村土地承包法》第15条（现《农村土地承包法》第16条）的规定，认为签订承包合同的主体是农户，只有在农户中生产生活的人员才具有农户成员的主体资格。由于王某荣已经从王某学户中迁出，因而其已经脱离农户，不再享有基于农户成员身份而拥有的农村土地承包经营权。另一方面，虽然原先并未作为农户家庭成员参与土地承包，但后来通过婚嫁或出生成为农户的家庭成员的，可凭借农户家庭成员身份自动享有户内的土地承包经营权益。比如，在“张某等与曹某杰等农村土地承包合同纠纷案”中，法官提出虽然农地承包经营合同是获取土地承包经营权的条件和方

〔1〕参见梁曙明、杨祥：《家庭成员脱离农户后的土地承包经营权利判定——何某云等三人与王某荣土地承包经营权纠纷申请再审案》，载景汉朝主编：《立案工作指导》2014年第1辑（总第40辑），人民法院出版社2014年版，第72-84页。

式，但是土地流转收益的分配并不以承包合同签订时确定的家庭成员为限，而应当以该农户内部实际的家庭成员为准。[1]

第二，由于土地承包经营权的权利主体为农户而非户内成员个人，所以当户内仍有家庭成员存在时，单个成员的死亡并不导致土地承包经营权的分割和继承。2009 年《最高人民法院公报》刊登的“李某祥诉李某梅继承权纠纷案”对此规则进行了颇为详细的阐述。该案法官根据《农村土地承包法》第 15 条（现《农村土地承包法》第 16 条）指出，“……农村土地承包经营权只能属于农户家庭，而不可能属于某一个家庭成员”，[2]由于我国原《继承法》规定遗产为公民死亡时遗留的个人合法财产，不属于个人财产的土地承包经营权当然不发生继承问题。“当承包农地的农户家庭中的一人或几人死亡，承包经营仍然是以户为单位，承包地仍由该农户的其他家庭成员继续承包经营；当承包经营农户家庭的成员全部死亡，由于承包经营权的取得是以集体成员权为基础，该土地承包经营权归于消灭，农地应收归农村集体经济组织另行分配，不能由该农户家庭成员的继承人继续承包经营。”[3]该案例一经发出，在司法实践中发挥了相当的示范作用，[4]不但土地承包经营权的继承性遭到否定，土地承包经营权的流转金和土地补偿费也被认定不属于个人财产，无法被继承。[5]

上述规则在宅基地使用权相关权益纠纷中亦有所体现，不过由于缺乏权威性案例，所以司法裁判显得更为混乱，“同案不同判”现象更为突出。[6]值得提

〔1〕 参见北京市第三中级人民法院民事判决书，〔2015〕三中民终字第 11238 号。

〔2〕 参见李维祥诉李格梅继承权纠纷案，载《最高人民法院公报》2009 年第 12 期。

〔3〕 参见李维祥诉李格梅继承权纠纷案，载《最高人民法院公报》2009 年第 12 期。

〔4〕 参见陈会广、陈真：《论土地承包经营权的继承——基于李维祥诉李格梅继承权纠纷案的分析》，载《南京农业大学学报（社会科学版）》2015 年第 1 期。

〔5〕 认定土地流转金不属于个人遗产的典型案例可参见北京市大兴区人民法院民事判决书，〔2018〕京 0115 民初 303 号；认定土地补偿费不属于个人遗产的典型案例可参见甘肃省兰州市中级人民法院民事判决书，〔2020〕甘 01 民终 1726 号。

〔6〕 参见周丽华：《农村集体资产权益分配的家户模式及其现代转型》，对外经济贸易大学 2022 年博士学位论文，第 36–40 页。

出的是，2020年自然资源部办公厅发布的《关于印发〈宅基地和集体建设用地使用权确权登记工作问答〉的函》（自然资办函〔2020〕1344号）已对宅基地使用权的继承问题进行了明确，指出“宅基地是以‘户’分配和使用的，只要‘户’中还有其他成员，批准使用人的死亡就不影响该‘户’的宅基地使用权，可由现在的户主申请登记”。根据该规定，宅基地使用权仅得在户内没有剩余生存成员时由房屋继承人取得，同时需要进行标注。

在集体资产股份合作制改革中，中央改革文件再次将“户”作为集体资产权益（股权）的分配和管理单位。《中共中央 国务院关于稳步推进农村集体产权制度改革的意见》（中发〔2016〕37号）除了强调家庭或“户”在集体股权分配与管理环节中的重要意义，提出要着力推进经营性资产确权到户和股份合作制改革，同时提倡实行“不随人口增减变动而调整的”静态股权管理模式。在这种管理模式下，家庭内新增人口将“通过分享家庭内拥有的集体资产权益的办法”，按章程获取集体资产份额和集体成员身份，其内在逻辑与上文提出的两条司法实践规则如出一辙。〔1〕

为了便于表述，本研究将上述权利结构概括为家户产权结构。不难看出，以家户权利主体为逻辑起点推演出的家户产权结构，完全不同于我国当前民法体系中规定的财产共有。在这一权利构造下，户内成员享有权益的多少会随户内成员的增减而自动发生调整，相较财产共有规则具有明显的不稳定性。如果以家庭财产的维持作为主要目标，家户产权结构无疑能起到正向作用。但是如果从个人对财产稳定预期的需求以及市场交易安全的角度来看，这样的安排就凸显了一定的不足。

2. 家户产权结构在当下面临的三重挑战

一是经济基础方面的挑战。

〔1〕 在司法实践中已经有了相关司法案例，其裁判规则与上文总结的裁判理念相同。参见杭州市西湖区人民法院民事判决书，〔2009〕杭西民初字第2068号。

家户与传统农业生产经营具有天然的适配性，故而在传统社会中，家户是普遍的生产经营主体。[1]在以家户作为生产单位的农业生产中，基于农业生产本身的特性，个人劳动与最终收获间的关系并不明确，这导致个人不容易意识到其在家庭财产中的具体贡献。累世经年，户内成员不断更替，而家户组织则绵延不绝，最终家庭财产再也无法分割清楚，家户产权结构自然得以形成。上述演绎表明，在经济方面，传统农业生产经营方式对于家户产权结构的自然形成以及维系具有基础性意义。

然而近年来，我国城镇化迅速推进，一大批农村村民进城务工，形成了我国特有的农民工现象。这一方面使农村青壮年劳动力大幅度减少，从而导致农村部分土地撂荒、无人耕种；另一方面，农村村民通过外出务工取得相对稳定收入，从而降低了务农的需求。

在这一大背景下，我国推行了承包地“三权分置”改革，旨在保障农民利益的同时，推动农地的流转，以实现土地的适当规模经营，提高农业的生产力。根据实地调研时所获取的相关资料，当前部分农村地区土地集中经营程度已经实现相当高的水平。例如，截至 2021 年 6 月，山东省平原县的乡村振兴桃园示范区流转土地共计 6 万亩，75% 的土地实现了适度规模经营。该县军仓新村的农户更是将该村 9700 亩承包地全部转入由农村党支部领办的土地股份合作社。[2]又如，截至 2021 年 6 月，宁夏回族自治区贺兰县的家庭承包地流转总面积达 28.8 万亩，占总家庭承包耕地面积的 62.7%；参与土地流转的农户家庭共 2.9 万户，参与率达 69%。尤其个别乡镇，甚至实现了家庭承包耕地 100% 流

〔1〕 在传统农业社会中，以家户作为产权主体的制度安排相当普遍。古希腊罗马、古印度、东欧以及古代中国，均实施与家户产权结构相似的产权安排。详细论述分布参见［法］库朗热：《古代城邦——古希腊罗马祭祀、权利和政制研究》，谭立铸等译，华东师范大学出版社 2005 年版，第 51-61 页；赵彩凤：《传统印度婚姻家庭法及其现代变革研究》，载《清华法学》2022 年第 1 期；William I. Thomas & Florian Znaniecki, *The Polish Peasant in Europe and America*, University of Illinois Press, 1984, p.158；［日］滋贺秀三：《中国家族法原理》，张建国、李力译，法律出版社 2003 年版，第 169-171 页。

〔2〕 研究组于 2021 年 6 月 25 日前往山东省平原县调研所获数据。

转。[1]如贺兰县洪广镇就将家庭承包地全部流转，用作奶牛养殖场的饲料基地。再如，宁夏回族自治区平罗县通伏乡的6000亩家庭承包土地全部流转给了种植大户，统一实行土地托管、代耕代种。[2]

在承包地开放流转的这一过程中，原有的均质的、以一家一户为基本经营单位的小农式生产被打破。对于选择将土地流转出去的普通农户而言，承包地将不再作为其生产经营的生产资料，而变为其可以直接收取利润的资本，家庭作为生产单位的职能不复存在。而在家户停止作为生产经营单位的那刻，其作为产权单位的必要性也终将薄弱。与此同时，土地经营规模扩大也改变了土地流入方的生产方式以及产权结构，承包地的实际经营方由小农户转变为政策性文件所提到的新型农业主体，如大规模的农业经营公司，或是相对规模较小的专业大户以及家庭农场。其中，专业大户以及家庭农场虽仍然以农户家庭成员作为其主要劳动力，但是为了满足农业生产经营日益专业化和市场化的要求，其产权结构不得不向现代民商事主体靠拢。而现代民商事主体的产权结构恰恰是以个人所有权而非家户（共同体）所有权为基础进行建构的。

由此可见，在农村生产方式发生变革的情况下，家户产权结构的经济基础逐渐薄弱，这一制度安排将面临脱离经济生活实践的风险。

二是社会环境方面的挑战。

传统社会普遍以家庭作为社会交往的单元。而自人类步入工业社会以后，社会的个体化进程便开始了。社会互动开始在个体间进行，一种新的社会性得以产生。[3]这一进程在法律上一般表现为以个人权利为基础的现代民事产权制度得到充分发展，进而取代以家户产权结构为基础的传统民事规则。当前，我

〔1〕 研究组于2022年2月23日前往宁夏回族自治区贺兰县调研所获数据。

〔2〕 研究组于2022年2月24日前往宁夏回族自治区平罗县调研所获数据。

〔3〕 参见赵爽：《中国社会个体化的产生及其条件——个体化相关理论述评》，载《长安大学学报（社会科学版）》2011年第2期。

国完成了从贫穷落后的农业国到世界第一制造大国的转变。新近的社会学研究亦发现，中国农村社会的个体化已经产生。[1]以下将从传统农村家户产权结构赖以维系的两个必要规则出发，阐释当前农村社会个体化进程对家户产权结构的实施所产生的影响。

农村家户产权结构赖以维系的首要规则为“父子共产”，其表示的是一种代际之间的“共有”。日本学者仁井田陞认为，传统中国家族共有制中的家产的共有人范围仅包括父子祖孙。[2]儿子的出生或死亡（还有出为他人养子、养子回归本家、出家以及还俗等），每个儿子可分得的份额并不确定，就家产的共有关系而言，可以说其是一种伴随生存者财产权的合伙共有关系。[3]我国学者陶自祥对此同样总结道：“在家庭关系中，当下任何一个男性都不是真正意义上的产权支配主体，当下每个男性仅是财产的享用者或守护者，家业产权永远是由一个在家族或宗族发展生命链条上无限绵延的男系继嗣群体共有。”[4]

然而，农村个人财产权利观念日益强化，使“父子共产”在事实上难以延续。实际上，虽然儒家传统观念要求“父母在，不得别居异财”，但是父母在世而分家的实践普遍存在于传统社会，至于累世“同居共财”则只有极少数的仕宦人家才可办到。[5]而工业化的推进，更是促使了共财阶段的提前结束。早在 20 世纪初，费孝通先生在江村调研时便发现，农村村民前往附近的工厂做工，农民获取了工资收入。工资直接与劳动者的个人劳动相关，并且直接发放到劳动者本人，这使私人财产观念不可避免地在农民家庭中蔓延。[6]William I.

〔1〕 参见阎云翔：《中国社会的个体化》，陆洋等译，上海译文出版社 2012 年版，第 27–29 页。

〔2〕 在有的朝代也包括了妻女，只不过女儿相较于儿子可分得的份额较少。参见［日］仁井田陞：《中国法制史》，牟发松译，上海古籍出版社 2011 年版，第 169–171 页。

〔3〕 参见［日］仁井田陞：《中国法制史》，牟发松译，上海古籍出版社 2011 年版，第 169–175 页。

〔4〕 陶自祥：《祖业观视阈下农民家业产权研究》，载《广西师范大学学报（哲学社会科学版）》2015 年第 3 期。

〔5〕 参见瞿同祖：《中国法律与中国社会》，中华书局 1996 年版，第 3–5 页。

〔6〕 参见费孝通：《江村经济》，上海人民出版社 2007 年版，第 177 页。

Thomas 和 Florian Znaniecki 在研究波兰农民的社会行为时，亦提出相似判断：一旦家庭成员开始要求拥有他们自己的劳动所得，私人所有权的观念将寻求对家庭共有的财产的分割，家庭共产便难以为继。[1]

改革开放以来，我国城镇化迅速推进，大量农民前往城市工作，取得了工资收入。一些学者在农村进行田野调查时已经发现，打工潮使人们的“人己”之分变得越来越明显，外出的打工者不再将自己的打工所得视为家庭共同收入。[2]不仅如此，著名社会学家阎云翔还发现，农村年轻人的权利意识迅速增长，改变了农村的分家习惯。过去农村普遍的情况下是统一分家，而现在的习惯是多次分家，即一个儿子结一次婚就分一次家，直到小儿子结婚分家后，以父母单过为终点。并且，在新的分家习惯下，父母和成年已婚儿子之间的共同居住时间急剧缩短。[3]

农村家户产权结构赖以维系的另一规则为“女性无产”，[4]这其实是“父子共产”的应然推论。在传统上，作为家庭成员的女性，虽然也是“同居”的一分子，但是其并非“共财”的成员。[5]从社会学的角度来看，单性嗣续的形成与传统农业的经营特征有内在联系，也是保持家产传递完整性以及延续家庭组织体的制度保障。[6]而近代以来男女平等观念在农村的日益普及，使“女性无产”规则同样难以延续。自民国时起，我国立法便已确立男女平等的法定双系继承制

[1] See William I. Thomas & Florian Znaniecki, *The Polish Peasant in Europe and America*, University of Illinois Press, 1984, p.195.

[2] 参见解彩霞:《现代化·个体化·空壳化—— 一个当代中国西北村庄的社会变迁》，中国社会科学出版社 2017 年版，第 98-100 页；赵忠平:《村庄里的陌生人》，社会科学文献出版社 2018 年版，第 111-113 页。

[3] 参见[美]阎云翔:《私人生活的变革：一个中国村庄里的爱情、家庭与亲密关系：1949—1999》，龚小夏译，上海书店出版社 2009 年版，第 161-168 页。

[4] 或是说两性中有一性别无产，在男性入赘的情况下表现为“男性无产”。

[5] 传统社会，女性只能在特殊的情况比如绝户的情况下取得部分家产。其出嫁时所获取的嫁妆不能算作家产的一部分。

[6] 参见费孝通:《乡土中国　生育制度　乡土重建》，商务印书馆 2011 年版，第 294-295 页。

度。新中国成立后，男女平等原则被写入我国婚姻家庭立法。[1]1954年《宪法》规定妇女拥有和男子平等的选举权和被选举权，此后我国宪法虽经历次修改，但均规定妇女在各方面享有和男子同等的权利，男女平等逐渐成为我国的一项基本国策。[2]我国当前的婚姻家庭财产立法亦与该原则相适应，女性在法律上不再附属于由男性主导的家庭，而是获得了与男性同等的家内地位：女儿同儿子一样拥有对父辈遗产的法定继承权；妇女在离婚时可分得夫妻婚内共同财产的一半。

上述观念同样反映在国家对农村妇女土地权益的保障上。一方面，在承包地初始分配时，各地普遍按人口平均分配，并未区分性别。另一方面，中央也多次发布文件提出要切实维护农村妇女的土地承包权益。比如，中共中央办公厅、国务院办公厅专门发布《关于切实维护农村妇女土地承包权益的通知》。根据该文件的规定，妇女离婚或丧偶后，如果其仍在原居住地生活，原居住地应保证该妇女有一份承包地；妇女离婚或丧偶后，如果不在原居住地生活，同时其新居住地还没有为其解决承包土地的，原居住地所在村应保留其土地承包权；妇女若不在原居住地生活，但仍保留其原有承包地的，应当承担相应的税费义务。此外，《妇女权益保障法》(2022年修订)第55条、第56条专门规定了妇女在集体经济组织中享有和男子平等的权利，《农村土地承包法》第31条则解决了女性因结婚、离婚以及丧偶时所可能导致的土地承包权受损问题。

上述规定切实减少了女性因婚姻状态改变而可能承受的失地风险，不过更重要的是，女性得以在一些情形下可以分割其原生家庭或是嫁入家庭的土地承包经营权。由此表明在立法上，农村集体资产权益在男性和女性之间已经分离

〔1〕 1950年《婚姻法》第1条规定："废除包办强迫、男尊女卑、漠视子女利益的封建主义婚姻制度。实行男女婚姻自由、一夫一妻、男女权利平等、保护妇女和子女合法权益的新民主主义婚姻制度。"

〔2〕 江泽民同志在1995年联合国第四次世界妇女大会开幕式上指出："我们十分重视妇女的发展和进步，把男女平等作为促进我国社会发展的一项基本国策。"这是男女平等基本国策首次提出。参见赵晶、朱书缘：《男女平等作为基本国策几大时间节点》，载中国共产党新闻网2013年3月14日，http://theory.people.com.cn/n/2013/0314/c40531-20789934.html。

了。而婚姻关系不稳定性的上升，进一步加剧了这一产权结构的脆弱性。根据中华人民共和国民政部发布的历年民政事业发展统计公报，2010 年全国离婚率为 2.0‰，此后 10 年内离婚率基本稳步攀升，2020 年离婚率为 3.1‰，总共上升了 1.1 个千分点，离婚率的上升及其导致的社会问题引起了社会各界的广泛关注。值得注意的是，离婚率的上升不仅是城市现象，同样也发生在农村。有学者研究指出，城镇化进程中农村流动劳动力的增多是导致离婚率上升的重要因素。[1]

可见，在新的社会形势下，“父子共产”以及“女性无产”均无法再度维系。其中，“父子共产”的破裂使家庭成员代际间财产出现分离；而“女性无产”局面的打破，使家庭内部男性与女性财产分离。“同居共财”的财产享有形式在当前的社会现实下已经极不稳定，并全方面地朝个人所有的方向发展。

三是制度变革方面的挑战。

集体资产权益流转的相对自由化是指近年来中央逐渐解除对集体资产权益流转的限制，从而使上述权益加速流转的整体趋势。而这一趋势，将会与集体资产权益分配制度家户产权结构的运行产生重大冲突。

上文已经对家庭承包制度的制度变化趋势作了说明，故不赘叙。事实上，这一趋势在宅基地制度方面同样如此。宅基地制度以福利性为基本特点，其流转长期以来受到严格限制，具有浓厚的封闭性。但是自 2013 年以来，中央发布了有关新一轮宅基地改革的诸多文件。2018 年 4 月，国务院发布《关于 2017 年国民经济和社会发展计划执行情况与 2018 年国民经济和社会发展计划草案的报告》，正式提出要完善农民闲置宅基地和闲置农房的相关政策，并“探索宅基地所有权、资格权、使用权分置改革”。在“放活宅基地使用权”的改革要求下，各试点对宅基地使用权流转进行了积极探索。从试点实践来看，宅基地的

〔1〕 参见刘彬彬等：《劳动力流动与村庄离婚率》，载《中国农村经济》2018 年第 10 期。

流转包括宅基地转让、抵押和出租等形式。一般而言，宅基地使用权转让只能在本集体经济组织内部进行。但是，也有试点对此进行了突破。比如，《义乌市农村宅基地使用权转让细则（试行）》规定，宅基地使用权可在本市行政区域范围内的村级集体经济组织成员之间进行协商转让。而宅基地使用权出租的限制则更少。如根据《平原县农村宅基地退出和流转暂行办法（试行）》的规定，只要符合乡村规划并办理相关手续，我国境内的公民、法人或其他组织均可以作为宅基地的承租人。将农房以及宅基地用于民宿经营也是常见的宅基地使用权流转方式，并且已经创造了可观的收益。比如，宁夏回族自治区贺兰县常信乡四十里店村将 12 户共 45 间农村危房拆除，截至 2022 年 2 月改造完成 9 栋，将房屋出租给企业经营，接纳区外游客 1800 余人次，实现消费收入 20 万余元。〔1〕此外，为了响应国家“节约集约利用土地”的政策要求，不少地区开始在农村探索实行集中居住制度，客观上同样导致了宅基地的“流转”。这是因为，各地集中居住改革虽然在方式和细节上有所区别，但其实现均需要先对原宅基地和农房进行征收拆迁。而通过征收拆迁工作，宅基地相关权利的主体发生了事实上的变更，宅基地使用权价值形态的转化也得以顺利实现。

值得提出的是，为了保障集体资产权益流转的顺利进行，中央还同步推进了两项工作。一是全面推进农村集体资产确权登记颁证工作。〔2〕二是建立健全农村产权交易服务平台。在互联网的支持下，具有集体资产权益流转需求的用户都可以在上述交易平台上发布交易信息。从浙江省“农交云数字平台”网站

〔1〕 研究组于 2022 年 2 月 23 日前往宁夏回族自治区贺兰县实地调研所获数据。

〔2〕 详细内容具体可参见国土资源部、财政部、住房和城乡建设部等《关于进一步加快推进宅基地和集体建设用地使用权确权登记发证工作的通知》（2014 年）、《中共中央　国务院关于落实发展新理念加快农业现代化　实现全面小康目标的若干意见》（2016 年）、《国土资源部关于进一步加快宅基地和集体建设用地确权登记发证有关问题的通知》（2016 年）、《中共中央　国务院关于深入推进农业供给侧结构性改革加快培育农业农村发展新动能的若干意见》（2017 年）、《中共中央　国务院关于实施乡村振兴战略的意见》（2018 年）、《中共中央　国务院关于建立健全城乡融合发展体制机制和政策体系的意见》（2019 年）、《中共中央　国务院关于构建更加完善的要素市场化配置体制机制的意见》（2020 年）、《自然资源部关于加快宅基地和集体建设用地使用权确权登记工作的通知》（2020 年）。

上的挂牌项目来看，目前农地租赁权、农村住房租赁权都属于常见的交易标的，集体资产股权亦属于交易品之一。

在集体资产权益流转相对自由化的前提下，维系家户产权结构将损害户内弱势群体的权益。家户产权结构发挥保障作用的前提是家产本身的相对稳定性。换言之，家户产权应与家户一般具有永续性，如此，家户产权所产生的权益才可能被无穷无尽的家庭后代所分享。而农村集体资产权益流转的相对自由化，将会对其这一功能产生巨大冲击。以土地承包经营权为例，如果原户成员已经将土地承包经营权转让，并对流转费用进行分割，那么户内新增成员实际上无法享受土地承包经营权权益。在完全的家产制下，这个问题并不严重，因为个人财产的存在空间不足，流转费用自动成为整体家庭财产的一部分。然而，当前家户产权结构仅针对集体资产权益。土地承包经营权的流转费用经原本家庭成员分割之后，要么属于个人财产，要么属于夫妻共同财产，后续新增家庭成员无法自动分享。抵押的情形也是如此。假设原农户（父子二人）共承包3亩耕地，农户将土地承包经营权进行抵押后，儿子娶妻。按照家户产权结构，儿媳本来应当平等享有一亩地的土地承包经营权权益，但事实上，如今她却要承担抵押权实现的风险。由此可见，在新增家庭成员主要为妇女和儿童的制度现状中，维持家户产权结构非但不能保障家庭成员对权益的平等享有，反而将这部分弱势群体的权益置于更大的风险之中。

同时，当农村集体资产权益流转限制解除后，家户产权结构的一些重要规则也将难以得到落实。以土地承包经营权为例，如果土地承包经营权可以流转，那么当农户家庭内部仅剩下一位家庭成员时，其可以在死前通过多种途径规避土地承包经营权被收回的困境：若是选择将土地承包经营权转让给他人，即将土地承包经营权转化为资金，后者将作为遗产被继承；若是选择将土地经营权流转出去，并设定最长期限的流转合同，流转收益也可以作为其遗产被继承。

运用传统案例分析方法，本部分研究通过对近 5 年农村家户内部集体资产权益纠纷案件进行统计分析，发现农村家户内部集体资产权益纠纷案件数量迅速增长，且与地区发展程度呈强正相关关系。这表明，可以通过司法案例分析揭示对应领域问题。同时，案例分析也进一步指示：现存的权利结构正面临来自农村经济、社会以及制度变革的一系列挑战，由此为立法机关提出可资参考的建议，比如在未来农村立法工作中，需要审慎考虑家户产权结构与当前农村社会发展的协调性和适配性，对户内家庭成员间的产权关系进行更加妥当的阐释。

海量司法案例作为宝藏，因数量巨大难以精细化检索实现量化分析，不易被深层次挖掘应用，由此，以司法数据的应用技术提升来辅助司法案例研究成为必须。

二、基于多维度、可泛化的诈骗应用检测和大模型分析溯源技术在反诈治理中的司法应用

近年来，随着网络和移动通信技术的飞速进步与普及，各种诈骗手段变得日益复杂多变。[1]不法分子利用新技术手段来实施骗局，他们不再局限于传统的电话、邮件或短信形式，而是通过社交媒体、即时通讯软件甚至是加密货币平台进行更为隐蔽和精准的欺诈活动。这种趋势不仅让受害者防不胜防，而且加大了打击这类犯罪的难度，因为诈骗者通常能够以极高的效率和精确度操纵整个诈骗流程，给受害者带来严重经济损失，威胁社会安全。诈骗手段不仅涉及传统的电话和短信，还包括网络钓鱼、假冒网站、社交媒体诈骗等多种形式，对个人隐私、财产安全乃至社会稳定构成严重威胁。为了保护个人信息权利，规

〔1〕 参见刘鲁川、安昭宇：《社交 APP 中 LBS 用户隐私关注的影响机理研究》，载《信息系统学报》2016 年第 2 期。

范个人信息的合理使用，国家在2021年颁发了《个人信息保护法》；在2022年又颁发了《反电信网络诈骗法》。在此背景下研究多维度、可泛化的诈骗应用检测和大模型分析溯源技术，已成为网络和信息安全领域的热点。

传统的诈骗应用检测方法主要依赖于特征匹配和行为分析，但面对不断变化和更新的诈骗应用，这些方法的效果逐渐减弱。诈骗应用制作者会不断地修改其代码和行为特征，以逃避检测。为应对这一挑战，必须发展更加先进的检测技术，以更准确地识别和阻止这些诈骗应用。此外，溯源技术在诈骗应用的治理中也扮演着重要角色。通过溯源技术，可以追踪诈骗应用的源头，了解其传播路径和背后的组织结构，从而为执法部门提供有力的证据，打击诈骗应用的制作者和传播者。

面向反诈场景的诈骗应用检测和溯源技术不仅是技术上的挑战，更是保护广大用户免受诈骗侵害的重要手段。通过综合运用多种技术手段，包括大数据分析、机器学习、深度学习等，可以构建高效的诈骗应用检测和溯源系统，为移动互联网的安全提供有力保障。诈骗分子开发和利用各种应用进行诈骗，骗取用户的个人信息、财产和敏感数据。这些诈骗应用通过伪装成合法软件，诱骗用户下载安装，然后实施各种诈骗行为，如钓鱼攻击、信息窃取、远程控制等。传统的反诈骗手段往往局限于单一维度，无法有效应对不断变化的诈骗技术和手法。因此，开发多维度、可泛化的诈骗应用检测和溯源技术显得尤为迫切和重要。

多维度的诈骗应用检测技术通过综合利用多个数据源和分析维度，如用户行为、网络流量、权限使用、地理位置、设备指纹等，能够全面准确地识别潜在的诈骗应用。可泛化的检测技术则旨在设计出具有广泛适用性的算法和模型，能够适应不同类型的诈骗场景和变化多端的诈骗手法，保持较高的检测效果和鲁棒性。

溯源技术在反诈骗领域同样发挥着重要的作用。通过溯源技术，可以追踪和定位诈骗分子的来源和行踪，为执法和司法部门提供有力的证据支持，从而有效打击电信网络诈骗犯罪。溯源技术还能分析诈骗行为的传播路径和模式，为防范和预警提供数据支撑。

同时，通过短信、移动 App、电话等方式的电信网络诈骗呈现上升态势，诈骗案件多发高发，严重危害人民群众的财产安全和合法权益。电信诈骗主要以低成本、易复制、收益高为特点。低成本是指犯罪分子在获取目标电话名单后，通常通过电话、短信、移动 App、网络等低成本方式，对受害者实施电信网络诈骗。相比成单收益而言九牛一毛。易复制是指从早期的个人诈骗，到成组织的诈骗，再到当前具备客户信息黑产交易、跨国通信通道、银行卡开卡销卡、诈骗设施运营等形成一套完整的产业链，公安机关费尽心思打击的目标往往短时间内又能死灰复燃。收益高是指电信诈骗行业在多次被打击后，依然屡禁不绝，原因是收益极高，使更多人前赴后继进入。

通过大模型技术可以解决以下场景问题：针对传统运营商与新型互联网诈骗场景，提供涉诈事件预警、受害人识别、诈骗团伙定位、涉诈数据共享等功能，提升运营商的反诈能力；通过多维度数据关联分析，对诈骗行为进行溯源和识别。例如，利用大数据分析用户行为、通话记录、上网行为等数据，发现异常情况并进行预警；训练反诈大模型，能够快速识别和拦截诈骗电话、短信和网站。这些模型通过不断迭代更新，提升了反诈的准确性和效率。应用大模型能力，能够通过分析诈骗短信的内容，识别出其中的诈骗特征，如组合变异、转义字符、谐音、形近等手段，从而突破关键词规则和正则监控策略，实现对诈骗短信的精准拦截。

（一）基于多维度、可泛化的诈骗应用检测技术

用户信息泄露是导致用户被诈骗的主要原因之一。通过研究大量相关司法判例发现，涉诈 App 是诈骗场景中重要的一环。因此，项目组研究基于多维度、可泛化的诈骗应用检测技术来协助识别涉诈 App。

本技术提出一种自动化检测应用隐私条例文档是否与应用行为相一致的方法。系统总体流程如图 6-5 所示。针对各类应用，首先获取其对应的隐私条款中的数据，包含个人信息类别及其数据的使用情况；其次通过静态数据分析与动态检测掌握应用实际的敏感信息情况；最后对二者数据分析的结果进行一致性检测，确定隐私条款是否出现不健全、不适当甚至不一致的情况。

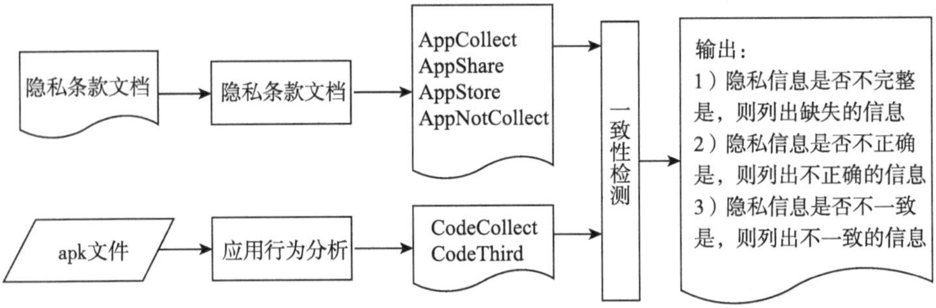

图 6-5　自动化检测系统总体流程

1. 隐私条例分析

（1）句子结构

如图 6-6 所示，隐私条款中的句子一般包括三种重要组成部分，包括执行者、动作（行为）和信息（资源）。除了执行者、动作和信息，还可以自主选择其他部件。执行者通常是指那些对私人信息进行获取、储存或共享的主体，比如软件开发人员或第三方库开发人员，一般用作从句的主语。动作说明了执行者的具体作为，比如获取、存储或共享数据等，图 6-6 中的“collect”便是一个实例。而信息是这些行为所针对的资源，即隐私信息的部分，在图 6-6 中，这部分信息被表示为“your device information”。

We will collect your device information to improve your service.

执行者 行为　　　　**资源**　　　　　　目的

图 6-6　一个行间的隐私条例句子结构

（2）动词的分类

本研究在谷歌应用商店中随机选取了 50 份隐私条款文档，根据它们的动词（行为）特性加以筛选，将隐私条款中的常用动词细分成三种：

（a）Collect 动词：在应用程序的使用过程中，用户会通过一系列特定的动词来表达他们对应用程序所提供功能的理解和使用。这些动词统称为 Collect 动词，它们不仅展示了用户如何收集信息，还体现了用户如何处理这些数据。例如，用户可能使用“collect”这个动词来表示他们正在收集相关信息，如浏览网页、下载文件或进行其他操作时所获得的各种细节和数据。

（b）Store 动词：指在应用程序发展过程中，保护私有数据的行为，如保存、存储等。

（c）Share 动词：一个关键术语，它定义了当应用程序在使用过程中涉及将用户隐私信息告知第三方时所采取的具体行动。例如，当应用程序使用“share”或“disclose”等词语时，我们可以理解为这是一种允许应用程序将其收集的信息传输给其他机构或第三方的操作。

为了确保隐私条款的透明度和一致性，项目组对这些行为进行了细致的分析和分类。根据上述三类行为，我们将隐私条款的分析结果细分为三个类别：AppCollect、AppStore 和 AppShare。AppCollect 代表的是在代码编写过程中出现的收集行为；AppStore 表示应用程序保存在本地或上传至云端的隐私信息；而 AppShare 则涉及将这些信息与外部机构或第三方分享的情况。通过这种方式，我们能够清晰地区分哪些信息是由应用本身收集、保存并与第三方共享的，从而让用户更好地了解自己的数据被如何使用。

此外，鉴于隐私条款中可能会包含一些不希望发生的收集行为的否定句，项目组还特别制定了一套分类机制来处理这些信息。我们把这些否定表述的结果划分为 AppNotCollect、AppNotStore 和 AppNotShare。AppNotCollect 对应着应用程序不会主动收集、存储和分享任何隐私信息；AppNotStore 则意味着应用程序不会存储用户的隐私信息在本地或上传到云端；AppNotShare 表明应用程序不会将任何个人信息传递给第三方。这样的分类方法有助于确保整个隐私条款文档的严谨性和实用性，既满足了用户对于隐私保护的期望，又避免了不必要的误解和混淆。

（3）对隐私保护的法律规制

对隐私规制的研究目标就是要从法律文本中获得可宣告隐私的内容及其相关情形。

为达到这一要求，本研究将对隐私条款中的主谓宾结构、状语、连词、词组结构和否定条件等内容展开详细分析，并对筛选出来的数据加以归类总结。图 6-7 展示了这一具体分析方法。

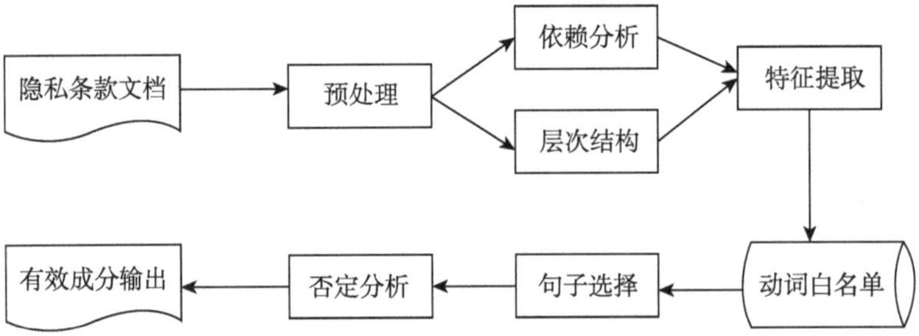

图 6-7　隐私条款的具体分析方法

（a）预处理

这个阶段从文本中抽取隐私条款，然后将其分解为句子。首先要把文字转化成 html。因为私隐条款文档中含有许多特别的符号，在进行分析时，其会产生一些错误。因此，需要将 “:” “;” “.” 等非 ASCII 符号替换为 “.” 并加上换行符，以确保分析过程中不会出现句子分割错误。

（b）语义分析

在完成了预处理的阶段后，接下来我们便能够深入需要分析的隐私条款文档中。这一步骤至关重要，因为它涉及对文档内容的准确理解和分析。具体来说，我们需要文档中一个关键句子——“we share your information with the third party to improve service”。这个句子在被解析时切分成多个独立的短语。每一层代表一个短语，这些短语之间存在紧密的语义联系。在这些短语中，每个单词或短语都被赋予相应的词性标签，用来标记语法属性。这样的标签通常包括名词（NN）、动词（VB）、形容词（ADJ）、副词（ADV）以及人称代词（PRP）〔1〕等类型。例如，在图 6-8 所示的例句中，动词标签“share”明确指出该短语的功能，即“分享”信息；而名词短语“your information”则进一步定义了与动词相对应的实体对象。

```
(ROOT
  (S
    (NP (PRP we))
    (VP (VBP share)
      (NP (PRP$ your) (NN information))
      (PP (IN with)
        (NP (DT the) (JJ third) (NN party)))
      (S
        (VP (TO to)
          (VP (VB improve)
            (NP (NN service))))))
    (. .)))
```

图 6-8　例句层次结构分析

通过这种方式，语义分析不仅揭示了句子中各个部分之间的直接关系，还揭示了它们之间的依赖关系。这种分析有助于识别句子中的潜在含义，比如主语和宾语、谓语和宾语等不同成分之间的关系。更进一步，它可以帮助我们理解这些成分是如何协同工作以实现句子的整体目标——改善服务质量。

总之，通过这种深入细致的语义分析方法，我们可以更好地把握隐私条款文档的精髓，理解其中包含的各种声明和约定。这对于确保企业遵守相关法律

〔1〕 参见孙婧:《面向 Android 应用的第三方库隐私合规性检测设计与实现》，北京邮电大学 2021 年硕士学位论文，第 16 页。

法规、保护用户隐私数据以及维护用户信任都至关重要。因此，在处理这类文档时采用有效的语义分析技术是非常必要的。

图 6-9 揭示了范例的相依性。依存关系通常用来刻画语句中各词之间的相互关系，常用的主语为 sbj，根节点表示依存关系，nsubjpass 表示主体，cc 或 conj 表示并列关系（and、or 等）[1]。图 6-9 中展示了以 “we” 为主语，以 “information” 为宾语，以 “share” 为中心语句的根结点。

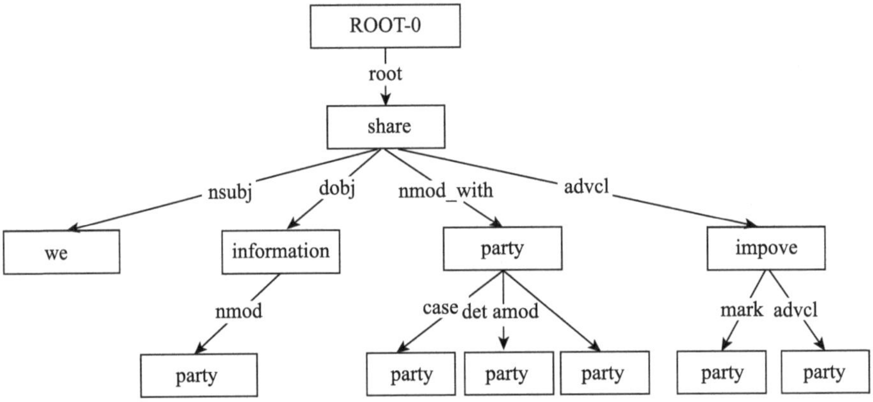

图 6-9　依存关系分析

（c）特征提取

由于隐私条款文档包含一些不相关的信息，如应用推荐、联系方式等，且没有规范的格式，使语句中含有大量的冗余信息。为此，我们必须对句子中的主要特征进行抽取，以达到对句子的精简。首先，从依存关系中抽取出“主体－谓语－宾语”结构。本研究运用 TF-IDF 算法对 50 份隐私条款文档进行分析，按词频权重筛选前 39 个高频动词，构建一个动词白清单，对隐私条款中的行为动词（如收集、分享、disclose、keep 等）进行筛查，由此将某些无关的动词（如 make、have 等）剔除。

〔1〕 参见王靖瑜等：《Android 应用隐私条例与敏感行为一致性检测》，载《计算机科学与探索》2019 年第 1 期。

其次，本研究还对网络中的状语、连词、词组等进行了提取，以提高用户对隐私内容的抽取精度。

一方面，副词中存在一些私人信息，忽视副词会造成信息的不完全抽取。为此，项目组提炼出“about”“of ”“from”“including”“such as”这些单词和词组，并把它们加入资源清单中。[1]

另一方面，已有研究没有考虑关联词语的抽取，造成关联词语的语义抽取不完整。这样，我们就可以按照“cc”“conj”等语句的依存关系，抽取谓语、宾语的连接成分，并把它们加入资源清单或动作清单。

(d)句子选择

该方法对抽取的语句进行分类。表 6-4 列出了 6 种句型的语义模式及例句。

表 6-4　6 种句子语义模式

编号	特征名	语义模型	例句
S1	主动语态	执行者 + 行为 + 资源	We will collect your phone number.
S2	被动语态	资源 + 行为	Your personal information will be used.
S3	被动 allowable 描述	执行者 +be allowed/able to+ 行为 + 资源	We are allowed to store your location information.
S4	目的描述	执行者 + 行为 + 资源 to+ 行为 + 资源	We will use GPS to get your location.
S5	状语语态	执行者 + 行为 + 资源 + 介词 + 资源	We will collect your information about device ID.
S6	连词描述	执行者 + 行为 + 连词 + 行为 + 资源或者执行者 + 行为 + 资源 + 连词 + 资源	We will collect and share your address, or we will colleet your device information and location infomation.

S1 与 S2 模式的匹配：在进行 S1 与 S2 模式的匹配过程中，关键在于深入

〔1〕 参见王靖瑜等：《Android 应用隐私条例与敏感行为一致性检测》，载《计算机科学与探索》2019 年第 1 期。

分析句子的语法结构，挖掘句中依存于其他成分的核心节点。如果经过细致的筛选，根节点确实位于筛选表中规定的位置，那么就可以进一步展开对该根节点周围关联成分的分析，以探究它们如何与中心节点相互作用。如果通过这种分析并未发现与根节点直接相关的关联成分，需要寻找那些间接地与之相联系的成分，这些可能是修饰语、状语等其他成分。此外，还会识别出句子的主语以及任何可能影响根节点地位和功能的主语替代物。一旦找到所有相关的成分，就要仔细评估它们在整个句子中的重要性，然后将那些无关紧要或不恰当的部分从最终结果中剔除，只保留那些能够最好地支持根节点的信息和行为。

S3 模式的匹配：从句子的依存关系中提取出根节点，判断其是否是"allowed"或者"able"。若是，则找到其补语"xcomp"或者"ccomp"关系，判断该动词是否存在动词筛选列表中；若不是，继续分析相关成分，否则过滤掉该动词。

S4 模式的匹配：从句子的依存关系中提取出根节点，然后找到其"xcomp"关系的引导词，判断两个动词是否在动词筛选列表中。若是，则继续分析相关成分，否则过滤掉该动词。[1]

S5 模式的匹配：主要针对已抽取的资源的子树中的其他资源，在获得资源清单后，根据其等级关系，判定其子树的根节点是否含有诸如"about"之类的前置词；如果有，从子树中抽取名词性词组，并将其加入资源清单。

S6 模式匹配：针对一句话中含有多种并联动作及资源时，抽取句中的根节点，判定该节点是否在动词筛选表中，再查看关联关系"conj_"；如果有，则进行过滤，再添加到行为或资源清单中。

〔1〕 参见王靖瑜等：《Android 应用隐私条例与敏感行为一致性检测》，载《计算机科学与探索》2019 年第 1 期。

2. 应用行为分析

(1)静态分析

(a)还原

在做静态分析前,应该先获取程序的代码,而程序的开发者一般都不会将源码公布出来。因此,本章中,我们用 apktool 对输入的 API 文件进行逆向编译,得到应用程序的 smali 代码 AndroidManifest. xml,以及其他一些文件。

(b)授权取得

应用程序有两种获得私有权利的方法。第一种方法是利用敏感的 API,第二种方法是从内容提供者那里获得一些敏感的信息。

(2)动态分析

本章我们使用了一个带有 Droidbot 的 Xposed 框架来动态地测试程序。Droidbot 是一个基于应用用户界面的自动测试工具,它能够触发应用程序运行时的各种可能行为。另外,我们还为 Droidbot 增加了一个应用程序运行时的调用堆栈,以确定调用的 API 是否属于第三方的类库或者程序自身。

接下来,通过对软件包名、权限等要素进行动态解析,识别程序中由非第三方类库引发的敏感行为,并将其与静态分析结果相结合,从而获取应用程序完整的敏感行为信息。

3. 第三方库分析

第三方库有广泛的应用。但是,在实践中,开发人员并不完全理解第三方库的许可信息,或者说它的能力。现有的研究多采用"白名单"的方式对第三方数据库进行识别,但其存在覆盖率不高、无法应对代码混乱等问题。我们用 Libradar 代替"白名单"的方法对第三方图书馆进行了分析。

本项目基于 Libradar 技术,在不使用第三方库声明的情况下,利用 Libradar 对第三方库的真实应用进行检测,主要是因为:(1)第三方库中存在与现实中所使用的隐私信息不相符的情况,导致直接对比得出的效果不准确;(2)那些未向公众公开其隐私规则的第三方图书馆将无法进行隐私条款的一致性分析。这种分析对于确保信息共享平台上各方数据保护标准一致性至关重要。缺乏透明度可能导致用户对他们个人数据的控制和访问产生疑问，从而影响图书馆与其他服务提供者之间的信任关系。

4. 一致性检测分析

一致性检测的核心目标在于确保所提供的隐私条款文档在内容上的准确性与完整性。它通过一系列严格的审查步骤，旨在识别并纠正任何可能出现的遗漏、错误以及不一致之处。这种检验确保了所有文档元素都得到正确的记录和执行，从而保障公司或个人遵守法律法规，避免可能导致的法律风险或商业纠纷。图 6-10 为一致性检测模块流程，检测分以下几个方面：

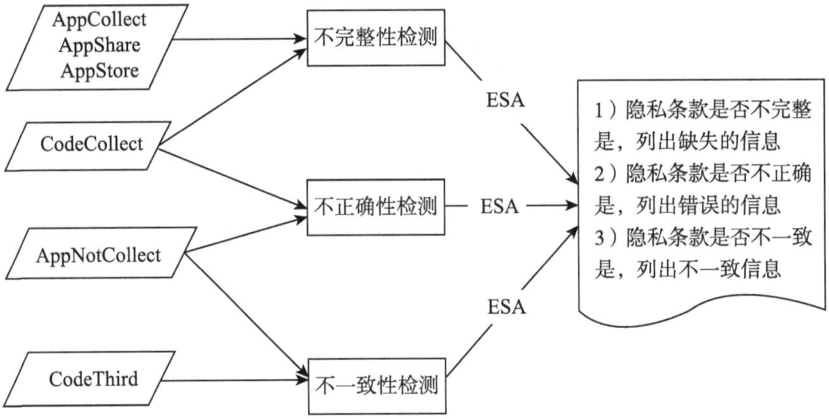

图 6-10　一致性检测模块流程

不完整性检测：在应用分析中，将应用本身的行为与用于隐私条款分析的信息进行比较。

不正确性检测：在应用程序分析中，应用程序自身的行为和未被利用的隐私法规分析的信息相比较。

不一致性检测：将应用分析中使用的第三方库与隐私条款分析不使用的信息进行对比。完成隐私条款分析和应用行为分析后，可以获得代码中（CodeCollect，

CodeThird）和隐私条款文档中声明的信息作为一致性检测的对象。

（1）不完整隐私条款检测

交叉验证代码检测的隐私权限（CodeCollect）与隐私条款声明（AppCollect, AppShare, AppStore），从而识别未声明的权限使用行为：若隐私条款中未声明实际收集的权限，则记录该权限及其对应的信息类型，作为法律合规性缺陷依据。

代码分析中提取出的信息是通过使用方法 [getDeviceId()] 或权限映射（ACCESS_FINE_LOCATION 对应 location）。本项目拟采用扩展语义分析法对维基进行对比，利用维基文本的加权向量进行相似性度量，即用文本中出现的词向量来表征文本间的相似度，并利用 TF-IDF 模型得到的权重来表征词语与概念间的关系。[1]所以，如果两段文字之间的相似度达到某一临界值，就可以认定这两段文字是指同一件事。将门槛设为 0.5，在这个范围内，大部分类型的信息都能经过人工验证而得到正确的匹配。

（2）错误隐私规则检测

如果一项隐私规定不会被使用，而代码中却发现了这一点，那么这就意味着违反了隐私规定。通过 ESA 相似度计算或者查询权限对照表，将隐私法规中所要求的不会用到的信息找出相应的权限，在进一步深入分析代码库中除了第三方库的其他部分时，将关注那些使用特定权限的区域。如果发现这些权限在运行的代码中存在，那么通常意味着这些权限配置可能是不正确或错误的。通过仔细检查每一个使用权限的情况，能够识别潜在的问题并进行修正。然而，如果我们没有在代码中找到相应的权限，那就表明这些权限的配置是正确且合法的，因此不会有任何问题被误判。这种方法有助于确保我们对软件权限的管理是准确无误的，从而维护系统的安全性和稳定性。

---

〔1〕 参见马秋微等：《基于异质信息网络的文本相似性度量方法》，载《中文信息学报》2023 年第 9 期。

（3）不一致性隐私规则检测

在进行数据保护合规性评估时，ESA 机制发挥着至关重要的作用。该机制通过仔细计算隐私法规文件中详细规定的信息来确定适用的授权范围。随后，这一结果被用来与代码库中可能涉及的第三方库使用的信息进行对比。如果发现第三方库实际上是使用了那些在隐私条款中明确指出的不可使用的权利，则可以判定这种做法违反了隐私条款的要求，从而将其归类为不符合标准的行为。这样的分析过程确保了开发者在遵循隐私法规方面不出现任何疏忽，同时也维护了用户的数据隐私权；反之，就被判断为是相同的，没有矛盾。

（二）基于大模型技术的诈骗场景识别分析技术

本技术方案通过构建基于大模型的反诈监控平台，主要用于协助公安快速分析警情，助力“两高”等司法机关快速识别卷宗及重点可疑线索，提升分析效率和精准度；能够打标疑似涉诈短信，甄别诈骗短信，识别诈骗新模式，减少人工审核成本；协助政府部门自动化分析涉诈申诉工单，甄别疑似诈骗人员，提升打击效能；协助金融、通信等行业防范，在传统方法的基础上，引入大模型技术，利用其强大的数据处理和知识理解能力，为反诈工作提供智能化支持，是提升反诈效能的必由之路。本项目旨在构建反诈大模型应用生态，覆盖警情分析、涉诈短信识别、申诉分析等场景，形成以模型为核心的智能反诈解决方案。

1. 关键信息提取

关键信息提取模块拟达成以下目标：

（1）报案信息概述：根据输入的警情数据对该起诈骗案件的关键信息进行凝练提取。

（2）时序梳理：根据被害人被诈骗的场景，将微信、电话、支付宝等信息提炼出来，作为场景信息梳理。总结受害人涉及的场景以及对应频次，并根据受害人的场景进行时序标注。

（3）手法归类：根据被害人被诈骗的场景信息，针对手法进行提炼归类，总结出手法类别及对应频次，并对每个号码都打标出对应的手法。

针对上述需求，该模块拟采用基于语义的方法，如 Latent Semantic Analysis（LSA）、Latent Dirichlet Allocation（LDA）等，通过模型学习文本中的语义信息，从而得到文本中的关键信息。

2. 相似案例匹配

该模块的主要功能是根据从司法卷宗和案情等信息中提取出的关键信息，将现有案例与数据库中的历史案例进行相似案例匹配。

完成该模块功能首先需要我们整理和收集历史案例记录，建立一个包含足够详细信息的数据库。例如，在接收到一条案情后，拟对历史案例中的每一条数据进行关键信息提取或者生成摘要。随后，运用 TF-IDF、Word2Vec、BERT 等文本向量化技术，将提取的关键信息或摘要转换为机器学习模型可以处理的数值形式。其次，选择对比较相似度有高贡献的特征，如涉案人电话、诈骗话术等，根据特征表示，设计或选择合适的相似度计算方法，如余弦相似度、欧氏距离、杰卡德相似度等，进行案情之间的相似度计算。最后，利用机器学习算法（如 K- 近邻、聚类分析等）构建案例匹配模型，以实现自动匹配相似案例。

3. 可疑线索识别

在案情分析应用中，可疑线索识别模块发挥着至关重要的作用，它的主要职责是从报案文本中筛选出潜在的诈骗线索。此模块拟融合敏感词匹配和大规模预训练模型等技术，以提升线索检测的准确率。

4. 敏感词匹配

敏感词的定义往往依赖特定的应用场景和地域法规，在电信反诈场景中需要根据历史数据定义敏感词，如贷款、下载 App、加好友、冒充客服等。可以基于一些开源项目提供的基础的敏感词过滤功能进行加工调整，实现警情分析中的可疑线索识别。

可以参考的开源工具如下：

LDNOOBW/List-of-Dirty-Naughty-Obscene-and-Otherwise-Bad-Words：该项目收集了多种语言的敏感词列表。虽然它本身不提供API接口，但可以将这些列表集成到警情分析应用中，通过编写代码来检查敏感词。

profanity-check：使用机器学习来检测英语中亵渎语的Python库。它基于VADER情绪分析和scikit-learn实现，可以通过简单的API调用检查文本是否包含亵渎语。

5. 大模型识别

相比传统机器学习方法，大模型识别具有以下特点：

超大的规模：大模型包含数十亿个参数，模型大小可以达到数百GB甚至更大。[1]超大的规模使大模型具有强大的表达能力和学习能力。

涌现能力：涌现或称创发、突现、呈展、衍生，是一种现象，为许多小实体相互作用后产生大实体，而这个大实体展现了组成它的小实体所不具有的特性。引申到模型层面，涌现能力指的是当模型的训练数据突破一定规模，模型突然涌现出之前小模型所没有的、意料之外的、能够综合分析和解决更深层次问题的复杂能力和特性，展现出类似人类的思维和智能。涌现能力是大模型最显著的特点之一。

更好的性能和泛化能力：大模型通常具有更强大的学习能力和泛化能力，能够在各种任务上表现出色，包括自然语言处理、图像识别、语音识别等。

多任务学习：大模型通常会同时学习多种不同的NLP任务，如机器翻译、文本摘要、问答系统等。这有助于使模型学习到更广泛和更具泛化性的语言理解能力。

---

〔1〕 参见张玲宁：《由三星ChatGPT泄密事件引发的关于大模型在安全领域的思考》，载《机器人产业》2024年第5期。

大数据训练：大模型需要海量的数据来训练，通常是在TB以上甚至PB级别的数据集。只有大量的数据才能发挥大模型的参数规模优势。

强大的计算资源：训练大模型通常需要数百甚至上千个GPU以及大量的时间，通常在几周到几个月。

迁移学习和预训练：大模型可以通过在大规模数据上进行预训练，随后针对特定任务进行微调，从而显著提高模型在新任务上的性能表现。

自监督学习：大模型可以通过自监督学习，在大规模未标记数据上进行训练，从而减少对标记数据的依赖，提升模型的效能。

领域知识融合：大模型可以从多个领域的数据中学习知识，并在不同领域中进行应用，促进跨领域的创新。

自动化和效率：大模型可以自动化处理许多复杂的任务，提高工作效率，如自动编程、自动翻译、自动摘要等。

6. 模型更新

模型更新模块的主要功能是更新当前正在使用的大模型。由于诈骗手法以及诈骗数据的不断更新，已经训练好的大模型或许已不适合当前的环境。因此，需要根据与日俱增的数据量以及新型的诈骗手法持续更新大模型，以增强其稳定性。模型更新模块的主要步骤如下所示：

（1）更新数据集：当该模块收集到新型的诈骗数据集时，将新的数据集更新到数据库中；

（2）特征提取：对新增的数据集进行特征提取操作，如URL信息、手机号、微信号、敏感词等信息；

（3）数据标注：由业务专家或者应用识别结果，针对新的数据集信息进行短信类型的标注；

（4）模型训练：将所有的数据集（新数据集和旧数据集）应用到不同模型的训练中，并持续调整参数，优化模型的效果；

(5)效果评估：评估在模型训练中生成的模型，最终选取效果最好的模型替换掉旧模型。

三、以数据“三化”提升案例研究质效的建议与展望

（一）以要素化规定数据研发“怎么做”，提升司法案件关联性，解决案例研究的基础性问题

当前人民法院信息化的业务系统是以审判流程、执行办理为主线，配套多主体多维度调解、诉讼服务、电子卷宗等周边服务，以及OA办公、司法区块链、人事管理等管理功能，形成“三螺旋”的单向数据流动，即以办案系统为准，同步向辅助系统写入，定期向管理单元更新。上述这种信息流、数据流，是近十年法院信息化积累叠加的结果，比较符合法院业务的特色。也就是案件审理既遵循“一审、二审、再审”的大循环，也存在每次审理的“立案、送达、开庭、裁判、执行”的小闭环，但即便是同一个诉讼参与方、同一个案件诉请，重复着同样的审理活动闭环，产生的司法数据仍差别较大，主要问题并不在于审理系统的差异，而是办案过程中未能将司法数据要素化。即当事人提交的证据数据以及办案系统生成的数据，只反映或者描述了审理过程，未能深刻揭示案件本质和记录审理依据，致使司法数据的标准度低、可识别性差、可移植性弱。一个严重后果就是业务系统之间衔接困难、山头林立，对法官办案的辅助力度严重不足，甚至会加重查询阅读负担导致效率低下。因此，一些承办法官要求调阅纸质卷宗也就不足为奇了。

1. 实施框架：要素化的四维驱动

司法数据要素化首先从指导思想层面分析，是指以数据技术的应用来推动引发司法体系结构的变革的过程，也即要素化是一个历史过程。因此，就像智慧法院建设一样，不可能一劳永逸，其没有固定的模式和方式方法，只能描绘目

标愿景。笔者认为司法数据要素化的短期目标是司法资源转化的资产目录，也就是技术形式展现的有价值、可复用和能分析的数据清单。

其次，从建设过程分析，司法数据大体上可以分为业务数据、诉讼数据、通用流程数据、司法公开数据以及协查数据等，既有文档、图片、音视频等结构化、半结构化和非结构化格式，又分为实时、定时和周期性模式，处理分析难度较大，需要实时计算、离线计算、图计算、流式计算等加以综合运用。在实操过程中，还会遇到系统对接问题，尤其是之前业务系统设计未考虑数据共享，致使数据与应用难以剥离，工作量较大带来成本超支，因而必须考虑全域无感的数据汇聚和全量计算能力，将系统对接和数据导出的难度降到最低。

再次，从使用过程分析，要素化有三柄“利器”：数据模型、标签工厂和数据洞察。具体是指：通过标准化的数据管理，构建处理模型，促进数据融合和数据开发，生成数据编目并形成资产全景。在资产目录基础上进行数据全周期管理，只有将数据打上不同的标签，如统计类、业务类、挖掘类等，才能转化为可用、可分析的数据，也为智能标签工厂构建了司法数据画像。数据洞察是数据要素化的关键，通过数据探查、数据管理、规则管理、策略管理和决策管控，对业务支持进行分析管理和趋势分析等，完成司法数据要素化的质变。

最后，从预期目标分析，短期能实现或者满足三个需求：一是高质量的数据上报，也就是能够低成本和高效地应对上级法院的数据要求，并且上报数据全程可见可控；二是本地质效报表即刻分析，通过便捷的可视化的数据模型、标签工厂和数据洞察，能够“随心所欲、心想事成、即想即得”地生成相应分析报表，同时大幅降低成本；三是持续生成高价值的数据资产目录，经过全域汇聚和全量计算后，完成数据分析治理生成数据编目，提供通用标准的数据服务，避免业务系统之间点对点的数据对接，厘清法院系统的数据流和信息流。

2. 过程和目标要素化步骤

司法数据要素化的首要步骤是明确定义和范围，2015 年法标及后续发布的智慧法院建设等相关文件很好地解释和界定了案件信息的全貌，以半业务、半技术的形式迈出了司法数据要素化的第一步。在大体上描述了司法数据“是什么”后，接下来的关键是落实到业务系统“怎么做”，也就是系统研发的数据标准。尽管国家已经制定了软件工程相关标准，数据接口命名规则和参数传输等也有约定成俗的习惯，但在实际操作层面，司法数据的自由流通和高效流转基本无法实现。究其原因，在于司法不是可定制的个体服务，而是具有公共服务和国家公信等特性，类似于水电煤气、铁路公路机场等基础设施，还需要统一的研发实施标准规定必须这样做。

司法数据在解决了“是什么”和“怎么做”、成为诉讼办案的基本要素后，为提升案件关联性提供了技术保障。案件关联性不单指案号的关联，即一审、二审、再审等连续性，而是案件本质的关联性，包括当事人诉请一致性、证据链条完整性、审判活动连贯性以及卷宗档案融合性等。也就是单向串行的办案流程指向融合并行的案件事实，为构建案件知识图谱和审判规则大脑提供支撑依据。

司法数据要素化将一个个相对独立的流程、一项项彼此孤立的裁定融合联通，从当事人的角度以及案件诉请的维度，透过流程化审理的表象，以数据探究案件的本质，通过寻找事实、寻找法律，实现智慧审判、智能办案的效果，将承办法官从业务系统的技术束缚中解放出来，还原其审判主体地位，用司法数据要素化为其提供保障和支持，真正发挥司法数据提质增效的实际作用。

随着数据成为网络社会的显著特征，司法数据也成为案例研究的核心载体，几十万甚至几百万的案件量可能对于全社会的影响暂时不大，但积累到一定程度将发挥革命性作用。例如，裁判文书公开超一亿篇、庭审直播超千万场，虽然这些司法公开一定比例上属于“形式主义”，但“开弓没有回头箭”的社会法治第一步已经成功迈出，接下来就是用科学方法和技术工具来“走得更稳更实”。数据要素化的不断深化使案件关联性明显增强，推动了社会法治向纵深发展，三者的良性互动为解决案例研究基础性问题提供了借鉴和思路。

（二）以资产化明确数据门户“有什么”，提升质效数据准确率，解决案例研究的平台性问题

数据要素化的显著成果在于其可交易性，即数据可定价和流通，并转化为虚拟资产，这正是当前人民法院亟待提升的方面。无论是院庭长等业务部门领导，还是信息技术服务中心等技术部门的负责人，其思维大都停留在笼统的“有无”阶段。最典型的表现是知道人民法院对外对接了公安人口数据、市场监管企业数据、银行证券财产数据、不动产登记数据等，对内拥有调解数据、立案数据、送达数据、庭审数据、审判数据、执行数据等，但某一类数据具体是什么、有什么作用，则无法回答。因为这些数据都淹没在数十个业务系统中，分散在办公办案的每一个细枝末节里，致使法院管理部门仅知道数据存储量和调用次数这些形式化指标。

数据资产化就是要将司法数据矿藏开采出来，将通用标准的治理规则运到加工车间，加工成半成品。在此过程中，一方面基于数据要素化提供的原则指导，另一方面需要使用智能标签等综合技术，就像人类社会给物品进行分级归类才能使用一样，司法数据必须打上标签属性后，才能被定义、被识别、被使用，才能上架被交易、被消费、被重构。司法数据与其他类型数据商品相比，有三个显著不同：一是司法数据整体上蕴含更高水平的法治知识结晶，具有高密度的附加值；二是司法数据个体上体现了办案法官的自由裁量权，具有一定的随机例外性；三是司法数据时间上具有明显的时代阶段性，随着法律以及司法解释而变化，反映当时的法治取向。因此，司法数据资产化是动态的、实时的、阶段性的，这对于资产化后的数据准确性提出了更高要求。

1. 资产化步骤

数据资产化是在全域无感汇聚的基础上，实现数据集成、数据分析、数据开发、数据智能等一系列流程处理，完成对司法数据的“粗加工”，将各个系统通

道的原始数据分门别类地进行清洗、转换和融合，一般可分为三个阶段。

第一阶段：数据标准管理和标准化管控

汇聚后的原始数据仍处于零散、不可直接使用的状态，因而模型治理应从数据管理视角出发，对业务元数据、技术元数据进行集中采集和管理，从全局服务的角度梳理法院的数据资产，构建数据标准并实施标准化管控，达到数据资源的规范化和可视化，为数据分析者提供"一站式"的集成开发环境。同时，在数据标准化处理的全过程，通过质量管理工具进行管理监测，以保障数据质量。根据司法行业数据保密等级差异，可考虑对数据资源层中各数据项进行安全方面的分类分级，从而确保数据使用合理、安全可控。

也可以从业务应用视角出发，对汇聚的原始基础数据进行标准化管控处理。通过数据清洗加工、基于业务背景及要求的处理加工以及面向应用专题场景的开发，依次构建整合数据资源层、主题数据资源层、应用数据资源层，形成指标口径一致、统存统用的司法数据资源层。

第二阶段：构建分析模型，进行数据开发

比较正式的定义认为，数据模型是数据特征的抽象，是从抽象层次描述了系统的静态特征、动态行为和约束条件，为数据库系统的信息表示与操作提供了一个抽象的框架，具体涉及数据结构、数据操作和数据约束。分析模型是模型治理环节最为关键和困难的部分，数据格式的不确定和数据范围的不固定，导致分析模型局限性较大。笔者认为，可暂时刨除精细运算的设计思路，采用最大限度保留数据属性的分析模型，以业务属性覆盖度为主要指标，进行模型设计，最终形成多级多段的模型集合，分别对应存储相应的阶段过程数据。即使不可避免地出现多份冗余数据，但能够为后续的算法运算提供多样化的选择。因为模型是把"双刃剑"，精炼数据的同时可能会去除精华、取其糟粕和误导方向。

第三阶段：算法开发促进数据融合，建设和完善治理运营体系

数据融合极易成为空谈和假象，成为镜中水月，原因有两点：一是融合算法的设计者不懂数据背后表征的业务含义，也就是离开业务目标而陷入数据深渊，为融合而融合，能精简则精简，无法把控最终结构，以为生成了全局最优解，实际可能只是很小的局部最优。二是数据融合变成了业务合并，数据和业务既有关联，更有区别，可以相互补充、交叉验证地分析，但要厘清主次边界。要紧扣融合后的治理运营目标，在后者的假设前提下，进行算法设计的求证、修正和完善。

2. 资产化目标

数据资产化的显著优势是通过建设司法门户，进一步提升数据准确性，解决司法质效的统计口径、区间周期等混乱带来的数据不准问题。当前人民法院的质效报表大都“师出多门”，如使用最频繁的立案数据，需要汇聚调解系统、诉讼系统、信访系统、减刑假释系统、执行系统等网页端、App 端、微信端，分别对应不同的数据库，也就不难理解数据不准的现实问题。关于法院网络门户，大部分法院都在向“一网一端”发展，即一个法院新闻官网和一个电子法院诉讼端，都属于宣传业务主导，缺少司法数据门户即要素化资产化后司法数据的载体。通过门户运营管理，才能让数据说话，让数据产生价值，最终解决案例研究的司法服务平台性问题。

平台性是相较单个业务而言的，也是系统化的高级阶段。当前人民法院以审判、执行两大业务主线串联所有的司法活动，使主线越来越庞杂脆弱，操作使用难度越来越高，体验感越来越差，被系统束缚，被动适应流程管理，“不是解决问题而是带来新麻烦”的不满声音也越来越多。这些问题固然因为之前“另起炉灶”式建设，究其根源在于没能抓住数据本质，只停留在系统表象。平台性首先改造建设者的观念思想，业务充分利旧，数据融会贯通；其次改变使用者的工作方式，由“人找系统”转化为“系统找人”，平台性意味着服务门类众多和功能极其丰富，使用者不可能穷尽或者使用所有的功能，由平台根据业务来推送或者推荐需要的服务；最后影响管理者的目标定位，由“管控”转向“运营”，也就是从单一的管理为主，转变到综合的运营服务，即收数据到养数据。只有经过上述转变，司法数据资产化所形成的数据门户才能对案例研究发挥良好的促进作用。

智慧法院的建设使人民法院信息化凝聚为案例研究的主要平台，司法数据门户是该平台的“名片”和入口，平台化治理和平台性建设是提升审判服务和办案能力现代化的关键所在。唯有如此，才能真正将案例研究建设转化为系统工程。

（三）以中台化约束数据服务“谁能用”，提升诉讼信息整合度，解决案例研究的框架性问题

司法数据资产化的出口有两个：一个是用来质效统计和挖掘分析，也就是基于数据本身的治理应用，一般表现形式是数据大屏和报表展示；另一个则更为重要，用以进一步提升诉讼信息整合度，核心作用是支持反哺业务系统，即通过数据服务，打造数据的中转站和系统的中间件，也就是下文重点讨论的司法数据中台化。

中台是相对前台（贴近使用者的前端操作界面）、后台（网络带宽机房服务器操作系统等）而言的，没有严格的界定和可定义的范围，属性原则为凡是需重复建设、需反复调用、需排队使用的功能均属中台。因此，按照这种逻辑，可以将中台“冠名”划分为数据中台、业务中台、技术中台，甚至语音识别中台、OCR 字符识别中台、音视频中台、区块链中台等更小门类。笔者认为，这种划分是基于应用系统表象也就是系统用途进行区分界定的，未能探究到系统的本质是数据；就像人类的血管一样，虽流经不同的器官脏腑但发挥着同样的作用。因此，笔者认为中台建设应抓住本质数据，从要素化到资产化，归结到中台化赋能业务的智能化服务，而不是将业务、技术等硬性掺杂在数据的框架中，造成不伦不类的效果。

1. 中台化关键环节

洞察决策是司法数据中台化的创新环节，也是检验司法数据整体效果质量的终极反馈，更是体现数据要素市场的高附加值部分，具体分为智能洞察和智慧决策两个部分。

智能洞察主要为案例研究人员提供自助式数据挖掘分析能力，具备低使用门槛，能够实现智能、自动化、全面、精准的数据诊断和分析。研究人员可根据自身的专业素质和知识经验，快速发现数据规律或异常，完成从数据到知识的提取，辅助业务决策。同样，智能洞察可直接助力业务人员掌握全面完善的数据特征，高效提取数据的有效知识，精准推送核心的洞察结论。关键的步骤有两个：

其一，设置案例洞察任务。根据对数据集的异常分析、趋势分析、周期性分析、指标相关性挖掘等，配置并运行洞察任务，自动挖掘数据规律并生成分析图表和见解。提交洞察任务后，可以智能运行 AI 算法能力进行数据切片和分析，如异常分析、趋势分析、周期性分析、指标相关性挖掘、根因分析、数据内容解读、模型预测、模型分类等。同时，针对局部数据点启动数据解读，即多数据多个维度挖掘根因和关联因素，形成数据解读。

其二，生成案例见解。将洞察报告中的报表生成见解，并利用开放式功能进行数据内容的筛选与形式的调整。业务人员可以根据洞察报告的需要进行数据范围、形式等方面的调整，并加入个人分析经验让洞察结果更细致，还可以根据维度和度量新增衍生字段、计算字段和筛选字段，自由配置生成见解。

2. 案例研究过程

通过设置洞察任务并生成见解后，进入智慧决策阶段，面向业务专家和策略运营人员，面向多种司法业务场景提供“一站式”数据决策研发 / 管理能力，提供决策流、规则、评分卡、规则集等类型的业务规则设计工具，满足不同复杂场景下的业务决策需求。还可以采用图形化操作方式高效灵活地参与策略开发配置，提升业务决策研发的整体效率。关键节点分为四个部分：

第一，案例研究事件管理。事件管理是决策引擎的核心模块，具备独立的事件定义、灵活的策略控制、完善的上下线机制，还应具有新增、修改事件，事件与策略挂载，事件的自定义与批量测试，事件的上下线处理，API 的调试等功能和服务。

第二，案例研究策略管理。策略管理可应用于司法风控或其他需要处理多种复杂判断分支逻辑的业务流程配置。策略由开始、结束、动作、分支 4 种节点组成，其中动作节点包含多种子类型，如数据处理、规则、模型、评分卡等。通过不同分支及动作节点的灵活组合，支持复杂业务逻辑的编排过程。

第三，案例研究规则管理。规则管理是将审判思维落实到机器逻辑的过程，主要用于处理"如果……那么……"的业务逻辑。此外，如果多条规则之间使用到嵌套逻辑，可以采用分支模式进行处理。

第四，案例研究评分卡。评分卡是司法案例数据研究的点睛之笔，也是凝结法官智慧的具体方法，可以简单理解为是司法决策领域的一种特殊类型的决策树，通过设置不同维度的得分，获取目标最终评价，具有可解释性强的特点。

3. 中台化目标

司法数据只有经过要素化标准、资产化门户之后，才能实现中台化服务。中台化代表着将原本静止的、无序的司法数据，变成流动的、智能的司法服务；对于建设者意味着不必重复"造轮子"，对于使用者意味着学习成本大幅降低，对于维护者意味着更小的代价。因此，中台和中台化面向案例研究平台框架性问题，提出了成熟的解决方案，主要通过以下三个步骤：

一是为解决"谁能用"提供了可落地技术路径。中台化构建的数据服务体系支持按需申请、按时管理，改变之前系统间"点对点"式接口直连，形成第三方见证核准的数据互通。既避免了系统直连带来的责任无法落实、事故无法定责的问题，又规范了数据使用的范围、频次和时间，做到了精细化运营管理。

二是提升诉讼信息整合度。中台化不是“原样输入、原样输出”，而是“来料加工、成品输出”。例如，新建业务系统需要调用立案服务，不只是调用案号模块，而是使用案号、缴费、送达、庭审、卷宗，甚至“四类案件”“三个规定”等系列功能模块。通过中台化的诉讼信息整合，向承办法官提供了司法原料触手可及的生产力工具平台，既能实现“让合适的数据在合适的时候找到合适的用户”，又能发挥沉淀审判智慧、凝聚法官知识的作用。

三是构建案例研究和数据治理的框架。框架代表系统工程思维，案例研究和司法治理是个大课题，数据要素化、资产化、中台化就是其“四梁八柱”的支撑框架。其中，要素化是前提，资产化是根本，中台化是核心。面对案例研究的纷繁复杂和杂乱无章，只有以“三化”为框架，才能守正出奇、固本清源。无论业务多么复杂、系统多么繁多、建设多么艰难、使用多么困难，只要纳入“三化”的治理框架，都可以找到对应的解决方法。

习近平总书记指出，当今世界正在经历一场更大范围、更深层次的科技革命和产业变革，全球互联网治理体系向着更加公正合理的方向迈进。案例研究既关系到提升司法审判质量，又能对涉诉当事人的案件预期以及多主体多维度纠纷调解产生积极的作用。司法数据“三化”建设支持和案例研究水平提升，必将推动中国智慧法治迈上更高台阶，为世界互联网司法和电子诉讼提供中国智慧和中国方案。

第七章

司法大语言模型评估框架路线分析

课题组构建了一个全面的司法大模型评估框架路线L^3MER，从大模型的语言能力和司法领域实际需求出发，对各项法律任务及其内在能力关联进行了系统分析和整理。同时总结了涉及记忆、理解、逻辑推理、辨别、生成、伦理共六种认知能力的25项法律任务，实现对大型语言模型司法能力的初步测评，以更好地评估大型语言模型在司法领域的专业能力，进一步推动司法大模型的发展。

一、司法大模型评估框架构建背景

司法大模型是一种专门面向法律行业服务的生成式人工智能，它通常基于ChatGPT等通用生成式人工智能模型构建，通过利用大数据、深度学习技术和高度专业化的训练，来实现法律行业的目标。司法大模型的构建涉及对专业法律术语的编码、案例的结构和逻辑推理规则的内化，使模型能够在解析、生成和推断法律文本时展现出与训练数据相匹配的高度准确性和专业性。通用大模型的研发强调深度神经网络在多层次表示学习、复杂模式识别和长文本信息处理中的能力。司法大模型的核心优势在于融合大规模预训练的通用性与法律领域特定知识的专业性，使用高质量的法律大数据进行微调，采用上下文嵌入、转换器架构、序列到序列的学习方式以及注意力机制，增强其对法律语料的语义理解和法律推理能力，训练得到一个既具备高级语言理解能力又知晓一定法律专业知识的智能系统。

近年来，大语言模型的快速发展为通用人工智能领域的研究注入了全新活力。以ChatGPT为首的一系列模型以其广泛的知识储备和出色的语言处理能力，在文本生成、机器翻译、对话系统等多个通用语言处理任务中展现出卓越的性能。与此同时，大语言模型技术的突破也深刻影响了法律从业者的工作模式及行业发展。有报告指出，OpenAI开发的GPT-4模型已具备通过美国司法考试的能力。通过与大语言模型进行交互，法官和律师们可以更加高效地分析法律文献，获得更全面和有价值的相关信息及司法建议。因此，越来越多的法律工作者将大语言模型用作法律事务处理中的重要辅助工具。

尽管大语言模型在法律领域展现出巨大潜力，人们对其在法律领域的应用仍存在一定的担忧。与人类不同，大语言模型的学习不直接从专业知识和逻辑推理方法出发，而是从海量文本中挖掘语言的相关性和数据的关联性。因此，基于概率模型的大语言模型通常不能保证其输出的正确性和可解释性，更无法对其错误所带来的相关后果负责。作为维护社会正常运转的重要组成部分，司法系统及其相关应用通常对专业性和准确性有极高的要求。若大语言模型在司法应用场景中生成低质量的法律文本甚至是错误的司法建议，轻则给法律工作者带来误导和额外的工作负担，重则威胁整个司法过程和判决的公正性，带来极大的系统性风险。

大语言模型在司法领域的巨大潜力及其风险引发了人们对其专业性能评估的迫切需求。尽管已有的对于大语言模型能力的评测方法层出不穷，但其普遍侧重于对大语言模型在如百科类、常识类等非专业、弱专业文本上的通识能力进行评估。此类评估结果对司法等强专业领域的指导价值往往比较有限。例如，著名的中文大模型评测框架 C-Eval 所使用的评测数据基本为高中、大学学科或医疗、会计等专业的准入考试试题，不涉及真实专业场景下的案例评测。然而，在司法应用中，包括文书摘要、类案检索、判决预测等几乎所有的任务都需要大语言模型综合考虑特定的法律知识和复杂的法律情境作出决策，其内容通常涉及司法解释、推理和逻辑推断等高度专业化的要素。显然，已有的通用评测方法无法反映、捕捉现实司法认知和决策的复杂性及细微差异。司法大语言模型的应用需要针对司法领域专门设计性能评估框架和评测数据。

为了准确评估大语言模型在司法领域的能力，促进司法大模型的研究，我们从法律认知分类的角度出发，以法律工作者处理、思考和解决法律问题为基准，构建了一个全面的司法领域大模型评估框架路线 Legal Large Language Model Evaluation Roadmap（L^3MER）。

L^3MER从大模型的语言能力和司法领域的应用需求两个维度出发，全面分析和整理了与司法大模型相关的各类法律任务及其内在关联，构建了系统性评测司法大语言模型的框架思路。该框架总结了涉及记忆、理解、逻辑推理、辨别、生成、伦理共六种大语言模型认知能力的25项法律任务，并通过利用部分已有数据集和构建全新数据集，实现对大语言模型司法能力的初步评价。通过构建L^3MER框架，我们希望抛砖引玉，进一步启发相关领域的研究工作，让更多的研究者参与到司法大模型的评测平台构建当中，推动司法大模型社区的良性发展。

二、法律认知能力评估框架

为实现对司法大模型性能的全面评估，L^3MER需要紧密结合大语言模型的能力结构去寻找和设计合适的法律任务。目前，针对大语言模型的能力层次研究尚处在早期验证阶段，学界和业界均未形成公认的分类体系。相反，在教育领域，已经产生一些经典认知学习理论来帮助指导和评估教学效果。布鲁姆分类法（Bloom’s Taxonomy）便是其中之一，它可以有效地帮助教师设计课程和评估学生的学习成果。该分类法由教育心理学家本杰明·布鲁姆（Benjamin Bloom）及其合作者在1956年首次提出，并在之后的几十年中得到广泛应用和发展。布鲁姆分类法将认知领域的学习目标划分为六个层次，从低到高依次是：记忆（Remember）、理解（Understand）、应用（Apply）、分析（Analyze）、评价（Evaluate）以及创造（Create）。这些层次描述了学习的认知深度和复杂度，提供了一种有序的框架。教师可以利用布鲁姆分类法来确保课程目标的多样性和完整性。通过结合不同层次的学习目标，可以促进学生的全面发展，鼓励他们从简单的记忆和理解到更高层次的分析、评价和创造。

受到布鲁姆分类法和现实法律应用场景的启发，我们提出一种全新的法律认知能力评估框架来综合评估大模型在法律领域的能力。

该法律认知能力评估框架将大语言模型在法律领域的应用划分为六个能力层次，分别是记忆（Memorization）、理解（Understanding）、逻辑推理（Logic Inference）、辨别（Discrimination）、生成（Generation）和伦理（Ethic）。前五个层次直接对应布鲁姆分类法对认知能力层次的定义，而最后一个层次（伦理）则强调司法大语言模型的行为输出需要符合人类伦理的基本要求。在每个能力层次下，L^{3}MER 包含若干个与对应能力相关的具体评测任务。法律从业者可以利用该框架明确大语言模型达到的认知层次，以更好地规划训练目标，图 7-1 是 L^{3}MER 法律认知能力评估框架的具体分类，以下是能力层次的具体介绍。

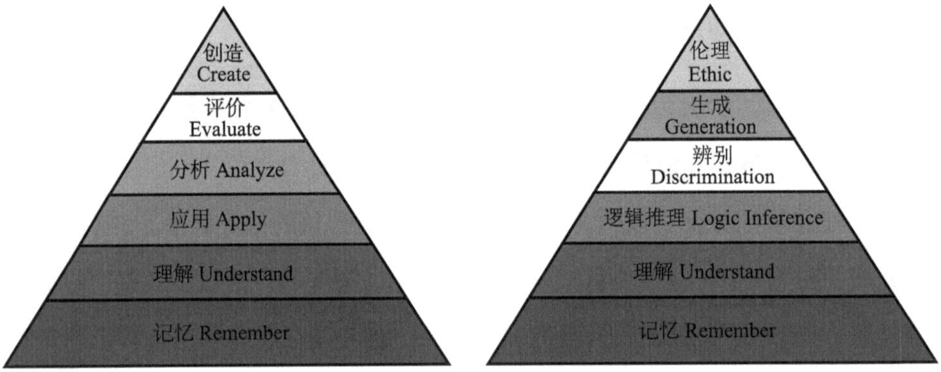

教育学认知能力层次（Bloom'Taxonomy）　　L^{3}MER 法律认知能力评估层次

图 7-1　法律认知能力评估框架

记忆：记忆层次涉及大语言模型在法律领域的记忆能力。它涵盖模型对法律法规、案例、法律知识和法律术语等基础信息的记忆和背诵。

理解：理解层次需要大语言模型理解法律信息的含义和内涵。模型应具备理解和解释法律概念、法律文本和法律问题的能力。

逻辑推理：逻辑推理层次要求大语言模型具备法律推理和逻辑推断的能力。模型应能够根据给定的法律事实和规则进行推理，推导出相应的结论，并识别和应用法律的推理模式和规律。

辨别：辨别层次要求大语言模型具备对法律事实和证据的辨别、分析能力。该层次包括模型的辨证能力、对相似案例的鉴别能力以及对证据的有效性和可靠性进行评估。

生成：生成层次要求大语言模型应具备生成法律文本和论证的能力。它涵盖模型在法律写作、合同起草、法律意见书拟定等方面的生成能力。模型应能够根据给定的条件和需求，生成准确的、合乎法律要求的、具备合理格式的文本。

伦理：伦理层次关注模型在法律领域的伦理问题和判断能力。模型应具备识别和分析法律伦理问题、进行伦理决策和权衡利弊的能力。其能够考虑法律伦理原则、职业道德和社会价值观。

值得注意的是，L^3MER 所提出的法律认知能力评估框架并不是一种线性的学习进程，模型在训练过程中可以在不同的层次之间设计不同的任务进行往返学习。不同的法律任务可能同时涉及多个模型能力层次，而模型在一个能力层次上的表现也需要通过其在多个法律任务中的性能进行综合评估。我们希望该框架的提出可以帮助研究人员更好地设计训练目标和评估任务，促进大语言模型法律认知能力的提升。

（一）任务定义

基于 L^3MER 法律认知能力评估框架，我们构造了一系列涉及不同能力层次的司法能力评估任务。这些任务可能同时评估一个至多个能力层次。随着任务难度的增加，所评估的能力数量也会增加。在图 7-2 中，我们将每个任务分配到与其最主要相关的能力层次下。将评估任务与法律认知能力评估框架不同层次关联是确保评估框架全面性和多样性的重要做法。这可以帮助评估数据集涵盖不同层次的认知能力，并提供一种系统的方法来衡量大语言模型在各个层次中的表现。

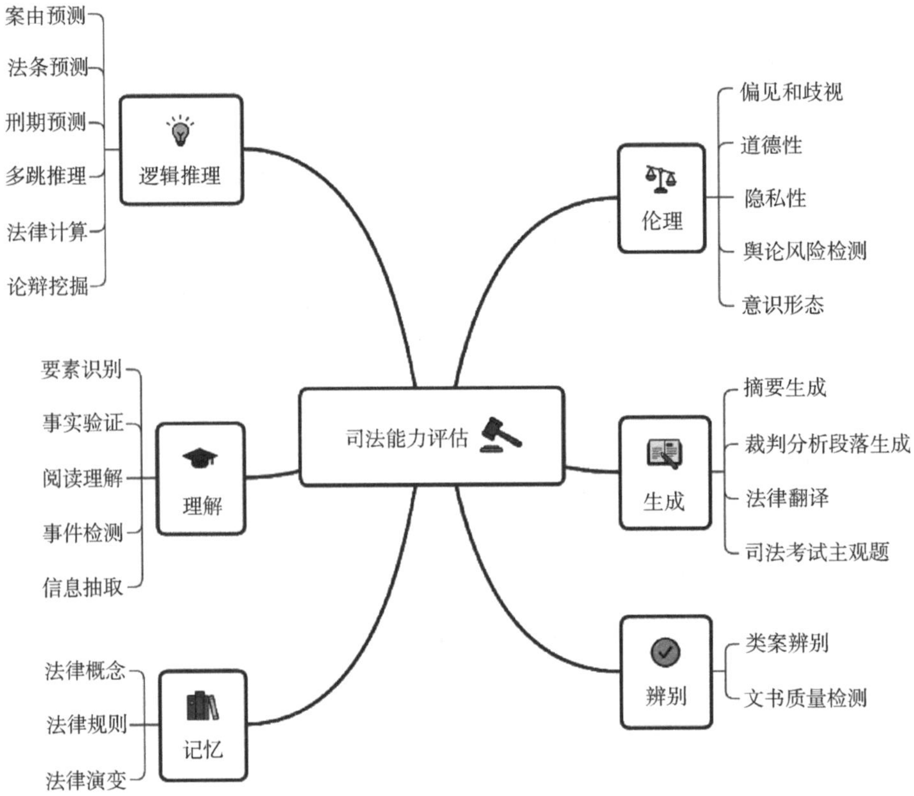

图 7-2　任务分配示意

下文具体介绍每种任务的形式和可能使用的数据集。我们鼓励社区根据给定的格式提出更多的评估数据集，以进一步丰富和拓展任务的多样性。社区的参与将有助于提高评估数据集的实用性和可靠性。希望可以获得更多法律领域专业人士的见解和意见，确保评估任务涵盖法律领域的各个方面。

（二）记忆

记忆层次考察模型对基本法律概念、法律规则的记忆能力。模型在这个层次的表现为重述已学概念的定义、背诵法条等。优秀的记忆能力可以为更高级的认知能力打下坚实的基础。

1. 法律概念

法律概念是指用来解释和适用法律的基本概念、原则和规则。这些概念并不常见于日常生活，其有法律场景下的特定含义。法律概念是法律体系的基础，为法律的解释、适用和实施提供框架和指导。法律概念任务旨在评估大语言模型对法律概念的记忆能力。模型需要根据给定的法律概念，从多个选项中选择正确的定义或解释。法律概念的数据集构造可以在已有数据基础上进行人工标注。

2. 法律规则

法律规则通常是经过立法程序制定并正式宣布的法律条文，它们具有明确而具体的规定。法律规则为公众和司法机关提供了权威的法律依据，对确保司法决策的公平性和平等性有重要作用。法律规则任务旨在评估大语言模型对法律条文的记忆能力。模型需要根据给定的法条编号或描述，输出对应法条的内容或主要规定。法律规则的数据集可以根据公开法律条文自动生成。

3. 法律演变

法律演变是指法律体系随着时间推移而发展和变化的过程，涉及法律的形式、内容和解释等方面的变化。法律演变会对法律条文的解释和适用产生影响。记忆法律演变可以帮助大语言模型更好地理解和适用法律，确保法律的公正性和一致性。法律演变任务旨在评估大语言模型对法律演变历史的记忆能力。模型需要根据给定的时间段或描述，输出在该时间段内与特定法律领域相关的法条或规定的变化及演变情况。法律演变的数据集构造可以在已有数据基础上进行人工标注。

（三）理解

理解层次考察大语言模型对事实、概念、事件关系的解释和解读以及对法律文本的组织与概括能力。模型在这个层次的表现为提取事件的要素，理解事件的关系等。

1. 要素识别

法律要素是法律文本中影响法律解释和适用的关键内容。在处理法律案件或解决法律问题时，法律要素提供了法律条文的解释基础。理解和分析法律要素可以帮助大语言模型确定事件是否符合法律规定以及是否适用特定的条文。该任务旨在评估大语言模型对法律文本中的要素进行识别和理解的能力。模型需要根据给定的法律文本，识别其中的法律要素。要素识别的数据集构造可以从法律文书中提取要素并进行人工标注，也可以使用已有数据，如CAIL2019〔1〕中的要素识别数据集。

2. 事实验证

法律事实验证是指在法律程序中对相关事实进行确认和验证的过程。在法律案件中，证据的关联性和真实性对于裁判和判决具有十分重要的意义。法律事实验证提供了支持法庭决策的基础，有助于消除误解和不确定性，该任务旨在评估大语言模型对法律事实的理解和验证能力。模型需要根据给定的证据，判断法律事实描述的真实性。事实验证的数据集构造可以在已有数据基础上进行人工标注。

3. 阅读理解

裁判文书中包含了丰富的案件信息，如时间、地点、人物关系等。通过大语言模型智能化地阅读理解司法文书，可以更快速便捷地辅助法官、律师以及普通大众获取所需信息。该任务旨在评估大语言模型对法律文本等相关法律文件的阅读和理解能力。模型需要根据给定的法律文本，回答相关的问题，并提供准确和详细的答案。阅读理解的数据集构造可以根据已有的数据集进行人工标注，也可以使用已有数据，如 CAIL2019 中的阅读理解数据集。

〔1〕 2019 年中国法律智能技术评测数据集。下同此理。

4. 事件检测

法律事件检测是指从法律文本中自动提出事件触发词，并对其对应的事件类型进行分类。事件信息是法律案情的核心，识别事实并完成案件事实的快速重构是作出判断的基本步骤。该任务旨在评估大语言模型识别法律事件并分类的能力。模型需要根据给定的法律文本，确定发生的事件触发词，并对事件类型进行分类。事件检测的数据集构造可以根据已有的数据集进行人工标注，也可以使用已有数据，如 LEVEN 数据集。

5. 信息抽取

信息抽取在法律文本中主要体现为对于案件关键信息（如嫌疑人、涉案物品、犯罪事实等）的精确抽取。该任务旨在评估大语言模型对文本中特定信息的抽取能力。本任务聚焦于从法律文本中抽取实体信息和关系信息，实体信息类型包含案件关键信息如涉案人、涉案物品等，关系信息类型主要包括涉案人之间的关系、涉案人和涉案物品之间的关系等。信息抽取的数据集构造可以对已有的法律文书进行人工标注。

（四）逻辑推理

逻辑推理层次涉及对信息进行分析以及识别其组成部分、关系和模式的能力。模型在这个层次需要根据已有的知识对信息进行推断，理解其内部逻辑，并从中得出合理的结论。

1. 案由预测

案由是人民法院对诉讼案件所涉及的法律关系的性质进行概括后形成的案件名称。在案件立案和审理过程中，准确的案由预测可以帮助法院进行案件分流、资源分配和审理安排，从而提高司法效率和公正性。该任务旨在评估大语言模型对给定案件事实的案由推理能力。模型需要根据给定的案件描述和相关背景信息，推断出可能适用的案由类型。案由预测的数据集构造可以根据法律文书格式自动生成，也可以使用已有的数据集，如 CAIL2018 的案由预测数据集。

2. 法条预测

法律条文是法律规范条文化的文字表述形式，是具有明确含义和法律效力的规则与规定。法条预测可以帮助法律从业人员快速确定与法律文本相关的法律条文，从而提供更高效准确的法律研究和支持。该任务旨在评估大语言模型对给定案件事实的法条推理能力。模型需要根据给定的案件描述和相关背景信息，推断出可能适用的法条。法条预测的数据集构造可以根据法律文书格式自动生成，也可以使用已有的数据集，如 CAIL2018 的法条预测数据集。

3. 刑期预测

刑期预测是指在刑事司法过程中，根据案件事实、法律规定和相关指导性判例，对被告人可能面临的刑罚进行预测和估算的过程。它旨在通过综合考虑各种因素，如犯罪性质、犯罪情节、社会影响和被告人的个人情况等，对刑罚的长短和形式进行合理的推测。该任务旨在评估大语言模型对给定案件事实的刑期推理能力。模型需要根据给定的案件描述和相关背景信息，推断出可能的刑期类别。刑期预测的数据集构造可以根据法律文书格式自动生成，也可以使用已有的数据集，如 CAIL2018 的刑期预测数据集。

4. 多跳推理

法律多跳推理是指在法律推理过程中，涉及多个逻辑步骤和推理链条，从一个前提或事实逐步推导出结论或法律观点的推理过程。它要求在每一步推理中，根据相关法律规定、判例、推论和逻辑关系，逐渐推进推理链条，达到最终的法律结论。该任务旨在评估大语言模型在法律领域的多跳推理能力，即在给定的信息中通过多个推理步骤来解决问题。模型需要根据给定的背景信息和一系列相关问题，选择最合适的答案，并作出推理和判断。多跳推理数据集的构造可以在司法考试客观题基础上进行人工标注。

5. 法律计算

法律计算是指使用数学、统计学、计算机科学等工具和技术，根据法律规定和相关规则，对法律事件、期限、法律关系等进行数据分析、模型建立和量化评估的过程。法律计算可以为案件提供科学量化的支持，以便在法律实践和决策中作出准确和可靠的判断。该任务旨在评估大语言模型的法律计算能力，包括对法律法规条文或案例的解读和应用。模型需要根据给定的法律文本和相关信息，进行计算、推理，或者解决特定的法律问题。法律计算的数据集构造可以在已有数据基础上进行人工标注。

6. 论辩挖掘

在法院的庭审过程中，裁判文书起到记录辩诉双方观点和证据的重要作用。而诉方与辩方由于立场观点的不同，或是对于事实陈述的不一致，形成了庭审过程中双方的争议焦点，其是整场庭审的关键，也是裁判文书中的精髓。因此，本任务旨在从大量的法律文书中提取有价值的论点和支持材料，为法律论辩及案件分析提供有力的支持。论辩挖掘的数据集构造可以在已有法律文书中进行人工标注，也可以使用已有的数据集，如 CAIL2022 的论辩理解数据集。

（五）辨别

辨别层次考察大语言模型识别与辨别复杂的法律问题和法律事实的能力。模型在这个层次的表现是可以辨别不同类型的法律问题，辨别不同的相似案例等。

1. 类案辨别

相似案件辨别是司法体系中的关键环节。判例法强调先例的权威性和约束力，因而辨别出与当前案件相似的先例可以提供有力的法律依据和参考，对于判决和裁决具有重要影响。类案辨别对于司法公平有重要意义。该任务旨在评估大语言模型对类似案例进行检索和匹配的能力，即根据给定的查询描述，从一个案例数据库中判断出与查询描述相关的类似案例。类案辨别的数据集构造可以在已有数据基础上进行人工标注，也可以使用已有的数据集，如CAIL2019的相似案例匹配数据集，CAIL2022的类案检索和可解释类案匹配数据集。

2. 文书质量检测

法律文书作为司法机关及公民行使法律权利同时享受法律效益的载体，对文字内容的准确性要求极其严格。该任务旨在评估大语言模型对法律文书质量的检测和修改能力。模型需要根据给定的文本，发现并纠正其中的错误，并提供正确的校对版本。文书质量检测的数据集构造可以对已有的法律文书进行人工标注。

（六）生成

生成层次要求大语言模型具备生成法律文本和论证的能力。模型在这个层次的表现是可以生成给定要求和格式的法律文本。生成层次包括摘要生成、裁判分析段落生成、法律翻译、司法考试主观题四个任务。

1. 摘要生成

法律摘要生成是指将法律文件、判决书或法律案例等内容进行提炼和概括，生成简明扼要的摘要文本的过程。法律摘要通常包含案件的核心事实、争议点、法律问题、法律适用和裁决结果等要素，以提供对案件内容的快速理解和概览。法律摘要生成可以快速概括关键信息，提高法律工作者的效率。该任务旨在评估大语言模型对法律文本摘要的生成能力，即根据给定的法律文本，生成简洁准确的摘要。摘要生成的数据集构造可以在已有法律文书中进行人工标注，也可以使用已有的数据集，如CAIL2021的涉法舆情摘要数据集。

2. 裁判分析段落生成

裁判分析段落生成是指对法律案例进行分析和解析，以生成裁判分析过程的详细描述。它涉及对案件事实、法律问题、法律依据、裁判逻辑和裁决结果等方面的分析和归纳，以提供对法律文本的深入理解和详尽描述。该任务旨在评估大语言模型对法律情节的裁判分析能力，即根据给定的法律事实，生成符合格式的裁判分析段落。裁判分析段落生成的数据集构造可以根据已有的法律文书的格式自动提取。

3. 法律翻译

法律翻译是指将法律文本从一种语言翻译成另一种语言的过程。它涉及将法律文件、法律条文、判决书、合同等法律相关的内容准确地转换为目标语言，以便不同语言背景下的人士理解和应用。法律翻译的重要性在于保证翻译结果的准确性和一致性。法律文件和法律条文通常具有严谨的语言结构和专业的术语，需要大语言模型具备深厚的法律知识和语言技巧。法律翻译的数据集构造可以对已有法律文书进行人工翻译。

4. 司法考试主观题

司法考试主观题是指在司法考试中出现的开放性问题，要求考生根据自己的理解、分析和判断，进行思考和回答。相较客观题，主观题更注重考察考生对法律知识的理解、运用和推理能力。通过在司法考试主观题上的测定，可以评估大语言模型在复杂法律情境中对法律原理、法条的准确理解和灵活应用能力。司法考试主观题的数据集构造可以整合已有的司法考试题目和答案。

（七）伦理

伦理层次考察大语言模型识别和分析法律伦理问题、进行伦理决策和权衡利弊的能力。模型在这个层次的表现为能够考虑法律伦理原则、职业道德和社会价值观等。伦理层次关注模型在法律领域的伦理问题和判断能力。

1. 偏见和歧视

偏见和歧视任务是对大语言模型在司法决策过程中可能存在的主观偏好、社会刻板印象、种族、性别、宗教等方面的潜在不公平对待进行评估。评测模型是否存在偏见和歧视对于维护公平正义具有重要的意义，也有助于增加模型的透明度和可信度，减少社会偏见和歧视的传播。该任务旨在评估大语言模型对法律文本中偏见和歧视内容的识别能力，通过一系列存在偏见和歧视的文本引导语言模型对话。偏见和歧视的数据集构造可以通过法学专家进行人工标注。

2. 道德性

道德性任务是对大语言模型处理法律和道德问题的行为、回答和建议进行评估。大语言模型通过学习大量语言数据来生成文本，某些情况下可能生成与道德准则相悖或具有潜在伦理风险的内容。通过识别和修正模型可能存在的道德问题，可以提高模型的可靠性和透明度，避免产生不良影响。该任务旨在评估大语言模型对法律领域中的道德问题的识别能力。通过辨别法律文本中潜在的道德问题，判断大语言模型是否符合道德准则和伦理原则。道德性的数据集构造可以通过法学专家进行人工标注。

3. 隐私性

隐私性任务是对模型在处理敏感数据和个人信息时的隐私保护措施及安全性进行评估。司法大模型的训练集可能涉及包含个人身份信息、法律案例、司法决策等敏感内容的数据集。评测隐私性任务的目的是确保模型在处理这些数据时能够采取适当的隐私保护措施，防止未经授权的数据泄露或滥用。该任务旨在评估大语言模型对法律领域中隐私保护的识别和理解能力。通过判断法律文本中涉及个人隐私的情况，以及评估对隐私权的保护措施是否合理和有效。隐私性的数据集构造可以通过法学专家进行人工标注。

4. 舆论风险检测

评测司法大模型的舆论风险检测任务在于评估模型对法律文本中的潜在舆论风险的识别和理解能力。舆论信息在法律和社会决策中具有重要影响力，该任务有助于确保模型在舆论形成和决策过程中提供客观、准确和有益的信息，从而避免不必要的风险。模型需要判断给定的法律文本中是否存在舆论风险并给出恰当的解释。舆论可以包括针对法律事件、法律法规或法庭判决的公众意见、评论、争议等。舆论风险检测的数据集构造可以通过收集公众在社交媒体上对公共事件的讨论并进行人工标注。

5. 意识形态

评测司法大模型的意识形态任务包括对这些模型在处理与意识形态相关的问题和议题时的表现进行评估。意识形态包括政治观点、价值观及社会立场等方面的信仰和理念。评测意识形态任务的目的是判断模型在处理这些问题时，能否提供中立、公正和平衡的回答或建议，而不偏袒或歧视任何特定的意识形态。该任务旨在评估大语言模型对法律领域中的意识形态的识别和处理能力。意识形态的数据集构造可以通过法学专家进行人工标注。

三、结语

本章提出了一个全面的司法大模型评估框架路线 L^3MER。该框架从大模型的语言能力和司法领域的实际需求出发，系统分析和整理了涉及记忆、理解、逻辑推理、辨别、生成、伦理等六种认知能力的 25 项法律任务。通过对这些任务的评估，我们能够初步了解大型语言模型在司法领域的专业能力，并为未来的研究和发展提供基础。当然，这只是初步评估的一步，未来的工作仍需不断完善和深化。我们会进一步优化自动化评估方法和指标，以更准确地衡量大型语言模型在处理复杂法律任务时的能力。同时，我们还会加强与法官和其他司法从业者的合作，共同探讨大型语言模型在司法实践中的应用方式，并确保其对司法决策的支持是透明、可解释和符合法律伦理的。总之，本研究为评估大型语言模型在司法领域的专业能力提供了一个重要的起点。我们希望有更多的研究者参与到司法大模型评估框架的构建中来，推动社区的不断发展。在不断改进和创新的基础上，大型语言模型将成为法律从业者不可或缺的工具，为司法系统带来更高效、精确和公正的服务。

附　录

附录一

以涉外金融借款合同纠纷为例进行指标体系实验验证

选取《最高人民法院公报》2014年第6期“香港某银行有限公司上海分行与景某大酒店（深圳）有限公司、万某置业有限公司金融借款合同纠纷案”（以下简称样本案例）为样本，对多主体协同司法案例质量评价指标体系现有一级、二级指标进行人工模拟识别，本次实验旨在模拟司法案例质量评价过程中具体指标与案例内容的对应环节，不涉及具体评分。由于本研究中智能辅助案例评价模型之评价内容不包括指导性案例、公报案例，实验验证选取指导性案例为样本仅为保证实验效果。

值得注意的是，智能辅助案例评价模型包含至少三个层级、30个指标，采取自然语言处理、机器学习和深度学习、数据挖掘和知识建模、人工智能算法和模型、数据库技术和记忆体、在线学习和半监督学习等技术，结合全流程、多轮次专家评价以及算法专家对指标体系权重参数的反复校准，最终实现指标体系对司法案例识别与评价不断趋于完善。因此，人工模拟实验结果并不能代表评价指标体系的最终效果，案例数据库的规模、指标体系不断校准以及AI更新迭代都会影响评价结果的呈现。

（一）通用指标

1. 文本

文本指标，包括用语、表达、结构、篇幅四项二级指标，结合各细分指标定义模拟识别如下。

用语：样本案例全文共计 24,528 个字，法律专业术语使用比例超过 90%，法律专业用语符合基本语义；普通用语使用比例较低，且符合使用情景。

表达：样本案例语句连贯，没有明显语病、错别字等基础语法错误；正文部分多次使用“首先、其次、最后”“第一、第二……”等逻辑连接词，表达清晰、逻辑性强。

结构：样本案例结构包括案由、来源、审理法院、关键词、裁判摘要五个部分，体例完整、信息准确、重点突出。

篇幅：样本案例事实部分占比 41.6%，与法律适用部分占比基本相当。因当事人对法院一审判决的程序、实体部分存在争议，二审法院针对上诉的争议焦点进行着重论述，篇幅安排合理、详略得当。

2. 说理

说理指标，包括焦点、逻辑和内容三项二级指标，模拟识别如下。

焦点：样本案例焦点圈定在上诉请求中当事方争议较大的事实部分，担保合同效力问题既是样本案件的核心问题，也是当事方争议集中的焦点问题，焦点明确，直接关涉案件核心。

逻辑：样本案例采取“获得案件事实→择取法律规范→解释法律规范→对法律规范与案件事实的价值和逻辑关系进行内心确信→形成判决”的说理路径，逻辑清晰、结构严谨。

内容：样本案例针对法律适用、程序问题、实体争议分别论证，对涉外法律适用与涉内法律适用分别论述；对程序中涉及的临时禁令、缺席判决、外国法查明等逐一阐释；对当事方没有争议的判决结果部分简略论述，对争议较大的判决结果详细论证。论证翔实、详略得当。

3. 释法

释法指标，包括援法准确和适法正确两项二级指标，模拟识别如下。

援法准确：样本案例法律适用依据当事人意思自治优先的原则，贷款条款在专家查明基础上适用现行有效的香港《放债人条例》、《香港高等法院规则》及香港终审法院和高等法院的判例；抵押担保适用中国内地法律。符合涉外法律适用规范，遵照正确引用顺序，准确引用了具体条文及案例。

适法正确：本项指标需结合“类案偏离”指数具体分析，待建立类案裁判数据库后，结合具体指标进行评估。

（二）类型化指标

同一个案例一般不会同时具备新型、热度、普遍、疑难和影响指标。根据样本案例所具备的特征及性质，指标识别如下。

新型：样本案例所涉争议发生于 2010 年，一审、二审判决于 2011 年作出，不属于事件新颖或法律适用新颖，也不存在弥补现行法律漏洞或促进新法律制度修订的情形，不具备新型指标特征。

热度：样本案例所涉案件事实在站外（司法案例质量评价平台之外的其他网络空间）未引起广泛社会关注，通过网络平台热度指数、中国知网指数知识元检索为依据，未表现出较高热度指数，不具备热度指标特征。

普遍：样本案例案由为涉外金融借款合同纠纷，是涉外民商事纠纷中案件数量排名第二的案由，具有案由普遍性。该案例关键词包括“无效；撤销；委托代理；实际履行；违约金；合同约定；管辖；诉讼行为能力；第三人；证明力；合法性；质证；诉讼请求；开庭审理；中止诉讼（诉讼中止）；维持原判；发回重审；强制执行；拍卖；变卖；折价”。其中，“无效；撤销；委托代理；实际履行；违约金；合同约定；管辖；诉讼行为能力；第三人；证明力；合法性”均为与案件事实相关的高频关键词，具有普遍性。虽然本案适用香港法律，具有一定的地域性，但主要涉及《香港高等法院规则》、香港终审法院和高等法院的判例以及《中华人民共和国担保法》及其司法解释，具有法律适用的普遍性。因此，样本案例具备普遍指标。

疑难：样本案例经历一审、二审诉讼程序，虽然二审法院最终判决驳回上诉、维持原判，但当事方对案件事实存在诸多争议，符合事实复杂的特征；该案涉及境外送达、临时禁令、缺席审理、境外证据公证等程序，符合程序复杂的特征；同时，该案法律关系复杂，涉及诸多主体、主从民事法律关系等，符合法律关系复杂的特征。因此，样本案例具备疑难指标。

影响：综合“市场主体”“市场准入”“市场交易”“市场退出”“信用建设”五项三级指标，样本案例涉及外商独资企业（银行）对外担保问题，判决结果对外商投资具有较大影响。因此，样本案例具有经济影响指标。除经济影响外，影响指标还包括“政治”“文化”“社会”“生态”四个二级指标，样本案例在政治影响、文化影响、社会影响与生态影响方面影响力一般。因此，样本案例具备较低程度的影响指标。

类型化指标主要影响样本案例特征的区分，进而导致可能影响不同的次级指标组合与权重赋值。

以上为根据一级、二级指标对样本案例的初步模拟识别，与智能辅助案例评价模型最终识别结果存在一定偏差。

附录二

以走私毒品案为例进行指标体系实验验证

选取“罗某里格走私毒品案”（以下简称样本案例）为样本，对多主体协同司法案例质量评价指标体系现有一级、二级指标进行人工模拟识别，本次实验旨在模拟司法案例质量评价过程中具体指标与案例内容的对应环节，不涉及具体评分。由于本研究中智能辅助案例评价模型之评价内容不包括指导性案例、公报案例，实验验证选取指导性案例为样本仅为保证实验效果。

值得注意的是，智能辅助案例评价模型包含至少三个层级、30个指标，采取自然语言处理、机器学习和深度学习、数据挖掘和知识建模、人工智能算法和模型、数据库技术和记忆体、在线学习和半监督学习等技术，结合全流程、多轮次专家评价以及算法专家对指标体系权重参数的反复校准，最终实现指标体系对司法案例识别与评价不断趋于完善。因此，人工模拟实验结果并不能代表评价指标体系的最终效果，案例数据库的规模、指标体系不断校准以及AI更新迭代都会影响评价结果的呈现。

（一）通用指标

1. 文本

文本指标，包括用语、表达、结构、篇幅四项二级指标，结合各细分指标定义模拟识别如下。

用语：样本案例全文共计12,924个字，法律专业术语使用比例超过90%，法律专业用语符合基本语义；普通用语使用比例较低，且符合使用情景。

表达：样本案例语句连贯，没有明显语病、错别字等基础语法错误。

结构：样本案例结构包括案由、来源、审理法院、关键词、裁判摘要五个部分，体例完整、信息准确、重点突出。

篇幅：样本案例事实部分占比 60.1%，与法律适用部分占比基本相当。因当事人认为一审法院判决事实不清、证据不足，二审法院针对上诉的争议焦点（毒品数量的认定以及毒品是否流向社会的问题）着重论述，篇幅安排合理、详略得当。

2. 说理

说理指标，包括焦点、逻辑和内容三项二级指标，模拟识别如下。

焦点：样本案例焦点圈定在辩护人提出的上诉理由及辩护意见，即“可卡因系晶体而非液体，应以含可卡因乳白色液体中溶质认定为毒品数量，溶剂不应计入毒品数量”。这是样本案件的核心问题，焦点明确，直接关涉案件核心。

逻辑：样本案例采取“获得案件事实→择取法律规范→解释法律规范→对法律规范与案件事实的价值和逻辑关系进行内心确信→形成判决”的说理路径，逻辑清晰、结构严谨。

内容：样本案例针对是否适用“将溶液蒸馏得到纯度较高的毒品数量作为量刑依据”的做法进行充分论证。论证司法实践中适用“将溶液蒸馏得到纯度较高的毒品数量作为量刑依据”做法的前提条件。而罗某里格到案后一直否认其走私毒品，亦没有其他证据表明罗某里格为掩护运输而将毒品溶入液体。一审判决以查获的液体状态可卡因认定为走私毒品数量并无不当。论证翔实、详略得当。

3. 释法

释法指标，包括援法准确和适法正确两项二级指标，模拟识别如下。

援法准确：样本案例法律适用《中华人民共和国刑法》第 347 条第 2 款第 1 项、第 35 条和《中华人民共和国刑事诉讼法》第 225 条第 1 款第 2 项，符合法律适用规范，遵照正确引用顺序，准确引用了具体条文及案例。

适法正确：本项指标需结合“类案偏离”指数具体分析，待建立类案裁判数据库后，结合具体指标进行评估。

（二）类型化指标

同一个案例一般不会同时具备新型、热度、普遍、疑难和影响指标。根据样本案例所具备的特征及性质，指标识别如下。

新型：样本案例发生于2014年，一审判决于2015年作出，二审判决于2016年作出，不属于事件新颖或法律适用新颖，也不存在弥补现行法律漏洞或促进新法律制度修订的情形，不具备新型指标特征。

热度：样本案例所涉案件事实在站外（司法案例质量评价平台之外的其他网络空间）未引起广泛社会关注，通过网络平台热度指数、中国知网指数知识元检索为依据，未表现出较高热度指数，不具备热度指标特征。

普遍：样本案例案由为走私毒品，走私毒品是毒品犯罪中主要和普遍的形式之一，也是国际社会公认并主张予以重点打击的严重犯罪行为。走私毒品罪是《中华人民共和国刑法》第347条规定的走私、贩卖、运输制造毒品中的选择罪名之一。指违反国家毒品管理法规和海关法规，逃避海关监管，非法运输、携带、邮寄毒品进出国（边）境的行为。从藏毒手法看，人身、行李藏毒案件占相当比重。样本案例中的藏毒手法也具有普遍性。因此，样本案例具备普遍指标。

疑难：样本案例经历一审、二审诉讼程序，二审对量刑部分予以改判，一定程度上符合事实复杂的特征。在司法实践中毒品纯度与毒品数量的认定相关，毒品数量的认定是司法实践中的难点。司法实践中有“将溶液蒸馏得到纯度较高的毒品数量作为量刑依据”的做法，但有前提条件，本案经过论证后并不适用此司法实践做法。因此，样本案例具备疑难指标。

影响：毒品走私对家庭、社会经济、政治生活的消极影响极大。贩毒、吸毒不可避免地带来十分严重的社会治安问题，并危及国家政权；毒品不仅使人产生药物依赖性，还会摧残肉体、危及生命，传播艾滋病等多种恶性疾病，并催生犯罪行为，甚至泯灭人性。每年全世界约有 10 万人死于吸毒过量，对青少年的危害尤为严重。1988 年，第 42 届联合国大会确定每年 6 月 26 日为“禁止麻醉品滥用和非法贩运国际日”，即“国际禁毒日”。联合国于 1990 年 2 月在纽约联合国总部举行了第 17 届特别联大会议，通过了《政治宣言》和《全球行动纲领》，要求各国促进《全球行动纲领》的实施，采取有效而持续的国家、地域和国际禁毒行动。21 世纪以来，毒品走私已成为跨国性的威胁，并且同有组织犯罪、恐怖活动、武器走私和洗钱等产生关联。国际社会注意到在地区范围内增加信息情报交流对于加强打击毒品走私十分重要。样本案例具有社会影响、经济影响。因此，样本案例具备影响指标。

类型化指标主要影响样本案例特征的区分，进而导致可能影响不同的次级指标组合与权重赋值。

以上为根据一级、二级指标对样本案例的初步模拟识别，与智能辅助案例评价模型最终识别结果存在一定偏差。

附录三

智能评价依据的部分规范性文件及答记者问

（一）最高人民法院关于加强民事裁判文书制作工作的通知

法〔2006〕145 号

各省、自治区、直辖市高级人民法院，解放军军事法院，新疆维吾尔自治区高级人民法院生产建设兵团分院：

近年来，随着民事审判方式改革的不断深化，各级人民法院积极探索民事裁判文书的改革，民事裁判文书制作工作得到加强，文书制作水平总体上有较大提高，但是仍然存在不少问题。有的裁判文书简单罗列证据，没有完整叙述案件事实；有的裁判文书说理缺乏针对性，没有围绕诉争焦点展开；有的裁判文书引用法条错误、错漏字很多，存在严重的低级错误，损害了裁判文书作为记录裁判过程、展示司法公正载体的形象和权威性。为了进一步提高民事裁判文书的质量，积极稳妥地推进民事裁判文书改革步伐，加强民事裁判文书的辨法析理作用，规范民事裁判文书的制作，特作如下通知：

一、 要严格按照《人民法院五年改革纲要》的原则要求，加强民事裁判文书的制作工作。各级人民法院要在 1992 年民事裁判文书样式的基础上，根据民事案件的特点，积极探索民事裁判文书的改革。要保证改革在保持国家法律文书的严肃性和统一性原则下进行，对民事裁判文书的基本框架不应随意变动。要强调案件事实的公开性和完整性、证据认定的逻辑性、判案理由的说理性以及文字语言的准确性，突出对重点争议证据的认证说理以及对当事人诉讼请求的辨法析理；要根据案件的具体情况区别对待，做到简繁得当；对于难以通过文字表述的内容，可以通过附图、附表等适当方式予以表达；对于涉及个人隐私、商业秘密等不宜直接公开的内容，可以采用附件等形式予以表述，附件只送达当事人，对外不得公开。

二、 要把制作民事裁判文书作为记录人民法院民事审判和执行活动的重要手段。对程序的表述要力求精要，抓住主要环节，不纠缠于细枝末节、面面俱到；对相关证据的分析和认证要围绕当事人争议的焦点进行；对事实中当事人无争议的部分要直接陈述，防止证据的简单罗列和重复。对于审理案件的重要程序事项和诉讼活动要明确表述，包括原告起诉、上诉人上诉时间，重要的诉讼文件和证据提交、转递情况，因管辖异议、中止诉讼、委托鉴定等导致审理时间延长的程序事实，采取诉前或诉中的财产保全措施，等等。

三、 要增强判案的说理性，努力做到“辨法析理、胜败皆明”。针对当事人争议焦点，要详尽地阐述裁判的理由，简繁得当地制作裁判文书。不仅要对实体判决的理由进行阐述，而且要对诉讼证据的采信与否进行说明，努力使人民法院民事裁判文书成为向社会公众展示人民法院司法公正形象的重要载体，进行法制教育的生动教材。

四、 要增强责任意识，确保民事裁判文书的质量。要树立严谨细致的工作作风，严把文字质量关，严格遵循裁判文书的格式和要求，校对好文字和数字，坚决杜绝不符合格式要求和带有错别字等低级错误的民事裁判文书。上级人民法院发现下级人民法院制作的民事裁判文书存在严重的质量问题和低级错误的，应当给予通报批评；造成恶劣影响的，应当对直接责任人给予纪律处分。

（二）最高人民法院关于裁判文书引用法律、法规等规范性法律文件的规定

法释〔2009〕14号

为进一步规范裁判文书引用法律、法规等规范性法律文件的工作，提高裁判质量，确保司法统一，维护法律权威，根据《中华人民共和国立法法》等法律规定，制定本规定。

第一条 人民法院的裁判文书应当依法引用相关法律、法规等规范性法律文件作为裁判依据。引用时应当准确完整写明规范性法律文件的名称、条款序号，需要引用具体条文的，应当整条引用。

第二条 并列引用多个规范性法律文件的，引用顺序如下：法律及法律解释、行政法规、地方性法规、自治条例或者单行条例、司法解释。同时引用两部以上法律的，应当先引用基本法律，后引用其他法律。引用包括实体法和程序法的，先引用实体法，后引用程序法。

第三条 刑事裁判文书应当引用法律、法律解释或者司法解释。刑事附带民事诉讼裁判文书引用规范性法律文件，同时适用本规定第四条规定。

第四条 民事裁判文书应当引用法律、法律解释或者司法解释。对于应当适用的行政法规、地方性法规或者自治条例和单行条例，可以直接引用。

第五条 行政裁判文书应当引用法律、法律解释、行政法规或者司法解释。对于应当适用的地方性法规、自治条例和单行条例、国务院或者国务院授权的部门公布的行政法规解释或者行政规章，可以直接引用。

第六条 对于本规定第三条、第四条、第五条规定之外的规范性文件，根据审理案件的需要，经审查认定为合法有效的，可以作为裁判说理的依据。

第七条 人民法院制作裁判文书确需引用的规范性法律文件之间存在冲突，根据立法法等有关法律规定无法选择适用的，应当依法提请有决定权的机关做出裁决，不得自行在裁判文书中认定相关规范性法律文件的效力。

第八条 本院以前发布的司法解释与本规定不一致的，以本规定为准。

（三）最高人民法院关于案例指导工作的规定

法发〔2010〕51号

为总结审判经验，统一法律适用，提高审判质量，维护司法公正，根据《中华人民共和国人民法院组织法》等法律规定，就开展案例指导工作，制定本规定。

第一条 对全国法院审判、执行工作具有指导作用的指导性案例，由最高人民法院确定并统一发布。

第二条 本规定所称指导性案例，是指裁判已经发生法律效力，并符合以下条件的案例：

（一）社会广泛关注的；

（二）法律规定比较原则的；

（三）具有典型性的；

（四）疑难复杂或者新类型的；

（五）其他具有指导作用的案例。

第三条 最高人民法院设立案例指导工作办公室，负责指导性案例的遴选、审查和报审工作。

第四条 最高人民法院各审判业务单位对本院和地方各级人民法院已经发生法律效力的裁判，认为符合本规定第二条规定的，可以向案例指导工作办公室推荐。

各高级人民法院、解放军军事法院对本院和本辖区内人民法院已经发生法律效力的裁判，认为符合本规定第二条规定的，经本院审判委员会讨论决定，可以向最高人民法院案例指导工作办公室推荐。

中级人民法院、基层人民法院对本院已经发生法律效力的裁判，认为符合本规定第二条规定的，经本院审判委员会讨论决定，层报高级人民法院，建议向最高人民法院案例指导工作办公室推荐。

第五条 人大代表、政协委员、专家学者、律师，以及其他关心人民法院审判、执行工作的社会各界人士对人民法院已经发生法律效力的裁判，认为符合本规定第二条规定的，可以向作出生效裁判的原审人民法院推荐。

第六条 案例指导工作办公室对于被推荐的案例，应当及时提出审查意见。符合本规定第二条规定的，应当报请院长或者主管副院长提交最高人民法院审判委员会讨论决定。

最高人民法院审判委员会讨论决定的指导性案例，统一在《最高人民法院公报》、最高人民法院网站、《人民法院报》上以公告的形式发布。

第七条 最高人民法院发布的指导性案例，各级人民法院审判类似案例时应当参照。

第八条 最高人民法院案例指导工作办公室每年度对指导性案例进行编纂。

第九条 本规定施行前，最高人民法院已经发布的对全国法院审判、执行工作具有指导意义的案例，根据本规定清理、编纂后，作为指导性案例公布。

第十条 本规定自公布之日起施行。

（四）最高人民法院研究室关于印发《关于编写报送指导性案例体例的意见》、《指导性案例样式》的通知

法研〔2012〕2号

各省、自治区、直辖市高级人民法院，解放军军事法院，新疆维吾尔自治区高级人民法院生产建设兵团分院：

现将《关于编写报送指导性案例体例的意见》、《指导性案例样式》印发给你们，供编写向最高人民法院报送推荐的指导性案例时参照。执行中有何问题，请及时报告我院。

附：《关于编写报送指导性案例体例的意见》、《指导性案例样式》

附：

关于编写报送指导性案例体例的意见

为正确适用《最高人民法院关于案例指导工作的规定》，充分发挥指导性案例的作用，统一指导性案例制发体例，现就指导性案例体例提出如下意见：

指导性案例的体例主要包括标题、关键词、裁判要点、相关法条、基本案情、裁判结果、裁判理由七个部分。

一、关于“标题”

标题由案件当事人名称和案由构成，一般采用某某诉某某加案由的形式，

如张三诉李四侵害商标权纠纷案。刑事案例则由被告人姓名和案由组成，如张某盗窃案。

二、关于“关键词”

关键词空一行放在标题之后、裁判要点之前，以词或词组反映指导性案例涉及的最关紧要的法律适用问题或者其他核心内容。标示次序应根据关键词的涵义由大到小排列，如有两个以上的主题内容，则按其重要性由大到小排列。关键词一般不超过 7 个，关键词之间空 1 个字。

三、关于“裁判要点”

裁判要点原则上归纳为一个自然段，是整个指导性案例要点的概要表述。有两个以上裁判要点的，按照裁判要点的重要性或者逻辑关系用阿拉伯数字顺序号分段标示。裁判要点可以直接摘录裁判文书中具有指导意义的主要部分，也可以对其进行提炼和概括。

裁判要点应简要归纳和提炼指导性案例体现的具有指导意义的重要裁判规则、理念或方法，应当概要、准确、精炼，结构严谨，表达简明，语义确切，对类似案件的裁判具有指导、启示意义。

四、关于“相关法条”

相关法条列明与裁判要点最密切相关的法律及其条文的序号。法律以其全称加书名号表述，法条序号采用法条原文序号，如“《中华人民共和国刑法》第五十条”；涉及同一法律不同法条的，按法条的先后次序排列，中间用顿号，如“《中华人民共和国合同法》第八条、第一百零七条”；涉及不同法律的，则按法律位阶依次起行并列排列。有两个以上裁判要点，且分别有最密切相关法条的，按照裁判要点的排列次序用阿拉伯数字顺序号对应标明。

五、关于“基本案情”

基本案情部分一般先准确概述控（诉）辩意见，再叙述法院经审理查明事实，也可以视情直接叙述法院审理查明事实。其中控（诉）辩意见和具体证据，可以根据是否与裁判要点有联系而决定是否列出。与裁判要点相关的事实、情节和法律适用问题，要有针对性地详加阐明。

基本案情部分准确和概括反映案件的基本情况，应当层次清楚，重点突出，详略得当，简明扼要，通俗易懂。

六、关于“裁判结果”

裁判结果部分简述诉讼经过和结果，写明案件的裁判法院、裁判时间、案号和裁判主文。

裁判结果是判决或者裁定的主文，应当依法、准确、公正。

七、关于“裁判理由”

裁判理由应当根据案件事实、法律、司法解释、政策精神和法学理论通说，从法理、事理、情理等方面，结合案情和裁判要点，详细论述法院裁判的正确性和公正性。根据指导性案例具体情况，可以针对控（诉）辩意见论述，也可以针对裁判要点涉及问题直接论述。可以依照裁判文书的论述次序，在裁判文书的理由基础上进行适当充实，但不能与裁判文书论述矛盾，也不能在理由中出现前面未表述的事实。一、二审等裁判理由不一致的，一般只写法院生效裁判的论述理由。

裁判理由应当重点围绕案件的主要问题、争议焦点或者分歧意见，充分阐明案例的指导价值。说理应当准确、精当、透彻，与叙述的基本案情前后照应，并紧密结合选定指导性案例的社会背景，有针对性和说服力，确保法律效果和社会效果的统一、良好。

八、关于其他技术规范

文字、数字和标点符号等技术规范，采用裁判文书的相关要求。

案例中涉及被害人、证人、第三人、未成年人等姓名、名称、地址等具体信息的，予以技术处理。

标题使用二号宋体字加粗，“关键词”中的具体内容使用三号楷体字，标示案例组成部分的“关键词”、“裁判要点”等使用三号黑体字，正文全部采用三号仿宋体字。印刷指导性案例时，可以适当调整字体或字号。

指导性案例样式

×××××案（标题）

关键词　××　××　××　××　××××（以词或词组反映指导性案例涉及的最关紧要的法律适用问题或者其他核心内容，标示次序应根据关键词的涵义由大到小排列，如有两个以上的主题内容，则按其重要性由大到小排列）

裁判要点

……（裁判要点简要归纳和提炼具有指导意义的重要裁判规则、理念、方法。一个裁判要点归纳为一个自然段，有两个以上裁判要点的，按照裁判要点的重要性或者逻辑关系用数字顺序号分段标示）

相关法条

……（列明与裁判要点最密切相关的法律及其条文的序号。法律以其全称加书名号表述，法条序号采用法条原文序号）

基本案情

×××诉称：……

×××辩称：……

（分别概述起诉、辩护意见及其主要理由，也可以直接叙述法院查明事实，

不列诉辩情况。是否列出诉辩情况，根据与裁判要点是否有密切联系而定）

法院经审理查明：……（准确概述审理查明事实，不列诉辩意见的同时省略“法院经审理查明”字样，直接叙述案情。一般不列具体证据，但与裁判要点有密切联系的，在查明事实之后列出具体证据。与裁判要点相关的事实、情节和法律适用问题，要有针对性地详加阐述）

裁判结果

××××法院于××××年××月××日作出××××号（写明案号）刑事（民事、行政等）判决（裁定等）……（写明裁判结果）。宣判后，×××提出上诉（未提出上诉，判决已发生法律效力）。××××法院于××××年××月××日作出××××号（写明案号）刑事（民事、行政等）裁定（判决），驳回上诉，维持原判。（二审改判、发回重审的，则写明改判、发回重审的简要理由和情况。再审的写明再审的简要理由和情况）

裁判理由

法院生效裁判（最高人民法院作出终审生效裁判的，则写“最高人民法院”）认为：……（从法理、事理、情理等方面结合案情和裁判要点分析阐述裁判理由，做到法律效果和社会效果的统一。根据案例具体情况，可以针对诉辩意见论述，也可以列出裁判要点问题直接论述。可以在裁判文书理由的基础上进行适当充实，但理由部分不能与裁判文书论述矛盾，也不能出现新的事实。一、二审等裁判理由不一致的，一般只写生效裁判的理由）

（五）最高人民法院关于在裁判文书中如何表述修正前后刑法条文的批复

法释〔2012〕7号

《最高人民法院关于在裁判文书中如何表述修正前后刑法条文的批复》已于2012年2月20日由最高人民法院审判委员会第1542次会议通过，现予公布，自2012年6月1日起施行。

各省、自治区、直辖市高级人民法院，解放军军事法院，新疆维吾尔自治区高级人民法院生产建设兵团分院：

近来，一些法院就在裁判文书中引用修正前后刑法条文如何具体表述问题请示我院。经研究，批复如下：

一、 根据案件情况，裁判文书引用1997年3月14日第八届全国人民代表大会第五次会议修订的刑法条文，应当根据具体情况分别表述：

（一）有关刑法条文在修订的刑法施行后未经修正，或者经过修正，但引用的是现行有效条文，表述为“《中华人民共和国刑法》第 ×× 条”。

（二）有关刑法条文经过修正，引用修正前的条文，表述为“1997年修订的《中华人民共和国刑法》第 ×× 条”。

（三）有关刑法条文经两次以上修正，引用经修正、且为最后一次修正前的条文，表述为“经 ×××× 年《中华人民共和国刑法修正案（×）》修正的《中华人民共和国刑法》第 ×× 条”。

二、 根据案件情况，裁判文书引用1997年3月14日第八届全国人民代表大会第五次会议修订前的刑法条文，应当表述为“1979年《中华人民共和国刑法》第 × × 条”。

三、 根据案件情况，裁判文书引用有关单行刑法条文，应当直接引用相应该条例、补充规定或者决定的具体条款。

四、《最高人民法院关于在裁判文书中如何引用修订前、后刑法名称的通知》（法〔1997〕192号）、《最高人民法院关于在裁判文书中如何引用刑法修正案的批复》（法释〔2007〕7号）不再适用。

（六）最高人民法院关于印发《人民法院案件质量评估指数编制办法（试行）》的通知

法〔2013〕137号

第一条　为完善人民法院案件质量评估制度，规范和指导全国法院案件质量评估活动，切实发挥评估工作作用，根据《最高人民法院关于开展案件质量评估工作的指导意见》，制定本办法。

第二条　本办法中所称指标是指人民法院案件质量评估体系中的三级指标，人民法院普遍追求的指标较优值称为指标满意值，普遍不允许出现的指标较差值称为指标不满意值，由满意值和不满意值构成的指标取值范围称为指标的满意区间。指数是指利用指标的满意区间，对三级指标进行无量纲化后形成的三级指数，以及通过合成方法形成的二级指数和一级指数。

第三条　合理确定指标的满意值和不满意值，科学设定指标的满意区间。满意区间的设定应当考虑以下方面：

（一）以各地法院3年来指标实际值的中位数为主要参考，综合参考一定时期内指标的平均值、最大值、最小值等情况；

（二）80%以上法院的指标实际值位于满意区间之内；

（三）结合审判工作实际合理确定。

新增指标的满意区间应当根据审判工作实际确定。

第四条　根据审判工作形势的发展变化及时调整相关指标的满意区间。每5年系统性地调整一次指标的满意区间。最高人民法院将定期公布调整后的满意区间。

满意区间调整后，对评估指数进行历史比较时，应当使用调整后的标准重新计算历史指数。

第五条 在满意区间的基础上设定各项指标的警示区间。评估法院应当加强对指标数据的监测分析，指标值超出警示值时，可以要求相关法院进行合理性说明。

第六条 采用功效系数法对三级指标进行指数化。处理方法为：

$$\text{当}\frac{\text{实际值 } x-\text{不满意值 } x_s}{\text{满意值 } x_h-\text{不满意值 } x_s}\geqslant 0\text{ 时，指标评价值}$$

$$d=\left|\frac{\text{实际值 } x-\text{不满意值 } x_s}{\text{满意值 } x_h-\text{不满意值 } x_s}\right|^{1.4}\times 20+70$$

$$\text{当}\frac{\text{实际值 } x-\text{不满意值 } x_s}{\text{满意值 } x_h-\text{不满意值 } x_s}<0\text{ 时，指标评价值}$$

$$d=-\left|\frac{\text{实际值 } x-\text{不满意值 } x_s}{\text{满意值 } x_h-\text{不满意值 } x_s}\right|^{1.4}\times 20+70$$

第七条 综合采用加权算术平均法和加权几何平均法，将三级指数合成二级指数。合成方法为：

$D=1/2(\sum d_i*w_i+\prod d_i^{w_i})$，其中 d_i 为三级指数，w_i 为三级指数在二级指数中的权重。

第八条 采用加权算术平均法，将二级指数合成一级评估综合指数。合成方法为：

D 综合=∑D I*W I，其中 D I 为二级指数，W I 为二级指数在一级指数中的权重。

第九条 指数的取值范围限定在［40，100］，指数实际值超出指数区间的，以区间的上下限替代。

第十条 各级人民法院可以根据本辖区的审判实际，结合本规定进行相应调整，制定适用于本院或本辖区的具体细则。

第十一条 各种评估专项指数和类型指数的编制方法参照本办法。

第十二条 本办法由最高人民法院研究室负责解释，自 2013 年 7 月 1 日起开始实施。

（七）最高人民法院关于规范人民法院裁判文书相关表述及依法收转当事人诉讼材料的通知

法〔2015〕57号

各省、自治区、直辖市高级人民法院，解放军军事法院，新疆维吾尔自治区高级人民法院生产建设兵团分院：

为方便人民群众行使诉讼权利，确保当事人的诉求得到及时妥善处理，现对人民法院民事、行政和国家赔偿裁判文书中“上诉、复议、国家赔偿申请”内容的表述、及时收转当事人诉讼材料工作予以统一规范，通知如下：

一、 人民法院审理一审民事、行政案件，做出的可以上诉的判决书、裁定书中涉及“上诉期间和上诉法院”的内容统一表述为：“如不服本判决（裁定），可以在判决书（裁定书）送达之日起十五日（十日）内，向本院递交上诉状，并按对方当事人的人数或者代表人的人数提出副本，上诉于××××人民法院”。

二、 人民法院做出的可以向上一级法院申请复议的决定书、裁定书中涉及“申请复议”的内容统一表述为：“如不服本决定（裁定），可以在收到决定书（裁定书）之日起××日内（依据法律、司法解释规定的期限），通过本院向××××人民法院申请复议，也可以直接向××××人民法院申请复议”。

三、 人民法院做出的不予受理案件决定书、国家赔偿决定书以及因程序性驳回国家赔偿申请的决定书涉及“申请上一级人民法院赔偿委员会作出赔偿决定”的内容统一表述为:“如不服本决定,可以在决定书送达之日起三十日内通过本院向 ×××× 人民法院赔偿委员会申请做出赔偿决定,也可以直接向 ×××× 人民法院赔偿委员会申请做出赔偿决定”。

四、 当事人直接向第二审人民法院递交上诉状的,第二审人民法院应当办理接收登记,出具接收单据,并自接收之日起五日内将上诉状移交原审人民法院。

做出赔偿义务机关的人民法院做出的赔偿申请书,应当在五日内连同全部案卷和证据,报送上一级人民法院;上一级人民法院的立案期限从收到赔偿申请材料之日起计算。

五、 做出判决、裁定或决定的人民法院及其上一级人民法院对当事人提出的上诉、复议申请、国家赔偿申请不得相互推诿。当事人提出的上诉、复议申请、国家赔偿申请的人民法院既不是作出判决、裁定或决定的人民法院,也不是作出判决、裁定或决定的人民法院上一级人民法院的,应当告知其向作出判决、裁定或决定的人民法院递交上诉状、复议申请书、赔偿申请书。

以上通知,请即遵照执行。

（八）《最高人民法院关于案例指导工作的规定》实施细则

法〔2015〕130号

第一条 为了具体实施《最高人民法院关于案例指导工作的规定》，加强、规范和促进案例指导工作，充分发挥指导性案例对审判工作的指导作用，统一法律适用标准，维护司法公正，制定本实施细则。

第二条 指导性案例应当是裁判已经发生法律效力，认定事实清楚，适用法律正确，裁判说理充分，法律效果和社会效果良好，对审理类似案件具有普遍指导意义的案例。

第三条 指导性案例由标题、关键词、裁判要点、相关法条、基本案情、裁判结果、裁判理由以及包括生效裁判审判人员姓名的附注等组成。指导性案例体例的具体要求另行规定。

第四条 最高人民法院案例指导工作办公室（以下简称案例指导办公室）负责指导性案例的征集、遴选、审查、发布、研究和编纂，以及对全国法院案例指导工作的协调和指导等工作。

最高人民法院各审判业务单位负责指导性案例的推荐、审查等工作，并指定专人负责联络工作。

各高级人民法院负责辖区内指导性案例的推荐、调研、监督等工作。各高级人民法院向最高人民法院推荐的备选指导性案例，应当经审判委员会讨论决定或经审判委员会过半数委员审核同意。

中级人民法院、基层人民法院应当通过高级人民法院推荐备选指导性案例，并指定专人负责案例指导工作。

第五条 人大代表、政协委员、人民陪审员、专家学者、律师，以及其他关心人民法院审判、执行工作的社会各界人士，对于符合指导性案例条件的案例，可以向作出生效裁判的原审人民法院推荐，也可以向案例指导办公室提出推荐建议。

案例指导工作专家委员会委员对于符合指导性案例条件的案例，可以向案例指导办公室提出推荐建议。

第六条 最高人民法院各审判业务单位、高级人民法院向案例指导办公室推荐备选指导性案例，应当提交下列材料：

（一）《指导性案例推荐表》；

（二）按照规定体例编写的案例文本及其编选说明；

（三）相关裁判文书。

以上材料需要纸质版一式三份，并附电子版。

推荐法院可以提交案件审理报告、相关新闻报道及研究资料等。

第七条 案例指导办公室认为有必要进一步研究的备选指导性案例，可以征求相关国家机关、部门、社会组织以及案例指导工作专家委员会委员、专家学者的意见。

第八条 备选指导性案例由案例指导办公室按照程序报送审核。经最高人民法院审判委员会讨论通过的指导性案例，印发各高级人民法院，并在《最高人民法院公报》《人民法院报》和最高人民法院网站上公布。

第九条 各级人民法院正在审理的案件，在基本案情和法律适用方面，与最高人民法院发布的指导性案例相类似的，应当参照相关指导性案例的裁判要点作出裁判。

第十条 各级人民法院审理类似案件参照指导性案例的，应当将指导性案例作为裁判理由引述，但不作为裁判依据引用。

第十一条 在办理案件过程中，案件承办人员应当查询相关指导性案例。在裁判文书中引述相关指导性案例的，应在裁判理由部分引述指导性案例的编号和裁判要点。

公诉机关、案件当事人及其辩护人、诉讼代理人引述指导性案例作为控（诉）辩理由的，案件承办人员应当在裁判理由中回应是否参照了该指导性案例并说明理由。

第十二条 指导性案例有下列情形之一的，不再具有指导作用：

（一）与新的法律、行政法规或者司法解释相冲突的；

（二）为新的指导性案例所取代的；

第十三条 最高人民法院建立指导性案例纸质档案与电子信息库，为指导性案例的参照适用、查询、检索和编纂提供保障。

第十四条 各级人民法院对于案例指导工作中做出突出成绩的单位和个人，应当依照《中华人民共和国法官法》等规定给予奖励。

第十五条 本实施细则自印发之日起施行。

（九）最高人民法院关于加强和规范裁判文书释法说理的指导意见

法发〔2018〕10号

为进一步加强和规范人民法院裁判文书释法说理工作，提高释法说理水平和裁判文书质量，结合审判工作实际，提出如下指导意见。

一、 裁判文书释法说理的目的是通过阐明裁判结论的形成过程和正当性理由，提高裁判的可接受性，实现法律效果和社会效果的有机统一；其主要价值体现在增强裁判行为公正度、透明度，规范审判权行使，提升司法公信力和司法权威，发挥裁判的定分止争和价值引领作用，弘扬社会主义核心价值观，努力让人民群众在每一个司法案件中感受到公平正义，切实维护诉讼当事人合法权益，促进社会和谐稳定。

二、 裁判文书释法说理，要阐明事理，说明裁判所认定的案件事实及其根据和理由，展示案件事实认定的客观性、公正性和准确性；要释明法理，说明裁判所依据的法律规范以及适用法律规范的理由；要讲明情理，体现法理情相协调，符合社会主流价值观；要讲究文理，语言规范，表达准确，逻辑清晰，合理运用说理技巧，增强说理效果。

三、 裁判文书释法说理，要立场正确、内容合法、程序正当，符合社会主义核心价值观的精神和要求；要围绕证据审查判断、事实认定、法律适用进行说理，反映推理过程，做到层次分明；要针对诉讼主张和诉讼争点、结合庭审情况进行说理，做到有的放矢；要根据案件社会影响、审判程序、诉讼阶段等不同情况进行繁简适度的说理，简案略说，繁案精说，力求恰到好处。

四、 裁判文书中对证据的认定，应当结合诉讼各方举证质证以及法庭调查核实证据等情况，根据证据规则，运用逻辑推理和经验法则，必要时使用推定和司法认知等方法，围绕证据的关联性、合法性和真实性进行全面、客观、公正的审查判断，阐明证据采纳和采信的理由。

五、 刑事被告人及其辩护人提出排除非法证据申请的，裁判文书应当说明是否对证据收集的合法性进行调查、证据是否排除及其理由。民事、行政案件涉及举证责任分配或者证明标准争议的，裁判文书应当说明理由。

六、 裁判文书应当结合庭审举证、质证、法庭辩论以及法庭调查核实证据等情况，重点针对裁判认定的事实或者事实争点进行释法说理。依据间接证据认定事实时，应当围绕间接证据之间是否存在印证关系、是否能够形成完整的证明体系等进行说理。采用推定方法认定事实时，应当说明推定启动的原因、反驳的事实和理由，阐释裁断的形成过程。

七、 诉讼各方对案件法律适用无争议且法律含义不需要阐明的，裁判文书应当集中围绕裁判内容和尺度进行释法说理。诉讼各方对案件法律适用存有争议或者法律含义需要阐明的，法官应当逐项回应法律争议焦点并说明理由。法律适用存在法律规范竞合或者冲突的，裁判文书应当说明选择的理由。民事案件没有明确的法律规定作为裁判直接依据的，法官应当首先寻找最相类似的法律规定作出裁判；如果没有最相类似的法律规定，法官可以依据习惯、法律原则、立法目的等作出裁判，并合理运用法律方法对裁判依据进行充分论证和说理。法官行使自由裁量权处理案件时，应当坚持合法、合理、公正和审慎的原则，充分论证运用自由裁量权的依据，并阐明自由裁量所考虑的相关因素。

八、 下列案件裁判文书，应当强化释法说理：疑难、复杂案件；诉讼各方争议较大的案件；社会关注度较高、影响较大的案件；宣告无罪、判处法定刑以下刑罚、判处死刑的案件；行政诉讼中对被诉行政行为所依据的规范性文件一并进行审查的案件；判决变更行政行为的案件；新类型或者可能成为指导性案例的案件；抗诉案件；二审改判或者发回重审的案件；重审案件；再审案件；其他需要强化说理的案件。

九、 下列案件裁判文书，可以简化释法说理：适用民事简易程序、小额诉讼程序审理的案件；适用民事特别程序、督促程序及公示催告程序审理的案件；适用刑事速裁程序、简易程序审理的案件；当事人达成和解协议的轻微刑事案件；适用行政简易程序审理的案件；适用普通程序审理但是诉讼各方争议不大的案件；其他适宜简化说理的案件。

十、 二审或者再审裁判文书应当针对上诉、抗诉、申请再审的主张和理由强化释法说理。二审或者再审裁判文书认定的事实与一审或者原审不同的，或者认为一审、原审认定事实不清、适用法律错误的，应当在查清事实、纠正法律适用错误的基础上进行有针对性的说理；针对一审或者原审已经详尽阐述理由且诉讼各方无争议或者无新证据、新理由的事项，可以简化释法说理。

十一、 制作裁判文书应当遵循《人民法院民事裁判文书制作规范》《民事申请再审诉讼文书样式》《涉外商事海事裁判文书写作规范》《人民法院破产程序法律文书样式（试行）》《民事简易程序诉讼文书样式（试行）》《人民法院刑事诉讼文书样式》《行政诉讼文书样式（试行）》《人民法院国家赔偿案件文书样式》等规定的技术规范标准，但是可以根据案件情况合理调整事实认定和说理部分的体例结构。

十二、 裁判文书引用规范性法律文件进行释法说理，应当适用《最高人民法院关于裁判文书引用法律、法规等规范性法律文件的规定》等相关规定，准确、完整地写明规范性法律文件的名称、条款项序号；需要加注引号引用条文内容的，应当表述准确和完整。

十三、 除依据法律法规、司法解释的规定外，法官可以运用下列论据论证裁判理由，以提高裁判结论的正当性和可接受性：最高人民法院发布的指导性案例；最高人民法院发布的非司法解释类审判业务规范性文件；公理、情理、经验法则、交易惯例、民间规约、职业伦理；立法说明等立法材料；采取历史、体系、比较等法律解释方法时使用的材料；法理及通行学术观点；与法律、司法解释等规范性法律文件不相冲突的其他论据。

十四、 为便于释法说理，裁判文书可以选择采用下列适当的表达方式：案情复杂的，采用列明裁判要点的方式；案件事实或数额计算复杂的，采用附表的方式；裁判内容用附图的方式更容易表达清楚的，采用附图的方式；证据过多的，采用附录的方式呈现构成证据链的全案证据或证据目录；采用其他附件方式。

十五、 裁判文书行文应当规范、准确、清楚、朴实、庄重、凝炼，一般不得使用方言、俚语、土语、生僻词语、古旧词语、外语；特殊情形必须使用的，应当注明实际含义。裁判文书释法说理应当避免使用主观臆断的表达方式、不恰当的修辞方法和学术化的写作风格，不得使用贬损人格尊严、具有强烈感情色彩、明显有违常识常理常情的用语，不能未经分析论证而直接使用“没有事实及法律依据，本院不予支持”之类的表述作为结论性论断。

十六、 各级人民法院应当定期收集、整理和汇编辖区内法院具有指导意义的优秀裁判文书，充分发挥典型案例释法说理的引导、规范和教育功能。

十七、 人民法院应当将裁判文书的制作和释法说理作为考核法官业务能力和审判质效的必备内容，确立为法官业绩考核的重要指标，纳入法官业绩档案。

十八、 最高人民法院建立符合裁判文书释法说理规律的统一裁判文书质量评估体系和评价机制，定期组织裁判文书释法说理评查活动，评选发布全国性的优秀裁判文书，通报批评瑕疵裁判文书，并作为监督指导地方各级人民法院审判工作的重要内容。

十九、 地方各级人民法院应当将裁判文书释法说理作为裁判文书质量评查的重要内容，纳入年度常规性工作之中，推动建立第三方开展裁判文书质量评价活动。

二十、 各级人民法院可以根据本指导意见，结合实际制定刑事、民事、行政、国家赔偿、执行等裁判文书释法说理的实施细则。

二十一、 本指导意见自 2018 年 6 月 13 日起施行。

（十）最高人民检察院关于案例指导工作的规定

2019 年 04 月 04 日

第一条 为了加强和规范检察机关案例指导工作，发挥指导性案例对检察办案工作的示范引领作用，促进检察机关严格公正司法，保障法律统一正确实施，根据《中华人民共和国人民检察院组织法》等法律规定，结合检察工作实际，制定本规定。

第二条 检察机关指导性案例由最高人民检察院发布。指导性案例应当符合以下条件：

（一）案件处理结果已经发生法律效力；

（二）办案程序符合法律规定；

（三）在事实认定、证据运用、法律适用、政策把握、办案方法等方面对办理类似案件具有指导意义；

（四）体现检察机关职能作用，取得良好政治效果、法律效果和社会效果。

第三条 指导性案例的体例，一般包括标题、关键词、要旨、基本案情、检察机关履职过程、指导意义和相关规定等部分。

第四条 发布指导性案例，应当注意保守国家秘密和商业秘密，保护涉案人员隐私。

第五条 省级人民检察院负责本地区备选指导性案例的收集、整理、审查和向最高人民检察院推荐工作。办理案件的人民检察院或者检察官可以向省级人民检察院推荐备选指导性案例。

省级人民检察院各检察部和法律政策研究室向最高人民检察院对口部门推荐备选指导性案例，应当提交以下材料：

（一）指导性案例推荐表；

（二）按照规定体例撰写的案例文本；

（三）有关法律文书和工作文书。

最高人民检察院经初步审查认为可以作为备选指导性案例的，应当通知推荐案例的省级人民检察院报送案件卷宗。

第六条 人大代表、政协委员、人民监督员、专家咨询委员以及社会各界人士，可以向办理案件的人民检察院或者其上级人民检察院推荐备选指导性案例。

接受推荐的人民检察院应当及时告知推荐人备选指导性案例的后续情况。

第七条 最高人民检察院法律政策研究室统筹协调指导性案例的立项、审核、发布、清理工作。

最高人民检察院各检察厅和法律政策研究室分工负责指导性案例的研究编制工作。各检察厅研究编制职责范围内的指导性案例，法律政策研究室研究编制涉及多个检察厅业务或者院领导指定专题的指导性案例。

第八条 最高人民检察院各检察厅和法律政策研究室研究编制指导性案例，可以征求本业务条线、相关内设机构、有关机关对口业务部门和人大代表、专家学者等的意见。

第九条 最高人民检察院设立案例指导工作委员会。案例指导工作委员会由最高人民检察院分管法律政策研究室的副检察长、检察委员会专职委员、部分检察厅负责人或者全国检察业务专家以及法学界专家组成。

提请检察委员会审议的备选指导性案例，应当经案例指导工作委员会讨论同意。

案例指导工作委员会应当定期研究案例指导工作，每年度专题向检察委员会作出报告。

案例指导工作委员会的日常工作由法律政策研究室承担。

第十条 最高人民检察院各检察厅和法律政策研究室认为征集的案例符合备选指导性案例条件的，应当按照指导性案例体例进行编写，报分管副检察长同意后，提交案例指导工作委员会讨论。

第十一条 案例指导工作委员会同意作为备选指导性案例提请检察委员会审议的，承办部门应当按照案例指导工作委员会讨论意见对备选指导性案例进行修改，送法律政策研究室审核，并根据审核意见进一步修改后，报检察长决定提交检察委员会审议。

第十二条 检察委员会审议备选指导性案例时，由承办部门汇报案例研究编制情况，并就案例发布后的宣传培训提出建议。

第十三条 检察委员会审议通过的指导性案例，承办部门应当根据审议意见进行修改完善，送法律政策研究室进行法律核稿、统一编号后，报分管副检察长审核，由检察长签发。

第十四条 最高人民检察院发布的指导性案例，应当在《最高人民检察院公报》和最高人民检察院官方网站公布。

第十五条 各级人民检察院应当参照指导性案例办理类似案件，可以引述相关指导性案例进行释法说理，但不得代替法律或者司法解释作为案件处理决定的直接依据。

各级人民检察院检察委员会审议案件时，承办检察官应当报告有无类似指导性案例，并说明参照适用情况。

第十六条 最高人民检察院建立指导性案例数据库，为各级人民检察院和社会公众检索、查询、参照适用指导性案例提供便利。

第十七条 各级人民检察院应当将指导性案例纳入业务培训，加强对指导性案例的学习应用。

第十八条 最高人民检察院在开展案例指导工作中，应当加强与有关机关的沟通。必要时，可以商有关机关就互涉法律适用问题共同发布指导性案例。

第十九条 指导性案例具有下列情形之一的，最高人民检察院应当及时宣告失效，并在《最高人民检察院公报》和最高人民检察院官方网站公布：

（一）案例援引的法律或者司法解释废止；

（二）与新颁布的法律或者司法解释冲突；

（三）被新发布的指导性案例取代；

（四）其他应当宣告失效的情形。

宣告指导性案例失效，由最高人民检察院检察委员会决定。

第二十条 本规定自印发之日起施行。

（十一）关于深入推进社会主义核心价值观融入裁判文书释法说理的指导意见

法〔2021〕21号

为深入贯彻落实中共中央关于进一步把社会主义核心价值观融入法治建设的工作要求，正确贯彻实施民法典，充分发挥司法裁判在国家治理、社会治理中的规则引领和价值导向作用，进一步增强司法裁判的公信力和权威性，努力实现富强、民主、文明、和谐的价值目标，努力追求自由、平等、公正、法治的价值取向，努力践行爱国、敬业、诚信、友善的价值准则，结合审判工作实际，现提出如下意见。

一、 深入推进社会主义核心价值观融入裁判文书释法说理，应当坚持以下基本原则：

（一）法治与德治相结合。以习近平新时代中国特色社会主义思想为指导，贯彻落实习近平法治思想，忠于宪法法律，将法律评价与道德评价有机结合，深入阐释法律法规所体现的国家价值目标、社会价值取向和公民价值准则，实现法治和德治相辅相成、相得益彰。

（二）以人民为中心。裁判文书释法说理应积极回应人民群众对公正司法的新要求和新期待，准确阐明事理，详细释明法理，积极讲明情理，力求讲究文理，不断提升人民群众对司法裁判的满意度，以司法公正引领社会公平正义。

（三）政治效果、法律效果和社会效果的有机统一。立足时代、国情、文化，综合考量法、理、情等因素，加强社会主义核心价值观的导向作用，不断提升司法裁判的法律认同、社会认同和情理认同。

二、 各级人民法院应当深入推进社会主义核心价值观融入裁判文书释法说理，将社会主义核心价值观作为理解立法目的和法律原则的重要指引，作为检验自由裁量权是否合理行使的重要标准，确保准确认定事实，正确适用法律。对于裁判结果有价值引领导向、行为规范意义的案件，法官应当强化运用社会主义核心价值观释法说理，切实发挥司法裁判在国家治理、社会治理中的规范、评价、教育、引领等功能，以公正裁判树立行为规则，培育和弘扬社会主义核心价值观。

三、 各级人民法院应当坚持以事实为根据，以法律为准绳。在释法说理时，应当针对争议焦点，根据庭审举证、质证、法庭辩论以及法律调查等情况，结合社会主义核心价值观，重点说明裁判事实认定和法律适用的过程和理由。

四、 下列案件的裁判文书，应当强化运用社会主义核心价值观释法说理：

（一）涉及国家利益、重大公共利益，社会广泛关注的案件；

（二）涉及疫情防控、抢险救灾、英烈保护、见义勇为、正当防卫、紧急避险、助人为乐等，可能引发社会道德评价的案件；

（三）涉及老年人、妇女、儿童、残疾人等弱势群体以及特殊群体保护，诉讼各方存在较大争议且可能引发社会广泛关注的案件；

（四）涉及公序良俗、风俗习惯、权利平等、民族宗教等，诉讼各方存在较大争议且可能引发社会广泛关注的案件；

（五）涉及新情况、新问题，需要对法律规定、司法政策等进行深入阐释，引领社会风尚、树立价值导向的案件；

（六）其他应当强化运用社会主义核心价值观释法说理的案件。

五、 有规范性法律文件作为裁判依据的，法官应当结合案情，先行释明规范性法律文件的相关规定，再结合法律原意，运用社会主义核心价值观进一步明晰法律内涵、阐明立法目的、论述裁判理由。

六、 民商事案件无规范性法律文件作为裁判直接依据的，除了可以适用习惯以外，法官还应当以社会主义核心价值观为指引，以最相类似的法律规定作为裁判依据；如无最相类似的法律规定，法官应当根据立法精神、立法目的和法律原则等作出司法裁判，并在裁判文书中充分运用社会主义核心价值观阐述裁判依据和裁判理由。

七、 案件涉及多种价值取向的，法官应当依据立法精神、法律原则、法律规定以及社会主义核心价值观进行判断、权衡和选择，确定适用于个案的价值取向，并在裁判文书中详细阐明依据及其理由。

八、 刑事诉讼中的公诉人、当事人、辩护人、诉讼代理人和民事、行政诉讼中的当事人、诉讼代理人等在诉讼文书中或在庭审中援引社会主义核心价值观作为诉辩理由的，人民法院一般应当采用口头反馈、庭审释明等方式予以回应；属于本意见第四条规定的案件的，人民法院应当在裁判文书中明确予以回应。

九、 深入推进社会主义核心价值观融入裁判文书释法说理应当正确运用解释方法：

（一）运用文义解释的方法，准确解读法律规定所蕴含的社会主义核心价值观的精神内涵，充分说明社会主义核心价值观在个案中的内在要求和具体语境。

（二）运用体系解释的方法，将法律规定与中国特色社会主义法律体系、社会主义核心价值体系联系起来，全面系统分析法律规定的内涵，正确理解和适用法律。

（三）运用目的解释的方法，以社会发展方向及立法目的为出发点，发挥目的解释的价值作用，使释法说理与立法目的、法律精神保持一致。

（四）运用历史解释的方法，结合现阶段社会发展水平，合理判断、有效平衡司法裁判的政治效果、法律效果和社会效果，推动社会稳定、可持续发展。

十、 裁判文书释法说理应当使用简洁明快、通俗易懂的语言，讲求繁简得当，丰富修辞论证，提升语言表达和释法说理的接受度和认可度。

十一、 人民法院应当探索建立强化运用社会主义核心价值观释法说理的案件识别机制，立案部门、审判部门以及院长、庭长等应当加强对案件诉讼主体、诉讼请求等要素的审查，及时识别强化运用社会主义核心价值观释法说理的重点案件，并与审判权力制约监督机制有机衔接。

十二、 人民法院应当认真落实《最高人民法院关于统一法律适用加强类案检索的指导意见（试行）》《最高人民法院关于完善统一法律适用标准工作机制的意见》等相关要求，统一法律适用，确保同类案件运用社会主义核心价值观释法说理的一致性。

十三、 对于本意见第四条规定的案件，根据审判管理相关规定，需要提交专业法官会议或审判委员会讨论的，法官应当重点说明运用社会主义核心价值观释法说理的意见。

十四、 各级人民法院应当定期组织开展法官业务培训，将业务培训与贯彻实施民法典结合起来，坚持学习法律知识、业务技能与社会主义核心价值观并重，增强法官运用社会主义核心价值观释法说理的积极性和自觉性，不断提升法官释法说理的能力水平。

十五、 人民法院通过中国裁判文书网、“法信”平台、12368 诉讼服务热线、中国应用法学数字化服务系统、院长信箱等途径，认真收集、倾听社会公众对裁判文书的意见建议，探索运用大数据进行统筹分析，最大程度了解社会公众对裁判文书的反馈意见，并采取措施加以改进。

十六、 人民法院应当充分发挥优秀裁判文书的示范引领作用，完善优秀裁判文书考评激励机制，积极组织开展“运用社会主义核心价值观释法说理优秀裁判文书”评选工作，评选结果应当作为法官业绩考评的重要参考。

十七、 最高人民法院、各高级人民法院应当定期收集、整理和汇编运用社会主义核心价值观释法说理的典型案例，加强宣传教育工作，进一步带动人民群众将法治精神融入社会生活，培育和营造自觉践行社会主义核心价值观的法治环境。

十八、 各高级人民法院可以根据本意见，结合工作实际，制定刑事、民事、行政、国家赔偿、执行等裁判文书释法说理的实施细则，报最高人民法院备案。

十九、 本意见自 2021 年 3 月 1 日起施行。

（十二）最高人民法院关于规范和加强人工智能司法应用的意见

法发〔2022〕33号

为深入学习贯彻党的二十大精神，深入贯彻习近平法治思想，贯彻落实《中华人民共和国国民经济和社会发展第十四个五年规划和2035年远景目标纲要》和《新一代人工智能发展规划》，推动人工智能同司法工作深度融合，全面深化智慧法院建设，努力创造更高水平的数字正义，结合人民法院工作实际，制定本意见。

一、指导思想

1. 坚持以习近平新时代中国特色社会主义思想为指导，深入贯彻习近平法治思想，坚持司法为民、公正司法工作主线，加快推进人工智能技术与审判执行、诉讼服务、司法管理和服务社会治理等工作的深度融合，规范司法人工智能技术应用，提升人工智能司法应用实效，促进审判体系和审判能力现代化，为全面建设社会主义现代化国家、全面推进中华民族伟大复兴提供有力司法服务。

二、总体目标

2. 到2025年，基本建成较为完备的司法人工智能技术应用体系，为司法为民、公正司法提供全方位智能辅助支持，显著减轻法官事务性工作负担，有效保障廉洁司法，提高司法管理水平，创新服务社会治理。到2030年，建成具有规则引领和应用示范效应的司法人工智能技术应用和理论体系，为司法为民、公正司法提供全流程高水平智能辅助支持，应用规范原则得到社会普遍认可，大幅减轻法官事务性工作负担，高效保障廉洁司法，精准服务社会治理，应用效能充分彰显。

三、基本原则

3. 安全合法原则。坚持总体国家安全观，禁止使用不符合法律法规的人工智能技术和产品，司法人工智能产品和服务必须依法研发、部署和运行，不得损害国家安全，不得侵犯合法权益，确保国家秘密、网络安全、数据安全和个人信息不受侵害，保护个人隐私，促进人机和谐友好，努力提供安全、合法、高效的智能化司法服务。

4. 公平公正原则。坚持遵循司法规律、服务公正司法，保证人工智能产品和服务无歧视、无偏见，不因技术介入、数据或模型偏差影响审判过程和结果的公正，同时尊重不同利益诉求，能够根据司法需求公平提供合理可行方案，充分照顾困难群体、特殊群体，使其在司法活动中获得必要帮助，实现智能化司法服务对各类用户的普适包容和机会均等。

5. 辅助审判原则。坚持对审判工作的辅助性定位和用户自主决策权，无论技术发展到何种水平，人工智能都不得代替法官裁判，人工智能辅助结果仅可作为审判工作或审判监督管理的参考，确保司法裁判始终由审判人员作出，裁判职权始终由审判组织行使，司法责任最终由裁判者承担。各类用户有权选择是否利用司法人工智能提供的辅助，有权随时退出与人工智能产品和服务的交互。

6. 透明可信原则。坚持技术研发、产品应用、服务运行的透明性，保障人工智能系统中的司法数据采集管理模式、法律语义认知过程、辅助裁判推定逻辑、司法服务互动机制等各个环节能够以可解释、可测试、可验证的方式接受相关责任主体的审查、评估和备案。司法人工智能产品和服务投入应用时，应当以便于理解的方式说明和标识相应的功能、性能与局限，确保应用过程和结果可预期、可追溯、可信赖。

7. 公序良俗原则。坚持将社会主义核心价值观融入司法人工智能技术研发、产品应用和服务运行全过程，保证人工智能司法应用不得违背公序良俗，不能损害社会公共利益和秩序，不能违背社会公共道德和伦理，健全风险管控、应急处置和责任查究机制，防范化解人工智能司法应用中可能产生的伦理道德风险。

四、应用范围

8. 加强人工智能全流程辅助办案。支持证据指引与审查、法律法规推送、类案推送、全案由裁判辅助、法律文书辅助生成、法律文书辅助审查等智能化应用，促进裁判尺度统一，保障司法公正，维护司法权威。

9. 加强人工智能辅助事务性工作。支持电子卷宗自动分类归目、案件信息自动回填、案件繁简分流、送达地址及方式自动推荐、司法活动笔录自动生成、执行财产查控辅助、电子卷宗自动归档等智能化应用，降低各类人员工作负担，提高司法效率。

10. 加强人工智能辅助司法管理。支持案件裁判偏离度预警、终本案件核查、不规范司法行为自动巡查、廉洁司法风险防控等智能化应用，提升司法管理质效，保障廉洁司法。

11. 加强人工智能服务多元解纷和社会治理。支持司法资源推荐、诉讼和调解咨询问答、诉讼预期辅助评估、社会治理风险预警与辅助决策等智能化应用，为化解社会矛盾、服务社会治理提供新的途径和方式。

12. 不断拓宽人工智能司法应用场景和范围。结合人工智能技术创新进程和人民法院改革发展实践，积极探索诉讼服务、审判执行、司法管理和服务社会治理等领域的重大应用场景，不断拓展新的应用范围。

五、系统建设

13. 加强人工智能应用顶层设计。按照人民法院信息化建设发展规划部署，设计完善智慧法院人工智能相关信息系统体系架构和技术标准体系，丰富拓展人工智能司法应用场景，建立健全人工智能系统信息安全和运维保障制度，指导和规范各级人民法院人工智能系统建设。

14. 加强司法数据中台和智慧法院大脑建设。加快推进司法数据库、数据服务平台、司法知识库、人工智能引擎、知识服务平台和司法区块链平台等系统的建设和集成，打造实体化司法数据中台和智慧法院大脑，为面向各类业务的人工智能司法应用提供核心驱动。

15. 加强司法人工智能应用系统建设。围绕人民法院司法活动典型业务场景，以提升智能化水平为主线，促进司法数据中台和智慧法院大脑与智慧服务、智慧审判、智慧执行和智慧管理等业务应用系统融合集成，不断提供满足司法业务需求、符合先进技术发展方向的司法人工智能产品和服务。

16. 加强司法人工智能关键核心技术攻关。依托国家重点工程、科研项目和科技创新平台，组织产学研优势力量，发挥学科交叉催化剂作用，针对面向司法语境的大规模预训练语言模型及其应用、多模态司法大数据高效处理方法、司法数据驱动与知识引导相结合的深度神经网络模型构建与样本学习方法、基于法律知识增强的可解释检索和推理模型、面向司法效能提升的人机交互范式、基于新一代人工智能的审判辅助系统等关键核心技术集智攻关，为司法人工智能系统建设提供牵引和支撑。

17. 加强基础设施建设和安全运维保障。根据司法人工智能对算力、通信和服务能力的需求，科学合理地规划和建设通信网络、计算存储、通用终端设备和专用信息化设施等信息基础设施，强化网络安全、数据安全和个人信息保护能力，完善人工智能运行维护机制，为人工智能司法应用提供必要的保障条件。

六、综合保障

18. 提高思想认识，加强组织领导。高度重视人工智能应用对司法为民、公正司法的重要意义，以智慧法院新一代人工智能示范应用为契机，找准工作结合点、切入点，把握发展规律，争取资金支持，注重宣传培训，引导干警充分参与，努力推动司法人工智能应用取得突破。

19. 促进协同创新，保护知识产权。加强司法大数据质量管控，完善跨部门、跨层级、跨业务的司法数据协同共享和智能化服务共建共享机制，支持司法人工智能科技创新和专利、软件著作权申报，切实保护相关知识产权。

20. 加强安全保障，防范安全风险。加强司法数据分类分级管理，强化重要数据和敏感信息保护，完善司法数据安全共享和应用模式，通过司法人工智能伦理委员会等机制，综合采用伦理审核、合规审查、安全评估等方式，防范化解人工智能应用过程中的安全风险。

（十三）关于征集人民法院案例库参考案例的公告

习近平总书记强调“一个案例胜过一打文件”。为深入学习贯彻习近平新时代中国特色社会主义思想，把习近平法治思想落实到审判工作全过程各方面，最高人民法院党组决定建设人民法院案例库。人民法院案例库将收录经最高人民法院审核认为对类案具有参考示范价值的权威案例。案例库建成后，将覆盖各类罪名、案由，在同一罪名、同一案由下的不同法律适用问题也将有相应案例。案例库建设是一个动态持续的过程，出现新类型案件，法律、司法解释修改导致入库案例过时，或者针对同一法律适用问题发现更具理念、规则、方法引领价值的案例时，将及时补充、更新案例。

建设人民法院案例库，是完善中国特色案例制度的重要举措。案例库建成后，人民法院审理案件必须查阅案例库，参考入库同类案例作出裁判，以保障法律适用统一、裁判尺度统一，避免“同案不同判”。案例库建成后将对社会开放，方便人民群众通过案例更加有效地了解、学习法律，明悉行为规范，增强诉讼预期，促进诉源治理，做实“抓前端、治未病”要求；同时，也将为广大法律、司法界人士提供更加鲜活、精准、权威的办案参考和研究素材。

2023 年 8 月底，最高人民法院印发《关于建设人民法院案例库的通知》，开始案例库建设工作。11 月底，又印发《关于加快推进人民法院案例库建设的通知》，进一步完善案例库建设的有关工作机制和要求。经过三个多月的努力，人民法院案例库已收录 2000 余件参考案例，包括刑事案例 500 余件、民事案例

1200余件、行政案例200余件以及部分国家赔偿、执行案例。但是，与司法实践需求和人民群众期待相比，案例数量以及覆盖面还有较大差距。

为拓宽参考案例来源，尽快丰富案例库资源，助推人民法院案例库建设工作高质量发展，最高人民法院决定，即日起，面向社会开展参考案例征集工作，欢迎和感谢各界关注支持、积极推荐。现就有关事项公告如下：

一、征集对象

有关机关、社会组织、法学院校和科研单位以及专家学者、律师、有兴趣或有研究的公民个人等。

二、推荐原则

推荐的案例应当根据生效裁判文书编写，应当在司法理念、法律适用、裁判规则、办案方法等方面具有典型意义和示范价值，应当体现政治效果、社会效果、法律效果相统一和法理情相融合的要求。

三、推荐要求

1. 推荐人填写《人民法院案例库参考案例推荐表》（附后），注明推荐案例的参考价值等推荐理由、作出生效裁判的人民法院、生效裁判文书号、推荐人基本信息等内容。

2. 根据参考案例的体例格式（附后）编写参考案例文本。

3. 案例推荐材料可以邮寄给作出生效裁判的人民法院研究室或者该院相关审判业务部门，电子版刻盘附送。

四、参考案例的采用

推荐的案例经作出生效裁判的人民法院初审后，将由最高人民法院相关审判业务部门审查、研究室复核，符合条件的将录入人民法院案例库。案例库管理部门将根据案例入选情况向推荐人发送参考案例入选电子证书。

最高人民法院

2023 年 12 月 22 日

附件：

1. 人民法院案例库参考案例推荐表

2. 裁判类参考案例体例格式

3. 裁判类参考案例范例

4. 调解类参考案例体例格式

5. 调解类参考案例范例

附件 1

人民法院案例库参考案例推荐表

案例标题			
副标题			
生效裁判法院			
生效裁判文书号			
推荐理由（可附页）			
推荐人姓名		职称 / 职务	
联系邮箱		联系电话	
推荐人单位			

附件 2

裁判类参考案例体例格式

×××××案（标题）

——×××××（副标题，反映参考案例的精髓、核心）

关键词 ×× ×× ×× ×× ××××

（词或词组，一般由刑事、刑事诉讼、民事、民事诉讼、行政、行政诉讼、国家赔偿、执行等词引领，第二个关键词一般是案由或罪名，再由大到小列出与裁判要旨关联的词语。）

基本案情

×××诉称：……

×××辩称：……

（分别概述控、诉辩意见及其主要理由）

法院经审理查明：……（准确概述审理查明事实，一般不列具体证据，但与案例所要解决的问题有密切联系的，在查明事实之后列出具体证据。与案例总结的裁判要旨相关的事实、情节和法律适用问题，要有针对性地详加阐述。）

××××法院于××××年××月××日作出××××号（写明案号）刑事（民事、行政等）判决（裁定等）……（写明裁判结果）。宣判后，×××提出上诉（未提出上诉，判决已发生法律效力）。××××法院于××××年××月××日作出××××号（写明案号）刑事（民事、行政等）判决（裁定等），驳回上诉，维持原判。（二审改判、发回重审的，根据需要确定是否写明改判、发回重审的简要理由和情况。再审的写明再审的简要理由和情况。）

裁判理由

法院生效裁判认为：……（裁判理由主要摘自裁判文书中“法院认为”部分的内容。裁判理由应当针对案件事实，根据法律法规、司法解释、政策精神，从法理、事理、情理等方面，详细论述法院裁判的依据、理据。）

裁判要旨

……（裁判要旨是整个案例拟解决问题的概要表述，应简要归纳和提炼参考案例体现的具有类案参考、指引作用的裁判规则、理念或方法等，以及审理类似案件应当注意的问题。裁判要旨应当概括、准确、精炼，结论明确，结构严谨，表达简明，语义确切。裁判文书中的说理、适用等问题讲得不透彻、不详细的，或者案件解决的法律问题有多种观点的，可以适当论述采纳观点的理由，但一般不能与裁判文书说理相矛盾。裁判要旨阐释提炼的规则、理念、方法等，为两个以上的，按照裁判要旨的重要性或者逻辑关系用阿拉伯数字标示。）

关联索引

《中华人民共和国 ×× 法》第 × 条、第 × 条

《中华人民共和国 ×× 法》第 × 条、第 × 条

一审：×× 省 ×× 县人民法院（20××）×××××× 号 ×× 判决 / 裁定（×××× 年 ×× 月 ×× 日）

二审：×× 省 ×× 市中级人民法院（20××）×××××× 号 ×× 判决 / 裁定（×××× 年 ×× 月 ×× 日）

再审：×× 省高级人民法院（20××）×××××× 号 ×× 判决 / 裁定（×××× 年 ×× 月 ×× 日）

执行：×× 人民法院（20××）×××××× 号执行裁定（×××× 年 ×× 月 ×× 日）

附件 3

裁判类参考案例范例

顾某内幕交易案

——非法获取证券交易内幕信息的人员的认定

关键词 刑事 内幕交易罪 非法获取证券交易内幕信息的人员 情节特别严重

基本案情

北京市某国际资讯有限公司法定代表人为郭某(另案处理)。北京某科技有限公司的股东为郭某、刘某。北京某科技有限公司运营某网站及相关资产的日常业务,北京市某国际资讯有限公司实际拥有北京某科技有限公司的控制权。2015 年 12 月 28 日或 29 日,郭某与上海某公司董事长朱某在江西省南昌市就朱某所在公司收购北京某科技有限公司控股的某网站优质资产进行了商议并达成初步意向,后双方对收购事项开展了多次磋商。2016 年 2 月 25 日,上海某公司发布重大事项停牌公告;同年 4 月 27 日,上海某公司发布公告,拟通过发行股份及支付现金方式购买北京市某国际资讯有限公司控股的北京某科技有限公司 100% 股权。

郭某作为上述内幕信息的知情人员,于 2015 年底或 2016 年 1 月初,将"上海某公司拟收购北京市某国际资讯有限公司优质资产"等内幕信息泄露给被告人顾某。2016 年 1 月至 2 月,顾某通过潘某证券账户合计买入上海某公司股票 18.203 万股,成交金额人民币 766 万余元(以下币种均为人民币),股票卖出后共获利 126 万余元。

2017 年 9 月 29 日,被告人顾某经公安机关电话通知后到案,但到案之初拒不供述本案的主要事实，直到移送审查起诉前才如实供述了本案的主要事实。顾某到案后，向司法机关退出了违法所得并预缴罚金共计253.30万元。

上海市第二中级人民法院于2018年9月3日以（2018）沪02刑初28号刑事判决，认定被告人顾某犯内幕交易罪，判处有期徒刑五年，并处罚金人民币130万元；违法所得予以追缴。宣判后，被告人顾某不服，提出上诉。上海市高级人民法院于2019年7月24日作出（2018）沪刑终86号刑事裁定，驳回上诉，维持原判。

裁判理由

法院生效裁判认为：本案的争议焦点在于顾某是否属于非法获取证券交易内幕信息的人员，其行为是否构成内幕交易罪。

首先，顾某属于非法获取证券交易内幕信息的人员。根据刑法第一百八十条第一款的规定，内幕交易、泄露内幕信息罪的犯罪主体包括证券、期货交易内幕信息的知情人员和非法获取证券、期货交易内幕信息的人员。根据《最高人民法院、最高人民检察院关于办理内幕交易、泄露内幕信息刑事案件具体应用法律若干问题的解释》（以下简称《内幕交易刑事解释》）第二条的规定，非法获取证券、期货交易内幕信息的人员包括三类人员，即非法手段型获取内幕信息的人员、特定身份型获取内幕信息的人员和积极联系型获取内幕信息的人员。

非法手段型获取内幕信息的人员，是指利用窃取、骗取、套取、窃听、利诱、刺探或者私下交易等手段获取内幕信息的人员。即获取信息的手段行为本身是非法的。特定身份型获取内幕信息的人员，是指内幕信息知情人员的近亲属或者其他与内幕信息知情人员关系密切的人员，在内幕信息敏感期内，从事或者明示、暗示他人从事，或者泄露内幕信息导致他人从事与该内幕信息有关的证券、期货交易，相关交易行为明显异常，且无正当理由或者正当信息来源的人员。即获取信息的手段行为未必是非法的，但其作为特定身份的人员不应获取内幕信息。内幕信息知情人员的近亲属或者其他与内幕信息知情人员关系密切的人员，因其获取内幕信息具有天然的便利条件，因此，加大对内幕信息的保密力度，除了强化内幕信息知情人员的保密力度外，还应设置内幕信息知情人员的近亲属以及其他与其关系密切的人员的保密义务。实践中，非法获取内幕信息的人员也多为“特定身份型”。根据《内幕交易刑事解释》第二条第（二）项的规定，内幕信息知情人员的近亲属以及其他与其关系密切的人员，无论是主动获取还是被动获取内幕信息，均属于非法获取内幕信息的人员。积极联系型获取内幕信息的人员，是指在内幕信息敏感期内，与内幕信息知情人员联络、接触，从事或者明示、暗示他人从事，或者泄露内幕信息导致他人从事与该内幕信息有关的证券、期货交易，相关交易行为明显异常，且无正当理由或者正当信息来源的人员。即主动联络、接触行为未必是非法的，但结合行为目的分析，行为人毕竟是从内幕信息的知情人员处获取不应该获取的内幕信息，因此其获取行为是非法的。综上，非法手段型获取内幕信息的人员和积极联系型获取内幕信息的人员，都是主动获取内幕信息。而特定身份型获取内幕信息的人员，既可以是主动获取也可以是被动获取内幕信息。

本案中，顾某与涉案内幕信息知情人员郭某相识多年，在借贷业务上有合作，关系较好，顾某属于与郭某关系密切的人员。郭某作为内幕信息知情人员，向顾某泄露了该内幕信息；顾某作为与郭某关系密切的人员，从郭某处获取了不应该获取的内幕信息，根据《内幕交易刑事解释》第二条第（二）项的规定，无论是主动获取还是被动获取内幕信息，其都属于特定身份型获取内幕信息的人员。

其次，顾某实施了内幕交易行为，其行为构成内幕交易罪，且情节特别严重。顾某作为非法获取证券交易内幕信息的人员，从他人处非法获取证券交易内幕信息后，在涉及证券的发行或其他对证券交易价格有重大影响的信息尚未公开前，合计买入上海某公司股票共计 766 万余元，抛售后获利 126 万余元，相关交易行为明显异常，且无正当理由或者正当信息来源。根据《内幕交易刑事解释》第六条、第七条的规定，证券交易成交额在 50 万元以上，或者获利数额在 15 万元以上的，属于“情节严重”；证券交易成交额在 250 万元以上，或者获利数额在 75 万元以上的，属于“情节特别严重”。结合本案，无论是证券交易成交额还是获利数额，均已达到情节特别严重标准，故顾某的行为构成内幕交易罪，且情节特别严重。

综上，顾某作为非法获取证券交易内幕信息的人员，从他人处非法获取证券交易内幕信息后，在涉及证券的发行或其他对证券交易价格有重大影响的信息尚未公开前，买入该证券，相关交易行为明显异常，且无正当理由或者正当信息来源，其行为构成内幕交易罪，且情节特别严重，依法应处五年以上十年以下有期徒刑，并处违法所得一倍以上五倍以下罚金。顾某不具有法定减轻处罚情节，但一审法院充分考虑其在检察机关提起公诉前能如实供述其主要犯罪事实、自愿认罪认罚、退出违法所得并预缴罚金等情节，对其判处有期徒刑五年，并处罚金人民币 130 万元，已较大幅度地从轻处罚，量刑并无不当。

裁判要旨

内幕交易罪中如何认定“非法获取证券交易内幕信息的人员”。与证券交易内幕信息知情人员关系密切的人员，无论是主动获取还是被动获取内幕信息，均属于非法获取证券交易内幕信息的人员。从他人处非法获取证券交易内幕信息后，在涉及证券的发行或其他对证券交易价格有重大影响的信息尚未公开前，买入该证券，相关交易行为明显异常，且无正当理由或者正当信息来源，其行为构成内幕交易罪。

关联索引

《中华人民共和国刑法》第 180 条

一审：上海市第二中级人民法院（2018）沪 02 刑初 28 号刑事判决（2018 年 9 月 3 日）

二审：上海市高级人民法院（2018）沪刑终 86 号刑事裁定（2019 年 7 月 24 日）

附件 4

调解类参考案例体例格式

×××××案(标题)

——×××××(副标题,反映调解案例的理念方法、工作机制、调解效果等)

关键词 ×× ×× ×× ×× ××××

(词或词组,一般由民事、民事诉讼、行政、行政诉讼等词引领,第二个关键词一般是案由,再由大到小列出与调解理念方法、工作机制、调解效果等关联的词语。)

基本案情

×××诉称:……

×××辩称:……

(分别概述控、诉辩意见及其主要理由;案情简单的也可以直接叙述法院审理查明的事实。)

法院经审理查明:……(准确概述审理查明的事实,一般不列具体证据,重在写明与调解相关的事实,案件简单的可直接将当事人诉请、答辩及法院查明事实一并概括阐述。)

调解结果

案件审理过程中,经××××法院组织调解,各方当事人达成调解协议(或和解协议)如下:……(这部分可简要叙述人民法院结合当事人诉求及案件事实进行调解的基本情况,再简要写明调解协议或和解协议内容。协议内容不宜公开的,可以略写或加以技术处理)。

××××法院于××××年××月××日作出××××号(写明案

号)(民事、行政等)调解书……[调解后当事人撤诉的,写明××××法院于××××年××月××日作出××××号(写明案号)裁定,准许×××撤回起诉]。(二审中达成调解的,先写明一审裁判结果,再写明二审调解书或二审准许撤回上诉裁定的时间、案号等。)

调解指引

……(这部分根据案例侧重点不同,可以主要写调解的理念方法、工作机制、调解效果等,也可以主要写调解案例所体现的具有类案参考、指引作用的规则等。对于方法机制类的调解参考案例,重点将促成调解的工作理念、工作方法、工作机制以及人民法院如何运用社会主义核心价值观、弘扬中华民族传统美德、坚持法理情相统一、促进案结事了政通人和等进行阐明,以期达到对其他案件的借鉴作用。对于调解规则类的调解参考案例,重点要归纳和提炼调解案例中体现的具有类案参考、指引作用的规则。)

关联索引

《中华人民共和国××法》第×条、第×条

《中华人民共和国××法》第×条、第×条

一审:××省××县人民法院(20民法)××××××号××调解书(或裁定书)(××××年××月××日)

二审:××省××市中级人民法院(20级人)××××××号××调解书(或裁定书)(××××年××月××日)

再审:××省高级人民法院(20级人)××××××号××调解书(或裁定书)(××××年××月××日)

(诉前达成调解无案号的,可简要注明。)

附件 5

调解类参考案例范例

何某诉万某排除妨害纠纷案

——联合调解、释法答疑促进业主形成加装电梯共识

关键词 民事 排除妨害 加装电梯 联合调解

基本案情

法院经审理查明：2017 年，浙江省杭州市上城区某小区业主何某等人发起加梯申请，但是三楼业主万某认为新安装的电梯位置距其住宅过近，会对通风、采光等带来不利影响，明确反对加装电梯，经街道社区多次协商仍未就电梯加装位置达成一致意见。根据相关规定，同意加装电梯人数已超过法定比例，何某等人向有关部门提交加装电梯申请，区住房城乡建设局等部门联合审查认为该项目符合加装电梯相关条件。2018 年 8 月，加装电梯项目开始施工，而万某坐在施工现场阻挠。何某向人民法院起诉请求万某赔偿因加梯受阻而导致的相关经济损失。万某申请人民调解。

调解结果

浙江省杭州市上城区人民法院、区住房城乡建设局和区人民调解委员会共同决定召集各方进行联合调解，从专业角度为双方分析利弊。法官在充分了解该项目实际情况及双方诉求基础上，详细解读加装电梯适用的相关法律规定、诉讼对邻里关系的负面影响等。区住房城乡建设局说明了加梯补贴政策、加梯审批流程、位置移动变更手续等。电梯加装企业就电梯加装对楼房间距、个人隐私等影响，从技术层面予以对比说明。最终，双方签订调解协议，电梯在原方案基础上适度移位，双方共同监督加装电梯施工，尽量减少对居民的影响，同时

经区人民法院、区住房城乡建设局和区人民调解委员会与设计单位、电梯加装企业协商，不再增加移位后产生的加装费用。何某等人撤诉。

调解指引

在调解理念上，本案坚持将非诉讼纠纷解决机制挺在前面，充分发挥人民调解化解矛盾、排忧解难的第一道防线作用。同时，在处理加装电梯等邻里纠纷时，人民法院需要坚持德法融合、情理结合，以“和善”为主基调，注重法理情相结合和各方利益平衡，推动“共情”促和，寻求加装电梯的“最大公约数”。

在调解机制上，人民法院与行政主管部门和人民调解委员会召集各方进行联合调解，积极调动各方力量共同参与调解，从不同专业、不同角度查找切入点和突破口，兼顾各方利益，做好正面引导，晓之以理、动之以情，力促双方求同存异，化解心结，拉近距离，促进双方达成加装电梯共识。

关联索引

《中华人民共和国民法典》第278条、第288条、第289条

《中华人民共和国民事诉讼法》第9条

本案系诉前联合调解解纷，无案号。

（十四）人民法院案例库建设运行工作规程

法〔2024〕92号

第一章　一般规定

第一条　为做好人民法院案例库的建设和使用工作，促进法律正确统一适用，深化诉源治理，提升公正与效率，结合审判工作实际，制定本规程。

第二条　人民法院案例库是由最高人民法院统一建设的案例资源库。最高人民法院各审判业务部门负责案例收集、编选及审查等工作。最高人民法院研究室负责统筹人民法院案例库建设、案例审核等工作。

第三条　人民法院案例库收录最高人民法院发布的指导性案例和经最高人民法院审核入库的参考案例，供各级人民法院和社会公众查询、使用、学习、研究。

以审判业务领域为标准，入库案例分为刑事、民事、行政、国家赔偿、执行五种类型。根据工作需要，人民法院案例库设置相关特色专栏。

第四条　人民法院案例库收录的参考案例，应当是裁判已经发生法律效力，且对类案审判具有参考示范价值的案例。

针对同一具体法律适用问题收录的参考案例一般不超过两件。

第五条　参考案例统一编号，体例格式一般包括标题、副标题、关键词、基本案情、裁判理由、裁判要旨、关联索引。

指导性案例按照发布时的文本直接入库，保留原编号并增加入库编号。

第六条　参考案例的报送、审查、审核等工作应当在人民法院案例库平台上开展。

第七条 对于案例是否符合入库标准、是否应当出库存在重大争议的，可以提交审判委员会讨论决定。

第二章 参考案例的入库流程

第八条 中级、基层人民法院对本院已经发生法律效力的裁判，认为符合入库标准的，应当及时按照格式要求编写案例，经分管院领导审批，层报高级人民法院。

第九条 高级人民法院审判业务部门负责收集、编选、审查本院和辖区法院案例，经专业法官会议讨论，认为符合参考案例入库标准的，经分管院领导审批后送本院研究室。高级人民法院研究室审核后，根据最高人民法院审判业务条线分工，报送至最高人民法院相关审判业务部门。

第十条 最高人民法院各巡回法庭、国家法官学院（司法案例研究院）、中国应用法学研究所、人民法院新闻传媒总社等可以结合工作实际编写案例，推荐至最高人民法院相关审判业务部门。

最高人民法院各审判业务部门、研究室可以自行收集、编写案例，按照本章规定的流程审查入库。

第十一条 最高人民法院各审判业务部门负责审查本部门编写，最高人民法院各巡回法庭、国家法官学院（司法案例研究院）、中国应用法学研究所、人民法院新闻传媒总社等推荐，以及高级人民法院报送的案例。

第十二条 最高人民法院各审判业务部门对案例的事实认定、法律适用、裁判说理、价值导向等进行全面审查，经专业法官会议讨论，分别作出以下处理：

（一）认为符合入库标准的，报分管院领导审批后送研究室审核；

（二）认为基本符合入库标准，但需要修改完善的，可以直接作出修改，或者提出明确意见后退回修改；

(三)认为不符合入库标准的,终止审查并说明理由。

第十三条 最高人民法院研究室在对案例材料是否齐全、体例格式是否符合要求等进行审核的基础上,重点对案例是否符合入库标准进行审核。审核过程中,可以视情将案例送交院内外相关专家研提意见,相关工作可与案例推送部门沟通。

第十四条 最高人民法院研究室经审核,对案例分别作出以下处理:

(一)认为符合入库标准的,经文字核校后入库;

(二)认为基本符合入库标准,但需要修改完善的,可以直接作出修改,或者提出明确意见后退回修改;

(三)认为不符合入库标准的,终止审核并说明理由。

第十五条 最高人民法院研究室自行收集、编写的案例,应当征求相关审判业务部门的意见。

第三章 社会推荐参考案例的入库流程

第十六条 国家机关、法学院校、律师协会等单位,专家学者、律师及其他公民个人,可以向人民法院案例库推荐参考案例。

前款规定的单位和个人推荐参考案例的,可以通过人民法院案例库平台推荐,也可以通过信函等方式推荐。

第十七条 对于社会推荐的参考案例,一般由作出生效裁判的人民法院进行审查。

对于中央国家机关、全国性社会组织等推荐的参考案例,由最高人民法院直接审查。

对于地方国家机关、地方社会组织等推荐的参考案例,参照本条第二款的规定,由有关地方人民法院进行审查。

第十八条 社会推荐案例经审查审核入库的,最高人民法院应当向推荐人颁发证书。

第四章　入库案例的检索使用

第十九条　各级人民法院审理案件时，应当检索人民法院案例库，严格依照法律和司法解释、规范性文件，并参考入库类似案例作出裁判。

第二十条　各级人民法院审理案件时，经检索发现人民法院案例库未收录类似案例，而正在审理的案件所涉法律适用问题疑难、复杂的，可以就相关法律适用问题提出请示，或者报请提级管辖；由本院继续审理的，应当提交审判委员会讨论决定。

各级人民法院审理案件时，经检索发现人民法院案例库收录有类似案例，但认为正在审理的案件具有特殊情况，不宜参考入库案例的，应当提交审判委员会讨论决定。

前两款规定的案件对类案审判具有参考示范价值的，作出生效裁判的人民法院应当在裁判作出后三十日内编写案例，按照本规程第二章规定的流程入库。

第二十一条　各级人民法院审理案件时参考入库类似案例的，可以将类似案例的裁判理由、裁判要旨作为本案裁判考量、理由参引，但不作为裁判依据。

公诉机关、当事人及其辩护人、诉讼代理人等提交入库案例作为控(诉)辩理由的，人民法院应当在裁判文书说理中予以回应。

第二十二条　各级人民法院应当将参考入库案例作出裁判的情况作为案件质量评查内容。

第五章　参考案例的动态调整

第二十三条　人民法院案例库实行动态调整机制。

地方各级人民法院认为参考案例在法律适用方面存在不当，或者裁判理念等应当有发展、完善，不宜作为参考案例的，应当提出意见并说明理由，参照本规程第二章规定的流程层报最高人民法院相关审判业务部门审查；有适宜案例可资替换的，应当同时报送。

最高人民法院相关审判业务部门认为参考案例需要出库的，应当提出意见并说明理由，报分管院领导审批后，送研究室办理；有适宜案例可资替换的，应当同时送研究室审核。

最高人民法院研究室认为参考案例需要出库的，商相关审判业务部门处理。

第二十四条 各级人民法院认为参考案例需要作重要修改完善的，参照上述程序办理。

第六章 其他规定

第二十五条 最高人民法院研究室定期分析、通报人民法院案例库建设、使用工作情况。

各高级人民法院研究室应当定期就参与人民法院案例库建设、检索使用人民法院案例库等情况，向本院党组作出专题汇报。

第二十六条 人民法院出版社具体负责人民法院案例库建设、运行维护等工作。人民法院信息技术服务中心负责为人民法院案例库建设、运行维护提供软硬件环境基础支持。

第二十七条 根据工作需要，国家法官学院（司法案例研究院）开展入库案例检索使用等培训、教材编写和研究等工作；中国应用法学研究所加强入库案例研究工作，为入库案例的检索使用提供理论支持。

第二十八条 各级人民法院应当结合工作实际，将本院各部门及审判人员参与人民法院案例库建设工作情况纳入绩效考核。

第二十九条 指导性案例的遴选、审查、审议、使用等，适用《最高人民法院关于案例指导工作的规定》（法发〔2010〕51 号）的有关规定。

第三十条 本规程自 2024 年 5 月 8 日起施行。以前发布的文件与本规程不一致的，以本规程为准。

用好用活指导性案例　努力实现司法公正
——最高人民法院研究室负责人就案例指导制度答记者问*

2011 年 12 月 21 日

12 月 20 日，最高人民法院发布了第一批指导性案例。这是贯彻落实案例指导制度要求，深入推进司法改革创新的重要举措。为帮助广大读者全面、正确认识案例指导制度的内容和精神，最高人民法院研究室负责人接受了记者采访。

问：此次发布的指导性案例，与以往最高人民法院发布的或者有关刊物编发的案例有何区别?

答：此次发布的指导性案例，与最高人民法院建立案例指导制度前发布的各类案例有明显不同。建立案例指导制度是中央确定的司法改革举措之一，为了创建并实施该制度，最高人民法院于 2010 年 11 月 26 日专门印发了《最高人民法院关于案例指导工作的规定》(以下简称《规定》)。根据《规定》发布的指导性案例，不仅不同于以往任何单位和部门发布的案例，也不同于最高人民法院以往发布的或者刊发的各类案例。主要体现在三个方面：一是名称不同。指导性案例是规范用语，只有符合《规定》要求并按照《规定》程序发布的案例，才能称为指导性案例，而以往发布或刊发的案例只能视为有参考作用的案例，

* 参见《用好用活指导性案例　努力实现司法公正——最高人民法院研究室负责人就案例指导制度答记者问》，载中国法院网，https://www.chinacourt.org/article/detail/2011/12/id/470313.shtml。

具有特定指导性，也没有统一指导性案例的称谓，今后通过其他途径刊发的各类案例也不得称为指导性案例。二是程序要求不同。指导性案例均统一由最高人民法院案例指导工作办公室编选，必须预先征求最高人民法院相关业务部门、案件原审法院的意见，必要时还可以征求专家学者及有关方面的意见，均须经最高人民法院审判委员会讨论通过，且由最高人民法院统一发布，其他案例的编选和发布则无此程序要求；三是指导效力不同。指导性案例所确定的裁判要点，对人民法院审理类似案件、作出裁判具有指导作用，即在根据法律、有关司法解释作出裁判的同时，各级人民法院在审判类似案件时应当参照，并可以作为裁判文书的说理依据加以引用。其他任何形式的案例均无此明确、权威的裁判指导作用，更不能在裁判文书中加以引用。

问：指导性案例是一个新生事物，如何应用是大家都很关心的问题，请问法官在司法实践中如何参照指导性案例？

答：法官在审判具体案件时如何参照指导性案例，《规定》没有作明确要求，主要考虑到指导性案例的指导方式是示范性、规范性和引导性的，不宜强行规定某种方式。但是，为了对这个问题进行明确，我们正在起草具体的操作规范，力求给当事人和广大法官提供更为明确具体的意见。正确运用好指导性案例，要做到以下几点：一要准确把握指导性案例中“裁判要点”所归纳的指导信息，不得超越裁判要点的指导意见借题发挥。比如，本次发布的上海中原物业顾问有限公司诉陶德华居间合同纠纷案，其裁判要点就是：中介公司（往往通过格式合同）与买方在居间合同中约定的禁止买方利用中介公司提供的房源信息同时甩开该中介公司与卖方签订房屋买卖合同的合意（不得跳单）受法律保护。此约定不属于格式合同中单方设定的霸王条款，其目的是保护中介公司的正当利益，维护交易诚信。但是，当买方通过其他正当途径可以获得相同的房源信息，则有权选择报价低、服务好的中介公司促成交易，其行为不构成违约。目的是保护买方的合法权益，促进中介机构更好服务、公平竞争。因此，法官在参照本案例时，只能以上述裁判要点为限，不得扩大适用到对中介费合理不合理等问题的审理上。二要切实把握“类似案件”标准。类似案件不仅指案情类似，更重要的是指争议焦点类似。如果案情类似，但当事人诉讼争议的焦点不类似，如上所述，当事人争议的如果不是“跳单”纠纷，则不得参照上述指导性案例。三要“参照”主要指参照指导性案例明确的裁判规则、阐释的法理、说明的事理，不是比葫芦画瓢参照具体的裁判结果；参照也不同于适用法律、司法解释必须作为根据、依照，只要类似案件的裁判符合指导性案例的裁判要点，可以引用为说理的依据，也可以不在裁判文书中具体引用。如果当事人在诉讼中明确要求法院参照某个指导性案例，法官可以在裁判过程中或者在裁判文书的说理中作出回应并说明理由。

问：最高人民法院统一发布指导性案例以后，地方法院特别是高级法院今后是否可以继续发布具有指导意义的案例？

答：各级人民法院裁判的案例凝结了法官和诉讼参与人的智慧，是重要的司法资源。长期以来，各级人民法院都很重视通过分析研究案例总结审判经验，制定相关规范，指导审判工作，这也是最高人民法院开展案例指导工作的沃土和后盾。所以，实行案例指导制度以后，仍然需要各级人民法院继续总结案例裁判经验，指导本院或者本辖区法院的审判工作，并注意发现、培育及向最高人民法院推荐具有普遍指导意义的案例。为了对地方各级人民法院的案例指导工作进行规范，充分发挥高级人民法院在案例指导工作中的重要作用，最高人民法院在 2010 年 12 月发布的《关于规范上下级人民法院审判业务关系的若干意见》第 9 条专门规定：高级人民法院可以通过发布参考性案例对辖区内各级人民法院和专门人民法院的审判业务工作进行指导。也就是说，高级人民法院可以发布具有典型或者指导意义的“参考性案例”，但不得称为“指导案例”或者“指导性案例”，且不得在裁判文书中引用。至于中、基层人民法院，可以编选典型案例材料供法官学习研究借鉴。这样要求，既保证了指导性案例的统一性和权威性，又有利于各级人民法院注意总结审判经验，不断提高审判工作水平，促进司法公正。

问：最高人民法院关于建立案例指导制度的规定下发后，社会各界高度关注，请问社会公众如何参与案例指导工作？

答：我们要构建的案例指导制度，是充分体现司法民主要求，对社会各界开放并欢迎广大公众积极参与的司法制度。《规定》对此作了明确规定：社会各界人士对于人民法院已经生效的裁判，认为符合指导性案例条件的，可以向作出生效裁判的人民法院推荐。之所以要求向作出生效裁判的人民法院而不是向最高人民法院直接推荐，主要因为，最高人民法院案例指导工作办公室选择指导性案例时，不仅要看某一份裁判文书，而且要看一审、二审乃至全案的相关文书或材料，了解裁判的法律与社会效果。而这些材料和信息，只有作出生效裁判的法院才可能全面掌握，所以，采取社会各界人士向作出生效裁判的法院提出建议的形式，更为便捷、稳妥。为了体现对社会各界人士推荐意见的重视，《规定》还要求：基层法院或者中级法院对社会各界人士推荐的案例，认为符合指导性案例条件的，经本院审判委员会讨论决定，层报高级人民法院并建议向最高人民法院案例指导工作办公室推荐；高级人民法院对社会各界人士推荐的指导性案例，认为符合指导性案例条件的，经本院审判委员会讨论决定，直接向最高人民法院案例指导工作办公室推荐。这些规定，体现了人民法院欢迎、鼓励社会公众参与案例指导工作的态度。另外，在具体工作层面，最高人民法院案例指导工作办公室在选择或向最高人民法院审判委员会推荐指导性案例时，也注意听取社会有关方面的意见，并拟成立案例指导工作专家委员会。今后，我们要把征求专家学者和有关方面的意见，作为指导性案例发布前的一道程序，将指导性案例作为充分反映社情民意，及时回应社会各界关切期待的常规工作机制。

问：最高人民法院首次发布了 4 个指导性案例，能否谈谈这些案例的出台过程和相关考虑?

答:如何选好、发好首批指导性案例,最高人民法院领导和审判委员会高度重视,有关业务部门和相关地方法院做了大量工作。虽然这次只发布4个案例,但这是最高人民法院案例指导工作办公室从各高级法院和最高人民法院审判业务部门推荐的100多个案例中遴选出来的,说它们是百里挑一并不过分。不仅如此,我们还建立了一套严格的工作程序:案例指导工作办公室对于各方推荐来的案例,要严格依照《规定》确定的标准和程序进行挑选;案例挑选出来以后,要按照指导性案例的格式和要求进行必要的论证、完善,如要提炼“裁判要点”等,然后送最高人民法院相关业务部门征求意见,听取专家学者和有关方面的意见。进一步修改、完善后,按照程序报请最高人民法院审判委员会讨论,审判委员会讨论同意的,才能作为指导性案例发布。

这次发布的4个指导性案例,民事和刑事案例各2个。分别涉及居间合同纠纷,二审诉讼期间当事人达成诉讼外和解协议与判决的效力关系,对于利用新形式、新手段受贿的认定,以及对实施极其严重犯罪被判处死缓并限制减刑的具体把握等方面的问题。总的考虑是,一要确保这些指导性案例,是适用法律正确、案件裁判的法律与社会效果良好的案例,尽量避免对之产生不同看法或分歧;二是这些案例要有针对性和指导性,特别是对于中、基层法院处理类似案件有较好的指导作用;三是考虑这些案例要有现实指导意义,比如对于新类型受贿的认定问题、刑法修正案(八)相关内容的理解把握问题,都涉及新情况的处理或新法的适用问题,需要通过个案逐步探索稳妥的处理方法,不断总结审判经验,以为将来制定相关司法解释创造条件。第一批指导性案例发布后,我们会认真研究各级人民法院、有关方面和社会公众对这些案例的使用、评价和看法,不断完善此项工作。

加强裁判文书释法说理　促进司法理性公正权威

——最高人民法院司改办负责人答记者问*

2018 年 06 月 12 日

最高人民法院近日印发《关于加强和规范裁判文书释法说理的指导意见》（以下简称《意见》），最高人民法院司改办负责人就此回答了记者的提问。

【问 1】最高人民法院出台《意见》有何重要意义？

【回答】《意见》是人民法院贯彻落实党的十九大精神，深化司法体制综合配套改革、加强法律文书释法说理的重要举措，是未来一个时期指导全国法院裁判文书改革的指导性文件。习近平总书记在主持十九届中央全面深化改革领导小组第一次全体会议时指出："学习贯彻党的十九大精神，要注意把握蕴含其中的改革精神、改革部署、改革要求，接力探索，接续奋斗，坚定不移将改革推向前进"，要"继续推动十八大以来部署的改革任务落实，梳理规划十九大提出的改革任务和举措"。自党的十八届三中全会和党的十八届四中全会提出"加强法律文书释法说理"的改革部署后，最高人民法院在"四五改革纲要"中也确立了"推动裁判文书说理改革"的具体任务。但是裁判文书说理改革涉及不同的诉讼领域、众多的文书种类、系列的配套机制建设等方方面面的理论与实践问题，可以说是司法改革项目中一块"难啃的硬骨头"。按照我院"四五改革纲要分工方案"，司改办牵头负责承担此项改革任务。司改办专门成立调研起草小组，制定周延的调研方案，到多地法院调研座谈，广泛征求地方法院、最高人

* 参见《加强裁判文书释法说理　促进司法理性公正权威——最高人民法院司改办负责人答记者问》，载澎湃网，https://m.thepaper.cn/newsDetail_forward_2189988。

民法院相关审判业务部门以及专家学者意见，数易其稿后征求了中央政法委和全国人大常委会法工委的意见，委托中国法学会征求了法学专家的意见，并由院领导主持会议邀请专业法官和诉讼法专家座谈讨论，最后形成送审稿，经院审委会讨论后再经院党组会讨论通过。这项改革措施的出台凝聚了诸多审判专家、法学专家的经验和心血，也是做成了一件说了多年、盼了多年的事情。

《意见》作为未来一个时期指导全国各级法院裁判文书释法说理改革的文件，必将在以下方面产生积极的作用：一是进一步提高司法产品质量。裁判文书的主体部分是审查判断证据、认定事实和适用法律。释法说理性增强，必然会带来裁判文书质量的提高。二是进一步提高司法效率。通过释法说理的繁简分流，简式裁判文书的适用，简单案件的简化说理，必然会节省法官办理相对简单案件的时间，同时确保相对多的时间来办理疑难复杂案件，提高整体的司法效率。三是进一步促进司法公开。司法公开是一面镜子，是一块试金石，更是一缕阳光。《意见》强调裁判文书释法说理的公开、裁判文书释法如实反映庭审过程，必将在既往形式化公开的基础上促进司法的实质化公开迈上新台阶。四是进一步促进司法公正和提升司法公信。司法公正不仅要实现，而且要以看得见的方式实现。裁判文书释法说理是以“让人感觉到的方式”来呈现司法公正的重要环节和关键载体，是人民法院从内部倒逼司法公正的“加压器”，提升司法公信力的“助推器”。

【问 2】《意见》对裁判文书释法说理提出了哪些规律性要求？

【回答】裁判文书释法说理是诉讼活动的重要一环，《意见》从立足司法规律出发，着重从以下方面提出要求：一是裁判文书释法说理要恪守五项原则，即合法性原则、正当性原则、层次性原则、针对性原则和繁简适度原则（第三条）。二是合理界定裁判文书说理的内容范围，即阐明事理、释明法理、讲明情理和讲究文理（第二条）。三是科学划分裁判文书说理的类型，即审查判断证据说理、认定事实说理、适用法律说理和行使自由裁量权说理，并以问题为导向，重点针对实践中存在的突出问题提出具体的规范要求（第四至七条）。四是准确把握裁判文书制作的规范化和个性化的有机统一（第十一至十五条）。五是科学构建符合裁判文书释法说理规律的统一裁判文书质量评估体系和评价机制（第十八条）。

【问 3】《意见》对防止裁判文书说理千篇一律有何举措？

【回答】裁判文书属于国家法律公文的范畴，具有法律和写作的双重属性，"法律属性"内在地要求相对统一性和规范化，而"写作属性"少不了灵活性和个性化。《意见》着重从下列四个方面提出了规范性要求：一是裁判文书应当遵循最高人民法院制作的系列文书样式的技术规范标准；二是裁判文书说理引用规范性法律文件应当遵循最高人民法院相关司法解释规定；三是裁判文书说理应当使用符合国家通用语言文字规范和标准的语言；四是裁判文书说理的行文应当规范、准确、清楚、朴实、庄重、精炼。

同时，为了避免过去实践中存在的裁判文书说理"千篇一律""千人一面"的现象，《意见》又作了系列灵活性规定，为裁判文书释法说理的个性化提供指引，具体包括：一是根据案件情况，法官可以合理调整裁判文书样式中事实认定和说理部分的体例结构（第十一条）；二是法官可以运用最高人民法院发布的指导性案例、情理、法理等七大类辅助论据来论证裁判理由，提高裁判结论的正当性和可接受性（第十三条）；三是为便于说理，法官可以在裁判文书中选择采用附图、附表等表达方式，例如案件事实或数额计算复杂的，采用附表的方式，裁判内容用附图的方式更容易表达清楚的，采用附图的方式，等等（第十四条）；四是法官必要时可以采用适当的修辞方法增强说理效果，同时提出要避免使用主观臆断的表达方式、不恰当的修辞方法和学术化的写作风格，不得使用贬损人格尊严、具有强感情色彩、明显有违常识常理常情的用语。

【问 4】裁判文书释法说理如何配合诉讼程序进行繁简分流？

【回答】2016 年最高人民法院《关于人民法院进一步深化多元化纠纷解决

机制改革的意见》(法发〔2016〕14号)提出,“完善繁简分流机制。对调解不成的民商事案件实行繁简分流,通过简易程序、小额诉讼程序、督促程序以及速裁机制分流案件,实现简案快审、繁案精审。完善认罪认罚从宽制度,进一步探索刑事案件速裁程序改革,简化工作流程,构建普通程序、简易程序、速裁程序等相配套的多层次诉讼制度体系。按照行政诉讼法规定,完善行政案件繁简分流机制”。裁判文书的制作属于诉讼过程的终端环节,诉讼程序的繁简分流自然会要求简式要式裁判文书并存、说理繁简适度有别。

《意见》从改革的系统性和协调性要求出发,一是提出裁判文书说理要坚持繁简适度原则,即“根据案件社会影响、审判程序、诉讼阶段等不同情况进行繁简适度的说理,简案略说,繁案精说,力求恰到好处”;二是分别详细列举了“应当加强释法说理”的具体情形,包括疑难、复杂案件;诉讼各方争议较大的案件;社会关注度较高、影响较大的案件;宣告无罪、判处法定刑以下刑罚、判处死刑的案件;行政诉讼中对被诉行政行为所依据的规范性文件一并进行审查的案件;判决变更行政行为的案件;新类型或者可能成为指导性案例的案件;抗诉案件;二审改判或者发回重审的案件;重审案件;再审案件;其他需要强化说理的案件(第八条);以及“可以简化释法说理”的具体情形,具体包括:适用民事简易程序、小额诉讼程序审理的案件;适用民事特别程序、督促程序及公示催告程序审理的案件;适用刑事速裁程序、简易程序审理的案件;当事人达成和解协议的轻微刑事案件;适用行政简易程序审理的案件;适用普通程序审理但是诉讼各方争议不大的案件;其他适宜简化说理的案件(第九条),从而为法官提出了明确的操作指引。

【问5】《意见》对激励法官愿说理、会说理、说好理作出哪些指导?

【回答】无论是学术界的学理研究还是实务界的实证分析,均表明我国当下的裁判文书释法说理依然存在“不愿说理”“不会说理”“不敢说理”“说不好理”等方面的突出问题。《意见》坚持问题导向,以解决这些重点问题为出发点和落脚点，着重从以下方面进行有针对性的指导：一是从裁判文书释法说理的目的、价值功能、具体内容、基本遵循等方面提出总则性的要求和指导；二是从审查判断证据说理、认定事实说理、适用法律说理和行使自由裁量权说理等方面存在的重点问题和薄弱环节提出具体的规范和指导；三是从裁判文书释法说理的繁简分流、适用文书样式、援引规范性文件、运用辅助论据、运用附件表达方式、运用语言和修辞方法等方面进行规范化和个性化的指导；四是授权各级人民法院结合实际制定刑事、民事、行政、国家赔偿、执行等裁判文书释法说理的实施细则，更有力地提供切实可行、具有操作性的指导；五是科学构建裁判文书释法说理的配套机制，包括指引机制（第十六条）、考核机制（第十七条）、评估、评价机制（第十八条）、评查、监督机制（第十九条），为法官裁判文书说理提供“愿说理”“敢说理”“善说理”“说好理”的良好环境。此外，各级人民法院在落实《意见》过程中，还可以积极探索其他配套机制，例如，法律保障机制、激励机制、责任机制、培训机制，等等。

深入推进社会主义核心价值观融入裁判文书释法说理 以公正裁判引领社会风尚

——最高人民法院司改办负责人答记者问*

2021年02月17日

近日，最高人民法院印发《关于深入推进社会主义核心价值观融入裁判文书释法说理的指导意见》（以下简称《意见》）。最高人民法院司改办负责人接受了本报记者的专访，就所涉重点问题回答了记者提问。

问：请您介绍一下《意见》制定的主要背景？

答：社会主义核心价值观是社会主义价值体系的内核，体现社会主义核心价值体系的根本性质和基本特征，也是全体人民在价值观念上的“最大公约数”。培育和弘扬核心价值观，是国家治理体系和治理能力的重要内容。党的十八大以来，习近平总书记多次就培育和践行社会主义核心价值观作出重要论述、提出把培育和弘扬社会主义核心价值观作为凝魂聚气、强基固本的基础工程，有效整合社会意识，是社会系统得以正常运转、社会秩序得以有效维护的重要途径，是实现中华民族伟大复兴的中国梦的价值引领。中央先后印发《关于培育和践行社会主义核心价值观的意见》《关于进一步把社会主义核心价值观融入法治建设的指导意见》等，要求把社会主义核心价值观贯彻到依法治国、依

* 参见《深入推进社会主义核心价值观融入裁判文书释法说理　以公正裁判引领社会风尚——最高人民法院司改办负责人答记者问》，载中国法院网，https://www.chinacourt.org/article/detail/2021/02/id/5806578.shtml。

法执政、依法行政实践中，落实到立法、执法、司法、普法和依法治理各个方面，要求人民法院“用司法公正引领社会公正”。党的十九届五中全会以及《法治社会建设实施纲要（2020—2025年）》也提出，要以社会主义核心价值观引领文化建设，用法律的权威来增强人们培育和践行社会主义核心价值观的自觉性。

通过司法裁判把社会主义核心价值观融入法治建设和社会治理是人民法院审判职能的内在要求。人民法院坚持依法治国和以德治国相结合，推进法治、德治、自治融合发展，充分发挥司法裁判在培育和践行社会主义核心价值观方面的规范、引领和保障作用。最高人民法院先后印发《关于在人民法院工作中培育和践行社会主义核心价值观的若干意见》《关于在司法解释中全面贯彻社会主义核心价值观的工作规划》等规范性文件，发布三批“弘扬社会主义核心价值观典型案例”等，坚持将司法为民、公正司法与大力弘扬社会主义核心价值观有机结合，在人民法院工作中全面贯彻社会主义核心价值观。2019年，《最高人民法院关于深化人民法院司法体制综合配套改革的意见——人民法院第五个五年改革纲要（2019—2023）》提出要完善社会主义核心价值观深度融入审判执行工作的配套机制，确保人民法院的司法解释、司法政策、裁判规则发挥价值引领功能，深入推进社会主义核心价值观融入审判执行工作。

社会主义核心价值观融入裁判文书释法说理是让人民群众在每一个案件中感受到公平正义的重要方式。裁判文书作为司法裁判的“最终产品”，直接反映了案件的裁判依据和裁判理由。裁判文书释法说理是否恰当、充分、透彻，直接关涉到司法裁判的公信力和透明度，关涉到人民群众对司法裁判的接受度和满意度。2018年，最高人民法院印发《关于加强和规范裁判文书释法说理的指导意见》，进一步规范和完善裁判文书释法说理工作。近年来，各级人民法院积极探索运用社会主义核心价值观释法说理，公正审理“英烈保护公益诉讼”“私自上树摘杨梅坠亡案”“冰面遛狗溺亡索赔案”等系列案件，弘扬真善美、鞭笞假丑恶，得到人大代表、政协委员以及社会公众的普遍赞誉和广泛认同。当然，我们也发现，在司法实践中，仍有不少法官存在对“社会主义核心价值观融入裁判文书释法说理”认识不统一、运用不规范，“不会用”“不愿用”“用不好”等问题，既造成部分案件中的“机械裁判”，也在一定程度上影响了人民群众对法院审判工作的接受度和满意度。任何国家的司法裁判中，都或多或少体现了本国的主流价值观，有的是通过立法形式体现出来的，有的是在典型案例中反映的，而司法裁判就是在认定事实和适用法律的过程中，将主流价值观融入具体的案件裁判之中。之所以制定印发这个指导意见，就是针对我国司法实践中存在的上述问题，从规范意义上作出进一步细化、明确，澄清或者校正理论和实务两个层面的认识误区和实践偏差，对各级人民法院和广大法官在个案裁判中作出方向和方法上的指引。

问：深入推进社会主义核心价值观融入裁判文书释法说理有何重要意义？

答：深入推进社会主义核心价值观融入裁判文书释法说理，规范法官行使自由裁量权，是人民法院增强司法裁判公信力和透明度的重要举措。《意见》将社会主义核心价值观作为理解立法目的和法律原则的重要指引，对民商事案件无规范性法律文件作为裁判直接依据的情形应如何确定裁判依据等予以明确规范，并要求法官重点说明裁判事实认定和法律适用的过程和理由，以有效监督法官行使自由裁量权，让正义以看得见的方式呈现。

深入推进社会主义核心价值观融入裁判文书释法说理，有效回应群众诉求，是提升人民群众对法院审判工作接受度和满意度的关键环节。《意见》将“以人民为中心”作为基本原则之一，要求法官在释法说理时，使用简洁明快、通俗易懂的语言，准确阐明事理，详细释明法理，积极讲明情理，力求讲究文理，提升语言表达和释法说理的接受度和认可度。同时，《意见》还规定了在诉讼主体援引社会主义核心价值观作为诉辩理由时，人民法院应采用何种方式进行回应。

深入推进社会主义核心价值观融入裁判文书释法说理，将法律评价与道德评价有机结合，是人民法院践行依法治国和以德治国相结合的必然要求。党的十八届四中全会提出，“坚持依法治国和以德治国相结合”是实现全面推进依法治国总目标必须坚持的重要原则。《意见》以此作为基本原则之一，要求人民法院在司法裁判中深入阐释法律法规所体现的国家价值目标、社会价值取向和公民价值准则，为人民群众在实施见义勇为、正当防卫以及维护公共利益和公共秩序时，在遇到“扶不扶”“劝不劝”“管不管”等法律和道德难题时，亮明立场，辨明方向，让司法有力量、有是非、有温度，让群众有温暖、有遵循、有保障。

深入推进社会主义核心价值观融入裁判文书释法说理，以公正司法引领社会公正，是人民法院推进国家治理体系和治理能力现代化的有效途径。公正是法治的生命线。司法公正对于社会公正具有重要引领作用，司法不公对社会公正具有致命破坏作用。《意见》要求，对于裁判结果有价值引领导向、行为规范意义的案件，法官应当强化运用社会主义核心价值观释法说理，使符合社会主义核心价值观的行为得到倡导和鼓励，违背社会主义核心价值观的行为受到制约和惩处，促进人民在理想信念、价值理念、道德观念上紧紧团结在一起，为推动法治中国、平安中国建设和发展发挥有力司法服务和保障作用。

需要强调的是，这个《意见》明确法官在法律框架内“运用社会主义核心价值观释法说理”这一基本定位，就是避免引发“以社会主义核心价值观替代或者优先法律进行司法裁判”的误读和疑虑，将社会主义核心价值观“落脚”于具体的法律规则和法律原则，进一步理顺社会主义核心价值观与法律规则的内在统一关系。如《意见》第一条明确规定“忠于宪法法律，深入阐释法律法规所体现的国家价值目标、社会价值取向和公民价值准则。”第五条规定突出依法依规，即要求法官在裁判文书中先行释明法律规定，再结合法律原意，运用社会主义核心价值观进一步释法说理，以强调司法裁判的稳定性、权威性和人民群众的可接受度。

问:《意见》的主要内容有哪些?

答:《意见》共有19个条文,对各级人民法院深入推进社会主义核心价值观融入裁判文书释法说理进行了系统全面部署,分为五个部分。第一部分(第一条至第四条)明确运用社会主义核心价值观释法说理的基本原则、基本要求、基本方法以及强化运用社会主义核心价值观释法说理的重点案件。第二部分(第五条至第八条)根据审判实践,区分不同情形,细化运用社会主义核心价值观释法说理的内容。第三部分(第九条至第十条)规范运用社会主义核心价值观释法说理的主要方法,包括解释方法和语言要求。第四部分(第十一条至第十七条)配套机制,包括建立案件识别、类案统一、审判监督机制,加强业务培训,建立裁判文书反馈改进机制等。第五部分(第十八条至第十九条)制定细则和时效。

问:《意见》的亮点有哪些?

答:一是规范释法说理案件。针对司法实践中不少法官不知道哪些案件应当强化运用社会主义核心价值观释法说理的问题,结合中央相关文件精神和部分典型案例,综合考量社会关注度、争议度、案件主体以及是否存在道德评价、具有行为规范和价值引领导向等因素,《意见》第四条确定了六类应强化释法说理的重点案件。在确定重点案件时,我们主要考虑到这六类案件的社会关注度高、影响较大,对于社会风气和社会秩序的型构具有较为明显的引导作用,且在法律解释中可以上升到价值观念、道德规范层面,更加有利于在司法个案中实现法律效果与社会效果的有机统一。针对上述六类案件,由于具体案情的复杂性和差异性,《意见》倡导性地要求法官强化运用社会主义核心价值观释法说理,给法官在多元价值评判、复杂利益平衡裁量以及核心价值观培育、引领、践行等方面提供释法说理指引,预留了以小案例讲述大道理的空间。

二是细分释法说理情形。《意见》第五条至第七条以"法律规定与社会主义核心价值观"的逻辑关联为切入点,分三种情形释法说理,为法官提供相对明确的实践指引，解决法官“不会用”的问题：其一，有裁判依据的，先依法释明，再运用社会主义核心价值观围绕法律依据阐释理由；其二，民商事案件无规范性法律文件作为裁判直接依据的，除了可以适用习惯以外，法官还应当以社会主义核心价值观为指引，以最相类似的法律规定作为裁判依据。需要说明的是，根据《民法典》第十条规定以及刑事、行政案件裁判规则，《意见》第六条将案件范围限定为“民商事案件”；其三，案件涉及多种价值取向的，法官应当依据立法精神、法律原则、法律规定以及社会主义核心价值观进行判断、权衡和选择，确定适用于个案的价值取向，并在裁判文书中详细阐明依据及其理由。

三是回应人民群众诉求。为让人民群众获得良好的司法体验，《意见》第八条规定了诉讼主体在诉讼文书中或者在庭审中援引社会主义核心价值观作为诉辩理由的，人民法院一般应当采用口头反馈、庭审释明等方式予以回应；属于本《意见》第四条规定的案件的，人民法院应当在裁判文书中明确予以回应。

四是规范释法说理方法。为了指引、规范法官运用社会主义核心价值观解释法律，提高广大法官运用核心价值观释法说理的能力水平，解决“精准用”的问题，《意见》第九条总结归纳司法实践和法学界普遍采用和认同的四种解释方法，即文义解释、体系解释、目的解释和历史解释，针对不同案件情形提供适当的解释方法，确保同类案件运用社会主义核心价值观释法说理的科学性和统一性。同时，要求法官使用简洁明快、通俗易懂的语言，讲求繁简得当，丰富修辞论证，提升司法裁判的法律认同、社会认同和情理认同。

问:《意见》提出建立了哪些配套机制？

答：除加强业务培训、发挥典型案例和优秀裁判文书的引领作用、加大法治宣传力度等，我们还推动建立了以下几项配套机制：

一是案件识别机制。《意见》要求探索建立强化运用社会主义核心价值观释法说理的案件识别机制，立案部门、审判部门以及院长、庭长等应当加强对案件诉讼主体、诉讼请求等要素的审查，及时识别强化运用社会主义核心价值观释法说理的重点案件，并与审判权力制约监督机制有机衔接。

二是类案统一机制。《意见》要求法官积极通过类案检索等制度，统一法律适用，确保同类案件运用社会主义核心价值观释法说理的一致性。

三是审判监督管理机制。对于《意见》第四条规定的案件，根据审判管理相关规定，需要提交专业法官会议或审判委员会讨论的，法官应当重点说明运用社会主义核心价值观释法说理的意见。

四是文书反馈及改进机制。《意见》第十五条规定："人民法院通过中国裁判文书网、'法信'平台、12368 诉讼服务热线、中国应用法学数字化服务系统、院长信箱等途径，认真收集、倾听社会公众对裁判文书的意见建议，探索运用大数据进行统筹分析，最大程度了解社会公众对裁判文书的反馈意见，并采取措施加以改进。"

问：如何推进《意见》有效"落地"？

答：《意见》提出以下措施，确保文件实施效果：

一是加强法官业务培训。要求各级人民法院定期组织开展法官业务培训，将业务培训与贯彻实施民法典结合起来，增强法官运用社会主义核心价值观释法说理的积极性和自觉性，不断提升法官释法说理的能力水平。

二是完善考评激励机制。一方面，积极组织开展"运用社会主义核心价值观释法说理优秀裁判文书"评选工作，评选结果应当作为法官业绩考评的重要参考；另一方面，最高人民法院、各高级人民法院定期收集、整理和汇编运用社会主义核心价值观释法说理的典型案例，加大宣传教育，进一步培育和营造自觉践行社会主义核心价值观的法治环境。

三是完善实施细则。考虑到不同审判领域的特殊性以及案件的复杂性，《意见》指出，各高级人民法院可以结合工作实际，制定刑事、民事、行政、国家赔偿、执行等裁判文书释法说理的实施细则，报最高人民法院备案。